어제 **왕초보** 오늘은 **암기달인** 학습법

노래따라 단어암기 · 2 0 일 초단기 완성

첫말잇기
수 능 영 단 어

박 남 규 지음

저자 **박 남 규**

거창고등학교, 한양대학교 영어영문학과, 한양대학교 대학원(영어학전공)
졸업 후, 25여 년 동안 대학강사, 유명 대입전문학원 영어강사, 일간지
대입수능영어 칼럼리스트, 학원 경영자 등의 활동을 해왔고, 노래따라
첫말잇기 자동암기 평생기억 암기법을 창안하여, 그 방법을 토대로, 유아,
유치원, 초등, 중등, 고등, 수능용 첫말잇기 영단어시리즈와 첫말잇기
영단어와 성구암송 등 다수를 저술했고, 현재는 유빅토리 대표 및 조이
보카(JOYVOCA) 외국어연구소 소장으로 출판과 저작활동에 전념하고 있다.

만든 사람들

저자 | 박남규
발행인 | 박남규
발행처 | 유빅토리
인쇄 | 홍진씨앤피(주)
발행 | 2016년 1월 15일
등록 | 제2014-000142호
주소 | 서울특별시 강남구 압구정로 224. 208호 (신사동)

전 화 02) 541-5101   팩스 02) 541-5103
홈페이지 | www.첫말잇기.com
이메일 | ark5005@hanmail.net

어제 **왕초보** 오늘은 **암기달인** 학습법

노래따라 단어암기 · 2₽일 초단기 완성

첫말잇기
수능영단어

박 남 규 지음

내비게이터식
자동암기 평생기억

고3 외국어영역 성적이 5~7등급에 지나지 않던, 영어공부와 담쌓았던, 저자의 둘째 아들이 9月말부터 입시 전까지 단 1개월 남짓의 집중 암기로 2014년 대학입시에서, 소위 SKY대학교(본교) 바이오 의공학부 (Bio-Medical Engineering Dept.)에, 수능성적 우수자 우선 선발전형으로 합격할 정도의 놀라운 학습법임이 입증되었다.

수많은 영어학원과 각종 영어 학습도구들이 전국 어디에나 넘쳐날 정도로 전 국민이 영어공부에 몰입되어 있지만, 정작 한국인의 영어구사능력은 전 세계에서 가장 뒤쳐져 있다는 현실은 참으로 안타까운 일이 아닐 수 없다. 투자와 노력만큼 실력이 늘지 않는 것은, 한국인이라면, 모두가 겪고 있는 영어공부의 문제일 것이다. 오랫동안 교육 현장에서, 이런 고질적인 문제의 해법을 찾던 중, 영어공부와는 아예 담쌓고 지내던 저자의 둘째아이가 수능 시험일을 불과 40여일 앞두고 다급하게 도움 요청을 한 것을 계기로, 수년 전부터 생각해 왔던 첫말잇기 방법을 짧은 기간 동안 적용해본 결과, 놀라운 효과를 확인하고, 오랫동안 보다 체계적인 다양한 검증을 거친 후, 자동차 내비게이터가 길을 안내하듯이, 단어암기 내비게이터가 암기와 기억을 자동으로 안내하는 신개념 단어암기법 첫말잇기 자동암기 평생기억법(특허출원번호 10-2014-0023149)을 내놓게 되었다.

아무쪼록, 첫말잇기 영단어암기법이 영어 공부에 어려움을 겪고 있는 모든 분들에게 한줄기 희망의 빛이 되기를 소망하면서 본 교재를 소개한다.

노래가사 글자하나하나가 자동암기 내비게이터

케이블 TV와 유명 도서업체들이 출간 즉시 전국 일간신문 인터넷
홈페이지에 수개월 동안 자체 광고로 소개한 기적의 자동암기
평생기억 암기법(Auto-Memorizing Never Forgotten)

첫말잇기 암기법의 자기주도 학습효과는 역시 놀라웠다.

영어실력이 극히 부진하고 영어에 흥미를 잃은 학생들을 주 대상으로 실험을 했고, 그들
모두가 단기간에 어마어마한 수의 단어를 쉽게 암기했다. 단어의 수가 아무리 많아도,
전혀 부담감을 느끼지 않았고, 암기 후 오랜 시간이 지나도, 암기했던 차례대로 척척 기억해
냈다. 기존에 겪었던 암기에 대한 어려움이나 싫증을 느끼지 않았고, 암기 후에 쉽게 잊어버
리지도 않았다. 자발적으로 끊임없이 사고하고 추리하도록 학습에 대한 호기심과 동기를 유발
시켜주는 사기주노 익습빙법이라는 시닐이 입증되있다. 임기네비게이디의 안네에 띠괴 복습을
되풀이하기도 쉽고, 치매나 기억상실증으로 인해 노래가사를 잊어버리지 않는 한, 그것에
대응된 영단어도 오래오래 기억을 할 수 있는 탁월한 효과가 있었다. 또, 한글을 읽을 수 있는
능력만 있으면, 남녀노소 누구든지 쉽게 암기 가능한 방법이라는 것도 확인되었다.

첫말잇기 자동암기(Auto-Memorizing) 평생기억(Never Forgotten) 암기법

암기내비게이터인 노래가사가 암기할 단어와 암기한 단어를 자동 안내하기 때문에, 노래가사만
알면, 암기가 자동으로 이루어지며, 암기한 단어는 영원히 기억 가능한 신개념 학습교재이다.

한 권 전체 또는 수천 개의 단어도 수록된 순서대로 통째 암기 가능한 암기법

암기내비게이터인 노래가사 순서대로 단어가 수록되어 있어서, 수록된 순서대로 암기가능하며,
한 권 전체, 또는 수천 개의 단어도 순서대로 통째 암기 가능한 학습방법이다. 전 국민이 즐겨
암송하는 애국가, 유명동요, 유명가요 등의 노래가사의 글자하나하가 단어암기내비게이터 역할을
하기 때문에 많은 영단어들이 가사 순서대로 자동으로 암기되고 기억된다.

영어공부와 담쌓았던 실패자도 모범적 자기주도 학습자로 치유케 하는 암기법

암기내비게이터의 안내만 따라가면, 굳이 머리 싸매고 공부할 필요 없이, 단시간의 암기로도 수만은 단어의 암기가 가능하기에, 최단기간에 최소의 노력으로 기존의 암기법 보다 몇 배 이상의 많은 단어를 암기할 수 있는 암기법이다. 하면 할수록 공부의 재미가 점점 더해지는 첫말잇기 암기법은, 부지런한 소수 악바리들만 성공 가능했던 어려운 영어공부를, 이제, 자신감을 잃고 포기한 게으른 학습 부진자들에게도 공부의 재미를 회복시켜 모범적인 자기주도 학습자로 거듭나게 하는 학습법이다.

영어왕초보 학부모님도 자녀들의 훌륭한 과외교사가 될 수 있는 학습법

암기내비게이터의 안내만 따라가면, 영어 왕초보 학부모님도, 자녀들을 과외교사나 학원에 맡길 필요 없이, 직접 자녀를 개천의 용으로 양육 가능한, 훌륭한 가정교사가 될 수 있고, 자녀들과 함께 짝을 이뤄 암기하면 부모님도 단기간에 영단어 암기의 달인이 될 수 있는 학습법이다.

선행학습 걱정 끝

암기내비게이터의 안내만 따라가면, 쉽게 암기되기 때문에, 고학년 난이도의 단어를 저학년 학생도 쉽게 암기 가능한 자연스럽고 이상적인 선행학습 방법이다.

게임처럼 즐길 수 있는 생활 친화적 단어암기 놀이 학습법

암기내비게이터의 안내만 따라가면, 혼자는 물론이고, 온가족이 함께 할 수도 있고, 부모와 자녀, 또는 친구나 주변의 누구와도 함께 암기할 수 있으며, 마치 유치원이나 초등학교에서 반 전체가 합창으로 구구단을 외우듯이, 즐겁고 신나게 공부할 수 있어서, 어렵고 힘들고 싫어도, 억지로 해야만 하는 영단어공부가 아니라, 노래하며 즐길 수 있는 생활 친화적 단어암기 놀이이다.

기존 단어장보다 3~4배 이상 더 많은 단어 수록

기존 단어장 한 페이지에는 겨우 4~6개의 단어만 수록되어 있고, 나머지 80% 이상의 공간은 단어 이외의 예문이나 파생어 등으로 가득 채워져 있다. '예문이나 파생어를 활용하면 암기나 기억에 더 효율적일수도 있지 않을까'하는 막연한 기대감의 반영이겠지만, 이는 단순히 책 페이지만 늘일 뿐이며, 영단어 암기하기도 어려운데 예문까지 암기해야 하는 이중고만 겪게 하고, 그야말로 영어 공부에 학을 떼게 하는 고문일 뿐만 아니라, 기대했던 효과를 얻기는 어렵다. 사실 학습자들은 이런 부수적인 내용들에는 십중팔구 눈길조차 주지 않는다. 그러나 첫말잇기 암기법은 이런 소모적인 문제를 걱정할 필요가 없으며, 같은 두께의 책에 다른 단어장들보다 3~4배 이상의 단어가 수록되어 있다.

교포2세의 모국어 학습교재

한국어를 구사할 수 없는 교포2세들의 한글공부는 물론이고 애국가, 우리나라 동요, 시조 등 모국의 문화를 자연스럽게 접할 수 있는 학습용교재로 활용하기에 아주 좋은 방식으로 구성되어 있다.

암기내비게이터의 안내만 따라가면, 혼자서는 물론이고, 여럿이 함께 낱말게임을 즐기듯이 문답식으로도 자동 암기가 가능하다. 무조건적인 암기가 아니라, 단어암기 내비게이터가 일정한 원리에 따라 자연스럽게, 끊임없이 호기심을 유발시켜, 사고하고 추론하도록 유도한다. 또, 학습상대와 질의 · 응답과 토론을 통해, 학습하는 것을 즐기게 하여, 궁극적으로 창의적인 인재로 키워내는 유태인의 자녀교육 방법인 하브르타방법과 같은 암기방법이라 할 수 있다.

영어공부에 대한 과거의 트라우마 때문에, 영어책을 다시 펼치기조차 두려운, 자신감이 극도로 위축된 기존의 많은 영어 패배자들에게도, 첫말잇기 영단어암기법이 잃었던 자신감과 흥미의 불씨를 되살리는 부싯돌이 되기를 바란다.

유태인의 하브루타 교육법이란?

하브루타는 원래 함께 토론하는 짝, 즉 파트너를 일컫는 말이었는데, 짝을 지어 질문하고 토론하는 교육방법으로 확대 사용되고 있다. 따라서 토론하는 상대방을 말하기도 하고, 짝을 지어 토론하는 행위 자체를 의미하기도 하며, 오늘날은 주로 후자의 경우로 사용되고 있다.

하브루타 교육이란 짝을 지어 질문하고, 대화하며 토론과 논쟁을 통해, 끊임없는 사고 작용을 유발시켜 뇌의 효율적 발달을 자극하는 교육법으로. 유태인 부모들은 자녀들의 뇌의 자극을 위해 어릴 때부터 끊임없이 왜?라는 질문을 던지게 하여, 호기심을 유발시켜 창의적인 사고를 유도한다.

이런 조기의 질의응답식 사고가 다양한 견해, 관점, 시각을 갖게 하여 궁극적으로 창의적인 인재로 성장케 한다. 하브루타는 본래 토론상대와 다른 생각과 다른 시각으로 자신의 견해를 논리적으로 전개하면서 열띤 논쟁을 유도하기 때문에 자연스럽게 창의적 인재양성에 최적의 방법이 되는 셈이다.

이같은 교육이 겨우 600만에 지나지 않는 소수 유대인들이 노벨수상자의 30%를 차지하는 등, 수많은 인재배출로 세계를 호령하게 하는 원동력이 되었다.

저자 박 남규

첫말잇기 영단어는 이렇게 구성되어 있습니다!

 01 암기내비게이터로 자동암기 평생기억!
첫말잇기 단어장

노래가사 글자하나하나가 암기할 단어뿐만 아니라 그 전후의 단어까지도 친절하게 안내하는 **첫말잇기** 자동암기(Auto-Memorizing) 평생기억(Never Forgotten)법으로 구성했다.

애국가, 인기 동요, 가요, 속담, 시, 시조 등의 가사 글자하나하나가 암기내비게이터 역할을 하도록 왼쪽에 세로로 나열하고, 그 오른쪽에는 암기내비게이터 글자와 첫음절 발음이 같은 영단어(**붉은색단어**)나, 또는 우리말 뜻의 첫음절 글자가 같은 영단어(**푸른색 단어**)를 각각 하나씩 대응시켜 노래가사 순서대로 첫말잇기 게임식으로 구성했다. 따라서 노래가사를 통해, 암기할 단어뿐만 아니라, 그 전후에 있는 이미 암기한 단어와 다음에 암기할 단어까지도 자동으로 예측할 수 있게 했다.

02 암기 효율 극대화~
붉은색 단어의 탁월한 암기효과

푸른색 단어보다 붉은색 단어가 암기와 기억에 훨씬 효과적이었던 오랫동안의 실험결과에 따라, **붉은색 단어**를 더 많이 수록함으로써 암기의 효율을 극대화 했다.

03 영어발음을 가능한 한 원어 발음에 가까운 우리말 발음으로 표기

영어발음을 원어발음과 가깝게 표기했고 발음상의 차이로 인해 대응에 어려움이 있는 경우에는 **약간의 수정을 통해 문제점을 극복했다.**

04 암기내비게이터의 내용에 따라 PART별로 구분해서 수록

노래가사가 담고 있는 내용에 따라 몇 개의 Part로 나누어 수록했다.

05 동영상 활용으로 보다 효율적인 암기

노래와 율동으로 영단어를 보다 재미있게 외우는 동영상을 활용하면 **암기 효율을 배가시킬 수 있다.**

06 교포2세들이 모국어 학습과 문화를 이해하는 데 효과적으로 구성

한국어에 서툰 교포2세들의 한글공부와 노래, 시, 속담 등을 통해 모국문화를 배울 수 있는 학습교재이다.

07 암기동영상으로 푸짐한 선물 받기

게임이나 율동 등으로 구성된 단어암기 동영상을 홈페이지에 올려 주시면 매달 우수 동영상에 선정된 분들께 소정의 선물을 제공함.

첫말잇기 단어장
차례보기 어

Part ①

노래가사 첫말잇기로 자동암기

나라사랑

순 서

1	동	동기, 격려, 자극, 유인 ; 자극적인, 장려하는	명 **incentive** [inséntiv]
2	해	**해벅**, 대황폐, 대파괴	명 **havoc** [hǽvək]
3	물	물려받다, 인계하다, 상속하다	동 **inherit** [inhérit]
4	과	과외의, 정규과목 이외의, 일과 외의	형 **extracurricular** [èkstrəkəríkjələr]
5	백	**백큠, 배큠**, 진공, 진공도(度), 공허, 공백	명 **vacuum** [vǽkjuəm, -kjəm]
6	두	두드러진, 눈에 띄는, 현저한, 인상적인	형 **striking** [stráikiŋ]
7	산	산파하다, 분산시키다, 흩뜨리다, 해산시키다	동 **disperse** [dispə́:rs]
8	이	**이로우녀스**, 잘못된, 틀린	형 **erroneous** [iróuniəs]
9	마	**마아더**, 순교자, 희생자, 수난자, 박해, 수난, 고통	명 **martyr** [mɑ́:rtər]
10	르	**어네스트**, 진지한, 성실한, 착실한, 열심인	형 **earnest** [ə́:rnist]
11	고	고안하다, 궁리하다, 발명하다	동 **devise** [diváiz]
12	닳	닳다, 닳아 없애다, 시간이 지나다	**wear away**

13	도	도그머티즘, 독단(론), 독단주의, 독단적인 태도, 교조(敎條)주의	명	dogmatism [dɔ́(:)gmətìzəm]
14	록	록, 흔들다, 진동시키다	동	rock [rɑk / rɔk]
15	하	하이브, 꿀벌 통, 와글와글한 군중	명	hive [haiv]
16	느	(동작이) 느린, 굼뜬, 완만한, 부진한, 게으른, 나태한	형	sluggish [slʌ́giʃ]
17	님	임플로이, 쓰다, 고용하다, 사용하다.	동	employ [emplɔ́i]
18	이	이뮤너디, 면책특권, 면제, 면역	명	immunity [imjúːnəti]
19	보	보더-, 바더-, ~을 괴롭히다, 귀찮게 하다, 근심하다, 걱정하다	동	bother [bɔ́ðəːr / bɑ́ðəːr]
20	우	우월하다, ~을 능가하다, 뛰어나다, ~을 초월하다	동	surpass [sərpǽs]
21	하	하든드, 딱딱해진, 단단해진, 강해진	형	hardened [hɑ́ːrdnd]
22	사	사보타지, 새버타지, 고의로 방해하다, 파괴하다, 파업하다	동	sabotage [sǽbətɑ̀ːʒ]
23	우	우선, 먼저, 처음으로		to begin with

24	리	리클레임, 교정하다, 개선하다	동	**reclaim** [rikléim]
25	나	나무라다, 비난하다, ~의 책임으로 돌리다	동	**blame** [bleim]
26	라	라이든, 가볍게 하다, 완화하다, 밝게 하다	동	**lighten** [láitn]
27	만	만스터, 괴물, 요괴, 거대한 사람	명	**monster** [mánstər]
28	세	세컬러, 세속의, 현세의, 비종교적인, 세속적인	형	**secular** [sékjələ:r]
29	무	무빙, 심금을 울리는, 감동시키는	형	**moving** [mú:viŋ]
30	궁	궁금한, 호기심 있는, 진기한	형	**curious** [kjúəriəs]
31	화	화환, 화관, 소용돌이, 동그라미	명	**wreath** [ri:ə]
32	삼	삼버, 어두컴컴한, 흐린, 음침한	형	**somber** [sámbə:r]
33	천	천박한, 얕은, 피상적인	형	**shallow** [ʃǽlou]
34	리	리키지, 누출, 누전, 누수, 누설	명	**leakage** [lí:kidʒ]
35	화	화석, 구제도, 시대에 뒤진 사람	명	**fossil** [fásl / fɔ́sl]

36	려	여기쯤, 이 부근에, 이 근처에	부	hereabout(s) [híərəbàut(s)]
37	강	강등시키다, 지위를 떨어뜨리다	동	demote [dimóut]
38	산	산물, 주요산물, 중요 상품 ,명산품	명	staple [stéip-əl]
39	대	대충, 개략적으로, 함부로, 마구	부	roughly [rʌ́fli]
40	한	한결같이, 변함없이, 항상, 반드시	부	invariably [invέəriəbli]
41	사	사기치다, 사취하다, 속이다, 속여 빼앗다	동	swindle [swíndl]
42	람	암캐, 암컷 ; 불평 ; 블평히디	명	bitch [bit͡ʃ]
43	대	대단한, 상당한, 적지 않은, 중요한	형	considerable [kənsídərəbəl]
44	한	한심한, 불쌍한, 가엾은, 비참한, 불행한	형	wretched [rétʃid]
45	으	어프레시브, 압박하는, 숨이 막히는, 압제적인	형	oppressive [əprésiv]
46	로	로브(라브) A of B, A로부터 B를 빼앗다		rob A of B
47	길	길을 잃은 ; 옆길로 빗나가다	형	stray [strei]

48	이	이렉트, 세우다 ; 똑바로 선, 직립의	동	**erect** [irékt]
49	보	보래서티, 폭식, 대식, 탐욕, 게걸	명	**voracity** [vɔrǽsəti]
50	전	전적으로, 틀림없이, 절대적으로, 참말로	부	**absolutely** [æ̀bsəlúːtli]
51	하	하스틀, 적의 있는, 적대하는, 반대의	형	**hostile** [hάstil / hɔ́stail]
52	세	세속의, 세속적인, 현세의, 속세의	형	**earthly** [ə́ːrθli]

2 애국가 2절

1	남	남부끄러운, 창피스러운, 치욕의	형	**shameful** [ʃéimfəl]
2	산	산만한, 부주의한, 태만한, 되는 대로의	형	**inattentive** [ìnəténtiv]
3	위	위더, 마르다, 시들다, 이울다, 말라죽다	동	**wither** [wíðəːr]
4	에	에쁠럭스, 유출, 유출물, 기일의 종료, 만기	명	**efflux** [éflʌks]
5	저	저크, 급격한 움직임, 갑자기 당기기[밀기], 반사운동, 경련	명	**jerk** [dʒəːrk]
6	소	소 투 스삐크, 이를테면, 다시 말하자면		**oo to opoak**
7	나	나이스티, 정확, 정밀, 세부사항, 세세한 차이	명	**nicety** [náisəti]
8	무	무관계한, 부적절한, 관련성이 없는, 잘못 짚은	형	**irrelevant** [iréləvənt]
9	철	철, 분별력, 사려, 신중, 판단력	명	**discretion** [diskréʃən]
10	갑	갑부, 실력자, 권력자, 거물, 왕	명	**magnate** [mǽgneit]
11	을	얼웨더, 전천후의	형	**all-weather** [əl-wéðəːr]

12	두	두 어웨이 위드, 없애다, 탕진하다, 죽여 버리다		do away with
13	른	언디스터브드, 태연한, 방해가 되지 않은, 조용한	형	undisturbed [ʌndistə́:rbd]
14	듯	드레드뻘, 무서운, 두려운, 무시무시한	형	dreadful [drédfəl]
15	바	바버러스, 상스러운, 야만적인	형	barbarous [bɑ́:rbərəs]
16	람	암묵적인, 암시적인, 은연중의, 함축적인	형	implicit [implísit]
17	서	서빠이스, 서빠이즈, 족하다, 충분하다, 만족시키다	동	suffice [səfáis, -fáiz]
18	리	리사이트, 낭송하다, 암송하다	동	recite [risáit]
19	불	불리, 괴롭히다, 못살게 굴다 ; 골목대장	동	bully [búli]
20	변	변형, 변화, 변동, 변형물	명	variation [vɛ̀əriéiʃən]
21	함	함뻘, 해로운, 해가되는	형	harmful [hɑ́:rmfəl]
22	은	언듀울리, 과도하게, 심하게, 부당하게, 불법으로	부	unduly [ʌndʲú:li]

23	우	우유부단, 주저, 망설임	명	indecision [ìndisíʒən]
24	리	리던던트, 여분의, 과다한, 매우 풍부한	형	redundant [ridʌ́ndənt]
25	기	기스트, 요점, 요지, 근본	명	gist [dʒist]
26	상	상기하다, 떠오르다, 생각나다		come to mind
27	일	일루미네이트, 조명하다, 밝게 하다, 비추다	동	illuminate [ilú:mənèit]
28	세	세펄커, 묘, 무덤, 매장소	명	sepulcher [sépəlkər]

1	가	가즈, 성기고 얇은 천, 철망, 옅은 안개	명	**gauze** [gɔːz]
2	을	얼떨떨하게 하다, 현혹시키다, 눈부시게 하다, 멍하게 하다	동	**daze** [deiz]
3	하	하이튼, 높게 하다, 높이다, 강화시키다	동	**heighten** [háitn]
4	늘	늘, 끊임없이, 부단히	부	**ceaselessly** [síːslisli]
5	공	공갈, 갈취, 등치기	명	**blackmail** [blǽkmèil]
6	활	활짝 핀, 만개한, 한창인		**in full bloom**
7	한	한 조각, 일부, 한 몫, 운명	명	**portion** [pɔ́ːrʃən]
8	데	데설리트, 처량한, 쓸쓸한, 황폐한	형	**desolate** [désəlit]
9	높	높이, 고도, 표고, 해발, 높은 곳	명	**altitude** [ǽltətʃùːd]
10	고	고온트, 수척한, 몹시 여윈, 황량한	형	**gaunt** [gɔːnt]
11	구	구성, 조립, 조직, 작문, 작곡	명	**composition** [kàmpəzíʃən]

12	름	음각, 요조(凹彫), 요각인쇄 ; 무늬를 새기다, 음각하다	명	intaglio [intǽljou, -tɑ́:l-]
13	없	업루트, 뿌리째 뽑다, 근절하다, 몰아내다	동	uproot [ʌprú:t]
14	이	이레절루트, 나약한, 결단력 없는, 우유부단한	형	irresolute [irézəlù:t]
15	밝	밝히다, 입증하다, 증명하다, 실증하다	동	verify [vérəfài]
16	은	언뻬일링, 끊임없는, 틀림없는, 다함이 없는	형	unfailing [ʌnféiliŋ]
17	달	달래다, 진정시키다, 가라앉히다	동	pacify [pǽsəfài]
18	언	언뿔삘드, 이루어지지 않은, 실연뇌시 못한	형	unfulfilled [ʌnfulfíld]
19	우	우격다짐으로, 강제로, 억지로		by force
20	리	리트랙, 수축하다, 쑥 들어가다	동	retract [ritrǽkt]
21	가	가먼트, 옷, 의류, 의복, 외피	명	garment [gɑ́:rmənt]
22	습	스께어, 위협하다, 놀라게 하다, 겁주다	동	scare [skɛə:r]
23	일	일루서리, 꿈의, 환영의, 착각의	형	illusory [ilú:səri]

24	편	편견이 없는, 공정한, 치우치지 않은	형	impartial [impáːrʃəl]
25	단	단락, 절, 항, 단편기사	명	paragraph [pǽrəgræf]
26	심	심퍼띠, 동감, 공감, 헤아림, 호의	명	sympathy [símpəθi]
27	일	일리트릿, 문맹의, 무식한, 교양 없는	형	illiterate [ilítərit]
28	세	세너터, 상원의원, 원로원, 이사	명	senator [sénətər]

4 애국가 4절

1	이	이젝트, 몰아내다, 쫓아내다, 물리치다, 추방하다	동 eject [idʒékt]
2	기	기계적인, 자동적인, 무의식의	형 mechanical [məkǽnikəl]
3	상	상극, 상충, 갈등, 충돌, 대립, 투쟁	명 conflict [kánflikt / kɔ́n-]
4	과	과감한, 결의가 굳은, 단호한	형 determined [ditə́:rmind]
5	이	이지고잉, 만사태평의, 게으른, 안이한	형 easygoing [í:zigóuiŋ]
6	냄	냄내토, 사빌식으로, 사신아너	of one's [its] own
7	으	어펜드, 부록으로 넣다, 부가하다, 추가하다	동 append [əpénd]
8	로	로울 업 완즈 슬리브즈, 팔을 걷고 나서다	roll up one's sleeves
9	충	충돌하다 ; 충돌, 격돌, 불일치, 부조화	동 clash [klæʃ]
10	성	성격, 개성, 인격, 인물, 개인	명 personality [pə̀:rsənǽləti]
11	을	얼라우들리, 당연히, 명백히, 인정받아	부 allowedly [əláuidli]

12	다	다이어테리, 음식의, 식사의, 규정식의	형	dietary [dáiətèri]
13	하	하이파떠시스, 가설, 가정, 전제, 억측	명	hypothesis [haipáθəsis]
14	여	여분의, 남아돌아가는, 예비의,	형	spare [spɛə:r]
15	괴	괴롭히는, 골칫거리의, 넌더리나는, 지루한	형	irksome [ə́:rksəm]
16	로	로테이트, 회전하다, 교대하다, 순환하다	동	rotate [róuteit]
17	우	우호적인, 호의를 보이는, 유리한	형	favorable [féivərəbəl]
18	나	나르코시스, 나코우시스, 마취, 혼수(상태)	명	narcosis [nɑːrkóusis]
19	즐	즐거운, 매우 기쁜, 유쾌한	형	delightful [diláitfəl]
20	거	거대한, 육중한, 부피가 큰	형	massive [mǽsiv]
21	우	우짖다, 지저귀다, 노래하다	동	warble [wɔ́:rbəl]
22	나	나브, 납, 혹, 마디, 서랍의 손잡이, 쥐는 곳	명	knob [nɑb / nɔb]
23	나	나르시서스, 나아시서스, 수선화	명	narcissus [nɑːrsísəs]

24	라	라튼, 로튼, 부패한, 썩은, 냄새 고약한	형	rotten [rátn / rɔ́tn]
25	사	사이비 종교, 사교, 이교, 이단, 이론	명	heresy [hérəsi]
26	랑	앙망, 숭배, 감탄, 찬탄	명	admiration [æ̀dməréiʃən]
27	하	하드 바이, ~의 가까이에, ~의 바로 옆에		hard by = close by
28	세	세례를 베풀다, 세례명을 붙이다	동	baptize [bæptáiz]

5 국기에 대한 맹세

1	나	나르코틱, 나아카틱, 마취성의, 최면성의 ; 마취제	형	**narcotic** [nɑːrkátik]
2	는	언커얼, 곱슬곱슬한 것을 펴다, 똑바로 하다	동	**uncurl** [ʌnkə́ːrl]
3	자	자력으로 만든[출세한] ; a self-made man 자수성가한 사람	형	**self-made** [sélfméid]
4	랑	앙금, 침전물, 찌끼, 지질한 것	명	**dreg** [dreg]
5	스	스빠이어럴, 나선형 모양의, 소용돌이 모양의	형	**spiral** [spáiərəl]
6	런	런웨이, 통로, 주로, 활주로, 짐승이 다니는 길	명	**runway** [rʌ́nwèi]
7	태	태싯, 암묵의, 무언의, 잠잠한, 침묵의	형	**tacit** [tǽsit]
8	극	극도의, 심한, 최대의, 맨 끝의, 말단의	형	**extreme** [ikstríːm]
9	기	기동작전, 작전적 행동, 계략, 책략, 묘책	명	**maneuver** [mənúːvəːr]
10	앞	앞서, 이전에, 본래는, 사전에, 미리	부	**previously** [príːviəsli]
11	에	에스컬레이트, 급등하다, 상승하다, 점증하다, 단계적으로 확대하다	동	**escalate** [éskəlèit]

12	자	자부심, 자긍심, 자존감	명	self-esteem [sélfestíːm]
13	유	유나이트, 통합시키다, 연합하다	동	unite [juːnáit]
14	롭	롭, 랍, 가지 따위를 치다, 잘라내다, 베다	동	lop [lɔp / lɑp]
15	고	고우 애즈 빠 래즈 투~, **하다못해 ~하기까지 하다** ; He went so far as to say I was a coward. 그는 나에게 비겁쟁이라고 하기까지 했다.		go as far as to ~
16	정	정숙한, 순결한, 고상한, 간소한	형	chaste [tʃeist]
17	의	의기양양한, 승리를 거둔, 성공한	형	triumphant [traiʌ́mfənt]
18	루	루우그 깡패, 무례한, 불량배, 악한	명	rogue [roug]
19	운	운반인, 짐꾼, 문지기, 수위, 관리인	명	porter [pɔ́ːrtər]
20	대	대거, 단도, 단검, 비수	명	dagger [dǽgər]
21	한	한도를 넘다, 어기다, 범하다	동	transgress [trænsgrés]
22	민	민와일, 그 동안에, 그러는 동안에	부	meanwhile [míːnhwail]
23	국	국지적인, 지엽적인, 지역적인, 지방의	형	regional [ríːdʒn-əl]

24	의	의문의, 미심쩍은 듯한, 질문의	형	interrogative [intərágətiv]
25	무	무당, 마술사, 방술사	명	shaman [ʃɑ́ːmən]
26	궁	궁극적으로, 최후에는, 마침내		in the long run
27	한	한 가운데, 중앙, 한창	명	midst [midst]
28	영	영결식, 장례식, 장례	명	funeral [fjúːnərəl]
29	광	광고하다, 선전하다, 알리다	동	advertise [ǽdvərtàz]
30	을	얼라익, 서로 같은, 마찬가지의 ; 똑같이	형	alike [əláik]
31	위	위트니스, 목격자, 목격, 증언 ; 증언하다, 목격하다	명	witness [wítnis]
32	하	하이잭, 공중납치하다, 강탈하다	동	highjack [háidʒæk]
33	여	여건, (선결) 조건, 가정 ; 가정하다	명	postulate [pástʃəlèit]
34	충	충돌, 불일치, 부딪힘	명	collision [kəlíʒən]
35	성	성격이 같은, 성미가 맞는, 기분 좋은, 마음이 맞는	형	congenial [kəndʒíːnjəl]

36	을	얼루어먼트, 유혹, 매혹, 유혹물	명	allurement [əlúərmənt]
37	다	다홍색, 심홍색, 짙은 붉은 색	명	crimson [krímzən]
38	할	할증, 할증료, 추징금, 추가요금	명	surcharge [sə́ːrtʃɑ̀ːrdʒ]
39	것	것터, 거터, 낙수홈통(물받이), 배수구, 하수도	명	gutter [gʌ́tər]
40	을	얼레지, 단언하다, 주장하다, 진술하다	동	allege [əlédʒ]
41	굳	굳윌, 호의, 친절, 후의	명	goodwill [gúdwíl]
42	게	게인세이, 부정하다, 반박하다, 논쟁하다	동	gainsay [gèinséi]
43	다	다일루트, 딜루트, 묽게 하다, 희박하게 하다	동	dilute [dailúːt/di]
44	짐	짐네이지엄, 김나지움, 체육관, 실내 체육관	명	gymnasium [dʒimnéiziəm]
45	합	합, 홉, 뛰다, 한 발로 뛰다, 춤추다	동	hop [hɑp / hɔp]
46	니	니거, (경멸적인 표현의) 흑인, 깜둥이	명	nigger [nígəːr]
47	다	다이 쁘람 ~, ~로 죽다 ; He died from a wound. 상처로 인해 죽었다.		die from ~

6 한국을 빛낸 100인 1절

1	아	아트리, 동맥, 간선	명	**artery** [ɑ́ːrtəri]
2	름	음을 내다, 발음하다, 소리 내어 읽다	동	**pronounce** [prənáuns]
3	다	(의무·직분을) 다하다, 이행하다, 실행하다	동	**discharge** [distʃɑ́ːrdʒ]
4	운	운, 재수, 복권 뽑기, 추첨	명	**lottery** [lɑ́təri]
5	이	이니그머, 수수께끼, 불가해한 사물	명	**enigma** [inígmə]
6	땅	땅딸막한, 뭉뚝한, 볼품없는, 추한	형	**dumpy** [dʌ́mpi]
7	에	에나멜, 이내멀, 광택제, 법랑, 법랑 세공품	명	**enamel** [inǽməl]
8	금	금지하다, 방해하다, 막다	동	**prohibit** [prouhíbit]
9	수	수우퍼브, 최고의, 훌륭한, 뛰어난	형	**superb** [suːpə́ːrb]
10	강	강령, 정강정책, 교단, 연단,	명	**platform** [plǽtfɔ̀ːrm]
11	산	산만한, 마음이 산란한, 괴로운	형	**distracted** [distrǽktid]

12	에	에일려네이트, 이탈하다, 멀리하다, 딴 데로 돌리다	동	**alienate** [éiljənèit]
13	단	단번에, 즉시, 신속히, 즉석에서	부	**promptly** [prámptli / prɔ́mpt-]
14	군	군국주의, 군사우선정책, 군부지배	명	**militarism** [mílitərìzəm]
15	할	할러코스트, 홀로코스트, 대학살, 대파괴, 파국, 나치의 유태인 대학살	명	**holocaust** [hάləkɔ̀ːst, hóu-]
16	아	아쿠애틱, 어쿠애틱, 물의, 물에 사는	형	**aquatic** [əkwǽtik]
17	버	버짓, 예산, 예산안, 경비, 운영비, 가계	명	**budget** [bʌ́dʒit]
18	지	지프, 쥐, 빠르게 움직이다	동	**zip** [zip]
19	가	가알런드, 화환, 화관, 꽃 줄	명	**garland** [gάːrlənd]
20	터	터내서티, 지속, 고집, 끈기, 완강	명	**tenacity** [tənǽsəti]
21	잡	잡다한, 갖가지의	형	**sundry** [sʌ́ndri]
22	으	어클레임, 갈채, 환호 ; 갈채를 보내다	명	**acclaim** [əkléim]
23	시	시세션, 이탈, 탈퇴, 분리	명	**secession** [siséʃən]

24	고	고전적인, 전통적인, 모범적인	형	classical [klǽsikəl]
25	홍	홍조 ; 얼굴을 붉히다, 빨개지다	명	blush [blʌʃ]
26	익	**익스트로디너리**, 월등한, 비상한, 비범한, 특별한	형	extraordinary [ikstrɔ́ːrdənèri]
27	인	**인사이트**, 자극하다, 격려하다, 꼬드기다, 부추기다	동	incite [insáit]
28	간	간단한, 똑바른, 정직한, 솔직한	형	straightforward [strèitfɔ́ːrwəːrd]
29	뜻	뜻을 갖다, ~할 의향이다		be inclined to ~
30	으	**어펙셔니트**, 다정한, 인정 많은, 애정 깊은	형	affectionate [əfékʃənit]
31	로	**로케이션**, 야외촬영지, 장소, 위치	명	location [loukéiʃən]
32	나	(전쟁·화재 따위가) 나다, 발생하다		break out
33	라	**라이블리**, 생기[활기]에 넘친, 기운찬	형	lively [láivli]
34	세	세션, 개회 중, 회기, 개정 기간, 학기	명	session [séʃ-ən]
35	우	우상, 신상, 숭배의 대상, 경애의 대상	명	idol [áidl]

36	니	니트, 산뜻한, 깨끗한, 정연한, 단정한	형	neat [ni:t]
37	대	대표단, 파견 위원단, 대표 파견	명	delegation [dèligéiʃən]
38	대	대단히, 아주, 무척, 몹시, 두렵게	부	awfully [ɔ́:fəli]
39	손	손재주, 솜씨, 재주	명	craftsmanship [krǽftsmənʃip]
40	손	손해 사정인, 조정자, 조절자	명	adjuster [ədʒʌ́stər]
41	훌	훌륭한, 지위가 있는, 상당한, 남부럽지 않은	형	decent [dí:sənt]
42	류	융성하다, 번성하다, 번창하다, 싱숭하나	동	prosper [prɑ́spər / prɔ́s-]
43	한	한가로움, 안심, 자기만족, 위안이 되는 것	명	complacence [kəmpléisəns]
44	인	인 더 프레즌스 오브, 면전에서, ~ 앞에서		in the presence of ~
45	물	물거품, 기포, 거품 같은 계획, 사기	명	bubble [bʌ́bəl]
46	도	도구, 기구, 비품, 장구, 수단, 방법	명	implement [ímpləmənt]
47	많	많은 ~, 상당량의, 상당수의		a good (great) deal of ~

Part I 나라사랑 ①

48	아	아로마틱, 애러매틱, 향기 좋은, 향기로운	형	**aromatic** [ærəmǽtik]
49	고	고려하지 않다, 무시하다	동	**discount** [dískaunt]
50	구	구매하다, 사다, 매수하다, 획득하다	동	**purchase** [pə́ːrtʃəs]
51	려	여미다, 똑바르게 하다, 정돈[정리]하다	동	**straighten** [stréitn]
52	세	세그먼트, 단편, 조각, 부분, 분절	명	**segment** [séɡmənt]
53	운	운명 짓다, 운명으로 정해지다, 예정하다	동	**destine** [déstin]
54	동	동료애, 교우관계, 교제, 친교	명	**companionship** [kəmpǽnjənʃip]
55	명	명령하다 ; 명령, 지령, 위임통치	동	**mandate** [mǽndeit]
56	왕	왕좌[왕위]에 앉히다, 즉위시키다, 임명하다	동	**enthrone** [enθróun]
57	백	백빠이어, 맞불, 역화, 역발	명	**backfire** [bǽkfàiər]
58	제	제뉴인, 순수한, 진실한, 진짜의	형	**genuine** [dʒénjuin]
59	온	온셋, 개시, 시작, 출발, 착수, 공격	명	**onset** [ánsèt, ɔ́(ː)n-]

60	조	조인트, 관절, 마디, 이음매, 접합부분	명	joint [dʒɔint]
61	왕	왕래, 서신왕래, 교신, 통신	명	correspondence [kɔ̀ːrəspɑ́ndəns]
62	알	알뜰한, 검약한, 소박한, 절약하는	형	frugal [frúːg-əl]
63	에	에이펙스, 꼭지점, 정점, 절정	명	apex [éipeks]
64	서	서브시다이즈, 섭시다이즈, 보조금을 주다, 장려금을 주다	동	subsidize [sʌ́bsidàiz]
65	나	나긋나긋한, 유연한, 온순한, 순응성이 있는	형	supple [sʌ́pəl]
66	오	온 디 아더 핸드, 또, 또 나른 한쎤으노		on the other hand
67	혁	혁신하다, 쇄신하다, 새롭게 하다	동	renovate [rénəvèit]
68	거	거쉬, 분출하다, 내뿜다, 감정이 복받침	동	gush [gʌʃ]
69	세	세미너리, 학교, 학원, 양성소, 신학교	명	seminary [sémənèri / -nəri]
70	만	만타지, 몽타쥬 사진, 합성화법	명	montage [mɑntɑ́ːʒ]
71	주	주디셜, 사법의, 재판상의, 공정한	형	judicial [dʒuːdíʃəl]

72	벌	벌너러블, 약점이 있는, 취약한	형	vulnerable [vΛlnərəbəl]
73	판	판더러스, 무겁고 답답한, 장황한	형	ponderous [pándərəs]
74	달	달성하다, 성취하다, 이루다(=accomplish), 완수하다		carry out
75	려	여망, 신용, 신뢰, 자신, 확신	명	confidence [kánfidəns / kɔ́n-]
76	라	라이어블, 책임을 져야 할, ~할 책임이 있는	형	liable [láiəb-əl]
77	광	광채, 빛남, 호화, 탁월, 훌륭함	명	splendor [spléndə:r]
78	개	개스틀리, 핼쑥한, 송장 같은, 무서운	형	ghastly [gǽstli / gáːst-]
79	토	토크티브, 말이 많은, 다변의, 수다스런	형	talkative [tɔ́ːkətiv]
80	대	대표적인, 전형적인 ; 대표자, 대리인	형	representative [rèprizéntətiv]
81	왕	왕, (종종 경멸적) 실력자, 권력자 ; an oil magnate 석유왕	명	magnate [mǽgneit, -nit]
82	신	신크라닉, 싱크라닉, 공시적인	형	synchronic [siŋkránik]
83	라	라이클리, 그럴듯한, 있음직한, 가능하다고 생각되는	형	likely [láikli]

84	장	장르, 유형, 양식, 장르, 풍속도	명 genre [ʒɑ́:nrə]
85	군	군침이 도는, 유혹하는, 부추기는	형 tempting [témptiŋ]
86	이	이뮤나이제이션, 면역, 예방주사	명 immunization [imjú:naizéiʃən]
87	사	사우어, 시큼한, 신, 시어진, 불쾌한	형 sour [sáuə:r]
88	부	부과하다, 지우다, 강요하다	동 impose [impóuz]
89	백	백 업, 후원하다, 지지하다 ; I backed up my friend, 나는 친구를 도와주었다.	back up
90	결	결단력 있는, 단호한, 결연한, 굳게 설심인	형 resolute [rézəlu:t]
91	선	선배, 전임자, 선행자, 선조	명 predecessor [prédisèsər]
92	생	생권, 다혈질의, 쾌활한, 낙관적인	형 sanguine [sǽŋgwin]
93	떡	떡값, 뇌물, 매수 ; 매수하다	명 bribe [braib]
94	방	방어하다, 보호하다, 막다	동 protect [prətékt]
95	아	아카데믹, 애커데믹, 학문의	형 academic [ækədémik]

96	삼	삼림벌채, 남벌	명	deforestation [diːfɔ́ːristéiʃən]
97	천	천대하다, 경멸하다 ; 경멸, 천대	동	contempt [kəntémpt]
98	궁	궁색한, 빈곤한, 결여된, ~ 없는	형	destitute [déstətʃùːt]
99	녀	여드름, 뾰루지	명	acne [ǽkni]
100	의	의도적으로, 일부러, 신중히, 유유히	부	deliberately [dilíbəritli]
101	자	자극적인, 고무되는, 격려적인	형	stimulating [stímjəlèitiŋ]
102	왕	왕의, 국왕의, 제왕의, 장엄한, 훌륭한, 당당한	형	regal [ríːgəl]
103	황	황무지, 불모의 땅, 불모지	명	wasteland [wéistlænd]
104	산	산업의, 공업의, 산업용의	형	indústrial [indʌ́striəl]
105	벌	벌거, 천한, 상스러운, 저속한, 통속적인	형	vulgar [vʌ́lgər]
106	의	의아한, 당혹스러운, 어리둥절하게 하는	형	puzzling [pʌ́zliŋ]
107	계	계층화하다, 등급별로 분류하다	동	stratify [strǽtəfài]
108	백	백스뜨로욱, 역타, 반격, 배영	명	backstroke [bǽk-stròuk]

109	맞	맞춤법, 정자법, 철자법	명 orthography [ɔ:rθάgrəfi]
110	서	서베이, 둘러보다, 조사하다	동 survey [səːrvéi]
111	싸	싸다, 포장하다, 감싸다, 둘레[감]싸다	동 wrap [ræp]
112	운	운드, 우-운드, 다치게 하다, 상처 입히다	동 wound [wuːnd]
113	관	관료주의자, 관료, 독선주의자	명 bureaucrat [bjúərəkræt]
114	창	창조적 집단사고	명 brainstorming [bréinstɔːrmiŋ]
115	믹	믹믹, 기계학, 기계공인 부문	명 mechanics [məkǽniks]
116	사	사인보드, 간판, 게시판	명 signboard [sáinbɔ̀ːrd]
117	는	언부점, (속마음·의중·비밀을) 털어놓다, 밝히다	동 unbosom [ʌnbú(ː)zəm]
118	흐	흐린, 희미한, 어렴풋한, 엷은	형 faint [fɛint]
119	른	언더레이트, 낮게(과소) 평가하다, 경시하다	동 underrate [ʌ̀ndəréit]
120	다	다이어트, 식품, 규정식, 식이요법	명 diet [dáiət]

1	말	말하자면, 다시 말하면 ; He is, as it were, a grown-up baby. 그는 말하자면 다 큰 어린애다.		as it were = so to speak
2	목	목커리, 비웃음, 냉소, 놀림, 모멸	명	mockery [mάkəri, mɔ́(:)k-]
3	자	자격, 필요조건, 요건, 필요물	명	requirement [rikwáiə:rmənt]
4	른	언더(더)커버 오브, ~의 엄호를 받아, ~을 틈타서, ~을 빙자하여		under (the) cover of ~
5	김	김빠진, 맛이 없는, 활기 없는	형	vapid [vǽpid]
6	유	유써업, (왕좌 · 권력 따위를) 빼앗다, 찬탈하다	동	usurp [ju:sə́:rp]
7	신	신시어, 성실한, 진실한, 충심으로의	형	sincere [sinsíə:r]
8	통	통화, 화폐, 통용, 유통, 유포	명	currency [kə́:rənsi]
9	일	일레이티드, 의기양양한, 우쭐대는	형	elated [iléitid]
10	문	문지방, 문턱, 문간, 발단, 시초, 출발점, 한계, 경계	명	threshold [θréʃhould]
11	무	무감각한, 의식을 잃은, 인사불성의	형	insensible [insénsəbəl]

12	왕	왕위에서 물러나게 하다, 폐위시키다	(동) dethrone [diθróun]
13	원	원고, 고소인	(명) plaintiff [pléintif]
14	효	효력이 없는, 무가치한, 무효의, 병약한	(형) invalid [invǽlid]
15	대	대단히, 엄청나게, 광대하게, 방대하게	(부) vastly [vǽstli / vɑ́:stli]
16	사	사인포스트, 길잡이, 푯말	(명) signpost [sáinpòust]
17	해	해브 잇, 이기다, 표현하다, 말하다 ; Rumor has it that ~라고들 하다	have it
18	골	골절, 부러짐, 부숨, 분쇄 ; 부디▬디디, 부┿디	(명) fracture [fræktʃər]
19	물	물리학, 물리적 현상, 자연과학	(명) physics [fíziks]
20	해	혜안, 식별력, 영민	(명) discernment [disə́:rnmənt]
21	초	초우즌, 선발된, 정선된	(형) chosen [tʃóuzn]
22	천	천체의, 하늘의, 천국의, 거룩한	(형) celestial [səléstʃəl]
23	축	축, 지축, 축선, 굴대	(명) axis [ǽksis]

24	국	국산의, 토착의, 원산의, 자생의, 타고난	형	indigenous [indídʒənəs]
25	바	바이어스, 편견, 선입관, 심리적 경향	명	bias [báiəs]
26	다	다이어, 무서운, 비참한, 음산한	형	dire [daiər]
27	의	의도하다, 기도하다, ~할 작정이다, ~하려고 생각하다	동	intend [inténd]
28	왕	왕의, 왕족의, 황족의, 왕가의	형	royal [rɔ́iəl]
29	자	자극하다, 북돋우다, 격려하다	동	stimulate [stímjəlèit]
30	장	장난, 짓궂음, 해악, 해, 손해, 위해, 악영향	명	mischief [místʃif]
31	보	보이드, 빈, 공허한, 없는, 무효의	형	void [vɔid]
32	고	고결, 성실, 정직, 청렴, 완전	명	integrity [intégrəti]
33	발	발런테리, 자발적인, 지원의, 임의의	형	voluntary [váləntèri]
34	해	해러스, 들볶다, 괴롭히다, 애먹이다	동	harass [hǽrəs]
35	대	대기, 분위기, 기분, 주변 정황, 정서, 정취	명	atmosphere [ǽtməsfiər]

36	조	(조약·법률 등의) 조목, 조항, 절	명	**clause** [klɔːz]
37	영	영역, 범위, 부문, 왕국, 국토	명	**realm** [relm]
38	귀	귀납적인, 유도적인, 유도성의, 전제의	형	**inductive** [indʌ́ktiv]
39	주	주피터, 목성	명	**Jupiter** [dʒúːpətər]
40	대	대표자, 대리인, 대의원 ; 위임하다, 대리하다	명	**delegate** [déligit]
41	첩	첩, 내연녀	명	**concubine** [kɑ́ŋkjəbàin]
42	강	강렬해지다, 강렬하게 하다, 증강히디	동	**intensify** [intensəfài]
43	감	감명을 주다, 감동시키다, 인상지우다	동	**impress** [imprés]
44	찬	찬트, 챈트, 노래 부르다, 부르다, 영창하다	동	**chant** [tʃɑːnt, tʃænt]
45	서	서베일런스, 감시, 감독	명	**surveillance** [sərvéiləns]
46	희	희소성, 결핍, 부족	명	**scarcity** [skɛ́əːrsəti]
47	거	거쳐서, 경유하여		**by way of ~**

48	란	난관, 교착, 수렁 ; come to a deadlock 난관에 봉착하다	명	**deadlock** [dédlak]
49	족	족히, 충분히	부	**sufficiently** [səfíʃəntli]
50	무	무례한, 버릇없는, 실례의, 교양 없는	형	**rude** [ru:d]
51	단	단독의, 단독적인, 일방적인	형	**unilateral** [jùːnəlǽtərəl]
52	정	정복하다, 획득하다 ; 정복, 획득	동	**conquest** [káŋkwest]
53	치	치즐, 새기다, 끌로 파다, 조각하다	동	**chisel** [tʃízəl]
54	정	정규의, 정식의, 형식의, 공식적인	형	**formal** [fɔ́ːrməl]
55	중	중재하다, 조정하다, 화해시키다	동	**mediate** [míːdièit]
56	부	부정하다, 반박하다, 부인하다	동	**contradict** [kàntrədíkt]
57	화	화이튼, 와이튼, 희게 하다, 표백하다	동	**whiten** [hwáitn]
58	포	포스튜머스, 사후의, 유복자의	형	**posthumous** [pɔ́ʃastʃuməs]
59	최	최상의, 최고의, 과도한, 과장된	형	**superlative** [supə́ːrlətiv , su:-]

60	무	무관심한, 냉담한	혱 apathetic [æ̀pəθétik]
61	선	선드리, 잡다한, 갖가지의	혱 sundry [sʌ́ndri]
62	죽	죽, 묽은 죽	몡 gruel [grúːəl]
63	림	림피드, 맑은, 투명한, 깨끗한	혱 limpid [límpid]
64	칠	칠, 냉기, 한기, 오한 ; 차가운, 냉담한	몡 chill [tʃil]
65	현	현대의, 동시대의, 당대의, 최신의	혱 contemporary [kəntémpərèri]
00	김	김매디, 잡초를 제거하다	동 weed [wiːd]
67	부	부밍, 급등하는, 벼락경기의 ; booming prices 폭등하는 물가	혱 booming [búːmiŋ]
68	식	식 애쁘터, ~을 찾다, ~을 구하다	seek after[for] ~
69	지	지어, 비웃다, 조롱하다 ; 조롱	동 jeer [dʒiər]
70	눌	눌변의, 능변이 아닌	혱 ineloquent [inéləkwənt]
71	국	국제적인, 국제간의, 만국의	혱 international [ìntərnǽʃənəl]

72	사	사든, 흠뻑 젖은, 술에 젖은 ; 적시다	형	sodden [sádn / sɔ́dn]
73	조	조, 턱, 아래턱	명	jaw [dʒɔ:]
74	계	(보통 가문의) 계급, 계통, 혈통	명	lineage [líniidʒ]
75	종	종족, 부족, 가족, 동아리	명	tribe [traib]
76	의	의논, 협의, 회담, 회의, 동맹	명	conference [kánfərəns]
77	천	천성, 기질, 성질, 성미, 체질	명	temperament [témpərəmənt]
78	천	천막, 간편한 임시건물	명	pavilion [pəvíljən]
79	태	태클, 다루다, 대처하다	동	tackle [tǽkəl]
80	종	종, 종류	명	species [spí:ʃi(:)z]
81	대	대가, 보수, 급료, 이익, 이익분배	명	payoff [péiɔ̀(:)f]
82	마	마이크로카즘, 축도, 소우주, 소세계	명	microcosm [máikroukàzəm]
83	도	도전, 반항, 저항, 무시	명	defiance [difáiəns]

84	정	정치가, 경세가	명	**statesman** [stéitsmən]
85	벌	벌브, 알뿌리(근), 전구	명	**bulb** [bʌlb]
86	이	이(아이)디얼라직컬, 이데올로기의, 관념학의, 이념적인	형	**ideological** [(a)idiəlɑ́dʒikəl]
87	종	종사하다, 참여하다		**be engaged in**
88	무	무관심, 냉담, 무감각, 무감동, have an apathy to ~에 냉담하다	명	**apathy** [ǽpəθi]
89	일	일러스트레이티브, 설명의, 해설의, 실례가 되는	형	**illustrative** [íləstrèitiv]
00	편	편리한, 실행할 수 있음, 편리	명	**feasibility** [fì:zəbíləti]
91	단	단서, 조건 ; with a proviso 조건부로	명	**proviso** [prəváizou]
92	심	심퍼떼딕, 공감하는, 호의적인	형	**sympathetic** [sìmpəθétik]
93	정	정쳐, 접합, 접속, 연결, 관절, 이음매	명	**juncture** [dʒʌ́ŋktʃər]
94	몽	몽상, 공상, 백일몽 ; 몽상에 잠기다, 공상에 잠기다	명	**daydream** [déidrì:m]
95	주	주러딕션, 관할권, 재판권, 사법권	명	**jurisdiction** [dʒùərisdíkʃən]

96	목	목킹, 마킹, 조롱하는 듯한, 흉내 내는	형	**mocking** [mάkiŋ / mɔ́k-]
97	화	화산, 분화구, 폭발력이 있는 것	명	**volcano** [vɑlkéinou]
98	씨	씨슬리스, 끊임없는, 부단한, 쉬지 않고	형	**ceaseless** [síːslis]
99	는	언락, 자물쇠를 열다, 털어놓다, 누설하다	동	**unlock** [ʌnlάk / -lɔ́k]
100	문	문방구, 문구, 편지지	명	**stationery** [stéiʃ-ənèri]
101	익	익스퀴짓, 절묘한, 정묘한, 세련된	형	**exquisite** [ikskwízit]
102	점	점, 병원균, 미생물, 세균	명	**germ** [ʤəːrm]
103	해	해드 래더, 차라리 ~하는 편이 낫다 ; I had rather see her, 오히려 그녀와 만나고 싶다.		**had rather ~**
104	동	동요시키다, 흥분시키다, 부추기다, 선동하다	동	**agitate** [ǽʤətèit]
105	공	공감, 의견일치, 합의, 여론	명	**consensus** [kənsénsəs]
106	자	자신의 입장을 견지하다, 굴하지 않다, 임무를 다하다		**hold one's own**
107	최	최고조, 절정, 정점, 극점	명	**climax** [klάimæks]
108	충	충실, 충성, 성실, 정절, 충실도	명	**fidelity** [fidéləti, fai-]

109	삼	삼, 대마, 삼베	몡 hemp [hemp]
110	국	국, 고깃국, 묽은 수프	몡 broth [brɔ(:)θ]
111	유	유비쿼터스, 어디에나 있는, 편재하는, 도처에 있는	형 ubiquitous [ju:bíkwətəs]
112	사	샤(사)픈, 날카롭게 하다, 강하게 하다	동 sharpen [ʃá:rp-ən]
113	일	일리머네이트, 없애다, 제거하다, 배제하다	동 eliminate [ilímənèit]
114	연	연체된, 연착한, 기한이 지난, 미불의, 늦은	형 overdue [òuvərdjú:]
115	역	역도 또한 미한가지	vice versa [váisi-və́:rsə]
116	사	사로잡다, 매혹하다, 현혹시키다	동 captivate [kǽptəvèit]
117	는	언아이덴트빠이드, 확인되지 않은, 미확인의	형 unidentified [ʌnaidéntəfàid]
118	흐	흐린, 침침한, 희미한 ; 흐리게 하다	형 blear [bliər]
119	른	언더라잉, 바탕이 되는, 토대가 되는	형 underlying [ʌndərláiiŋ]
120	다	다이버전스, 이탈, 차이, 일탈, 상이, 불일치	몡 divergence [daivə́:rdʒəns]

1	황	황새 ; The stork came last night. 지난 밤에 아기가 태어났다.	명	**stork** [stɔːrk]
2	금	금수, 짐승, 동물, 네발짐승	명	**beast** [biːst]
3	을	얼 더 베러 뽀 ~, ~ 때문에 더더욱 ; I like him all the better for his faults. 그의 결점때문에 그를 더 사랑한다.		**all the better for ~**
4	보	보울스터, 받치다, 보강하다, 괴다	동	**bolster** [bóulstər]
5	기	기상의, 기상학의, 기상학상의	형	**meteorological** [mìːtiərəládʒikəl]
6	를	얼 더 세임, 그래도, 여전히 ; He has defects, but I like him all the same. 그가 결점이 있지만 여전히 사랑한다.		**all the same** **=nevertheless**
7	돌	돌파구, 성공, 타결, 획기적인 약진	명	**breakthrough** [bréikərùː]
8	같	같이, 동일하게, 일치하여	부	**identically** [aidéntikəli]
9	이	이머스, 가라앉히다, 몰두하게 하다	동	**immerse** [imə́ːrs]
10	하	하이스피리티드, 늠름한	형	**high-spirited** [haispíritid]
11	라	라이틀리, 올바르게, 명확히, 당연히	부	**rightly** [ráitli]

12	최	최근의, 근래의, 새로운, 현세의	형	recent [ríːsənt]
13	영	영감을 받은, 영감에 의한	형	inspired [inspáiərd]
14	장	장부, 기록부, 등록부, 등기부 ; 기록, 목록	명	register [rédʒəstəːr]
15	군	군식구, 기생동물, 기생충, 기식자, 식객	명	parasite [pǽrəsàit]
16	의	의심, 혐의, 낌새챔, 막연한 느낌	명	suspicion [səspíʃən]
17	말	말참견하다, 끼어들다 ; Don't break in on the conversation. 대화에 끼어들지 마라.		break in
18	씀	씀씀이, 지출, 비용, 소비, 경비	명	expenditure [ikspénditʃər]
19	받	받치는, 지탱하는, 지지가 되는	형	supportive [səpɔ́ːrtiv]
20	들	들이닥친, 박두한, 절박한, 곧 닥칠 듯한	형	impending [impéndiŋ]
21	자	자의적인, 외고집의, 제멋대로의	형	wilful [wílfəl]
22	황	황폐화시키다, 유린하다, 망연자실하게 하다	동	devastate [dévəstèit]
23	희	희드뻘, 주의 깊은, 조심성이 많은 (attentive), 인정이 있는	형	heedful [híːdfəl]

24	정	정반대의, 상반된, 역의, 마주보고 있는	형	**opposite** [ápəzit]
25	승	승진, 승격, 진급, 조장, 증진	명	**promotion** [prəmóuʃən]
26	맹	맹글, 난도질하다, 토막 자르다	동	**mangle** [mǽŋg-əl]
27	사	사육하다, 기르다, 양육하다, 가르치다	동	**breed** [bri:d]
28	성	성당, 대성당	명	**cathedral** [kəθí:drəl]
29	과	과격한, 격렬한, 맹렬한, 강렬한	형	**drastic** [drǽstik]
30	학	학대하다, 혹사하다	동	**mistreat** [mistrí:t]
31	장	장치, 기계, 기구, 기관	명	**apparatus** [æpəréitəs]
32	영	영양소, 영양제, 자양물, 음식	명	**nutrient** [njú:triənt]
33	실	실루엣, 그림자 그림, 실루엣, 윤곽	명	**silhouette** [sìlu:ét]
34	신	신화, 신화집	명	**mythology** [miθálədʒi]
35	숙	숙청하다, 추방하다, 일소하다	동	**purge** [pə:rdʒ]

36	주	주리디컬, 재판상의, 사법상의	형	juridical [dʒuərídikəl]
37	와	와드, 뭉치, 다발 ; 뭉치다, 채워 넣다	명	wad [wɑd / wɔd]
38	한	한 면, 상, 양상, 국면	명	facet [fǽsit]
39	명	명성 있는, 저명한, 유명한, 이름난	형	noted [nóutid]
40	회	회상, 추억, 기억력, 생각나게 하는 것, 회고록	명	reminiscence [rèmənís-əns]
41	역	역설, 앞뒤가 맞지 않는 일, 불합리한 것	명	paradox [pǽrədàks / -dɔ̀ks]
42	사	사이어, 아버지, 조상, 창시자	명	sire [saiəɹ]
43	는	언더단, 충분히 돼있지 않은, 설구운, 설익은(rare)	형	underdone [ʌ̀ndərdʌ́n]
44	안	안하무인하다, 경멸하다, 얕보다 (=despise), 멸시하다, 싫어하다		look down on ~
45	다	다이카터미, 이분법, 분열	명	dichotomy [daikátəmi]
46	십	십먼트, 배에 싣기, 선적, 출하	명	shipment [ʃípmənt]
47	만	만져서 알 수 있는, 확실한	형	tangible [tǽndʒəbəl]

48	양	양심적인, 성실한, 공들인	형 conscientious [kɑ̀nʃiénʃəs]
49	병	병렬의, 평행의, 나란한	형 parallel [pǽrəlèl]
50	이	이그저스쳔, 고갈, 극도의 피로	명 exhaustion [igzɔ́ːstʃən]
51	율	율법, 계율, 성훈(聖訓), 명령 ; Ten Commandments, 십계명	명 commandment [kəmǽndmənt]
52	곡	곡해하다, (상도에서) 벗어나다, 악용하다, 나쁜 길로 이끌다	동 pervert [pəːrvə́ːrt]
53	주	주버나일 딜링퀀트, 비행소년	명 júvenile delínquent
54	리	리딤, 되찾다, 되사다, 회수하다, 회복하다	동 redeem [ridíːm]
55	이	이그저션, 힘의 발휘, 노고	명 exertion [igzɔ́ːrʃən]
56	퇴	퇴락하다, 나쁘게 하다, 저하시키다, 열등하게 하다	동 deteriorate [ditíəriərèit]
57	계	계도(系圖), 계통, 혈통, 가문, 문벌	명 pedigree [pédəgrìː]
58	신	신쓰사이즈, 종합하다, 합성하다, 종합적으로 다루다	동 synthesize [sínθəsàiz]
59	사	사캐즘, 빈정거림, 비꼼, 풍자, 비꼬는 말 ; in sarcasm 비꼬아서, 빈정대면서	명 sarcasm [sɑ́ːrkæz-əm]

60	임	임모럴, 부도덕한, 행실 나쁜, 음란한	형 immoral [imɔ́(:)rəl]
61	당	당찬, 억센, 불굴의, 튼튼한, 건장한	형 sturdy [stə́:rdi]
62	오	오스피셔스, 길조의, 경사스런, 상서로운	형 auspicious [ɔ:spíʃəs]
63	죽	죽이다, 사형에 처하다	put a person to death
64	헌	헌납하다, 기부하다, 기증하다, 공헌[기여]하다	동 contribute [kəntríbju:t]
65	잘	잘난 체하다, 젠체하다, 뻐기다	put on airs
66	싸	싸우나, 눈무하니, 노력하디, 거구디	동 strive [straiv]
67	운	운문, 시, 시의 한 행	명 verse [və:rs]
68	다	다이제스티브, 소화의, 소화를 돕는, 소화력이 있는	형 digestive [didʒéstiv]
69	곽	과단성 있는, 단호한, 확고한, 결정적인	형 decisive [disáisiv]
70	재	재치 있는, 약삭빠른, 솜씨 있는	형 tactful [tǽktfəl]
71	우	우격다짐의, 억지로 시키는, 강제적인, 강력한	형 forcible [fɔ́:rsəb-əl]

72	조	조그, 자그, 조깅하다, 천천히 달리다, 살짝 밀다	동	jog [dʒɑg, dʒɔg]
73	헌	헌치, 군살, 혹, 두꺼운 조각, 덩어리	명	hunch [hʌntʃ]
74	김	김, 청태	명	laver [léivəːr]
75	시	시노님, 동의어, 유의어, 비슷한 말	명	synonym [sínənim]
76	민	민즈, 수단, 방법, 재산	명	means [miːnz]
77	나	나르시시스트, 나시시스트, 자기 도취자, 자아 도취자	명	narcissist [nɑ́ːrsisìst]
78	라	라우, 법석, 소동, 소란, 싸움	명	row [rau]
79	구	구성, 뼈대, 골조, 체제	명	framework [fréimwɜ̀ːrk]
80	한	한사코, 완강히, 완고히, 고집 세게	부	persistently [pəːrsístəntli]
81	이	이리스펙티브 오브 ~, ~와 관계없는, 상관없는		irrespective of ~
82	순	순어 오어 레이터, 언젠가는, 조만간		sooner or later
83	신	신경성, 노이로제, 신경감동	명	neurosis [njuəróusis]

84	태	태그, 쪽지, 꼬리표	명	**tag** [tæg]
85	정	정적인, 정지상태의, 정지의	형	**static** [stǽtik]
86	태	태리쁘, 요금표, 운임표, 가격표	명	**tariff** [tǽrif]
87	세	세버, 절단하다, 끊다, 떼다, 가르다	동	**sever** [sévəːr]
88	문	문명, 문화, 문명화, 교화, 개화	명	**civilization** [sìvəlizéiʃən]
89	단	단단함, 견실, 확고부동	명	**firmness** [fə́ːrmnis]
90	세	세이지, 슬기로운, 현명한, 사려 깊은, 현인, 철인	형	**sage** [seidʒ]
91	사	사기의, 거짓의, 사람을 속이는, 사기적인	형	**deceitful** [disíːtfəl]
92	육	육식동물, 약탈자	명	**predator** [prédətər]
93	신	신(싱)크로나이즈, 동시에 발생하다, 동시에 진행·반복하다, 동시성을 가지다	동	**synchronize** [síŋkrənàiz]
94	과	과장하다, 허풍을 떨다	동	**overstate** [òuvərstéit]
95	생	생각나게 하다, A에게 B를 상기 시키다, 깨닫게 하다		**remind A of B**

96	육	육성, 양육, 교육, 가정교육	몡	upbringing [ʌ́pbrìŋiŋ]
97	신	신뢰도, 신빙성, 확실성	몡	reliability [rilàiəbíləti]
98	몸	몸엔텀, 모멘텀, 운동량, 계기, 여세, 힘	몡	momentum [mouméntəm]
99	바	바이얼레이트, 어기다, 범하다, 방해하다	동	violate [váiəlèit]
100	쳐	쳐들어가다, 급습하다, 침입하다	동	raid [reid]
101	서	서브젝티브, 주관적인, 주관의	혱	subjective [səbdʒéktiv]
102	논	논픽션, 역사, 전기, 소설이 아닌 문학	몡	nonfiction [nɑnfíkʃən]
103	개	개런티, 보증하다, 약속하다 ; 보증인	동	guarantee [gæ̀rəntíː]
104	행	행어라운드, 에돌다, 어슬렁거리다, 꾸물대다		hang around
105	주	주버네슨트, 청년기[소년기]에 달한, 젊음이 넘치는	혱	juvenescent [dʒùːvənésnt]
106	치	치어쁠, 기분 좋은, 기운찬, 즐거운	혱	cheerful [tʃíərfəl]
107	마	마아뉴트, 면밀한, 세심한, 세밀한	혱	minute [mainjúːt]

108	권	권위, 권력, 위신, 당국, 권위자	명	authority [əθɔ́:riti]
109	율	율령, 법령, 포고, 조례, 성찬식	명	ordinance [ɔ́:rdənəns]
110	역	역, 정거장, 정류소, 저장소	명	depot [dí:pou / dépou]
111	사	사무소, 부서, 국, 사무국	명	bureau [bjúərou]
112	는	언제너러스, 인색한, 도량이 좁은, 비열한	형	ungenerous [ʌndʒénərəs]
114	흐	흐리게 하다, 흐려지다, 희미해지다	동	blur [blə:r]
115	른	언이질리, 불안하게, 걱정스레, 불쾌하게	부	uneasily [ʌní:zili]
116	다	다이내믹, 역동적인, 활기 있는	형	dynamic [dainǽmik]

1	번	번영하는, 번창하고 있는, 성공한	형	prosperous [práspərəs / prós-]
2	쩍	저당물, 저당, 담보, 서약, 언질	명	pledge [pledʒ]
3	번	번영하는, 번창하고 있는, 성공한	형	prosperous [práspərəs / prós-]
4	쩍	저당물, 저당, 담보, 서약, 언질	명	pledge [pledʒ]
5	홍	홍역, 마진, 풍진	명	measles [míːzəlz]
6	길	길, 아가미, 입	명	gill [gil]
7	동	동격, 병치, 병렬, 가까이 놓음	명	apposition [æpəzíʃən]
8	의	의회, 국회, 회합, (국회의) 회기	명	congress [káŋgris]
9	적	적당한, 적절한, ~하기 쉬운	형	apt [æpt]
10	임	임플라이, 함축하다, 의미하다	동	imply [implái]
11	꺽	(기세 등을) 꺾다, 용기를 잃게 하다, 실망시키다, 단념시키다	동	discourage [diskə́ːridʒ, -kʌ́r-]

12	정	정찰하다, 수색하다, 찾아다니다 ; 정찰, 수색	동	scout [skaut]
13	대	대사, 대표, 사절, 특사	명	ambassador [æmbǽsədər]
14	쪽	쪽지, 각서, 비망록, 메모	명	note [nout]
15	같	같은 축의, 공축의, 동축(同軸)의	형	coaxial, coaxal [kouǽksiəl]
16	은	언리쳐블, 도달할 수 없는	형	unreachable [ʌnriːtʃəbəl]
17	삼	삼켜 버리다, 가라앉히다, 몰두케 하다	동	engulf [engʌ́lf]
18	하	하시이 깊은, 심오한, 뿌리 깊은	형	profound [prəfáund]
19	사	사도닉, 사다닉, 빈정대는, 조소적인, 냉소하는	형	sardonic [sɑːrdánik]
20	어	어자스트, 맞추다, 조절하다, 조정하다	동	adjust [ədʒʌ́st]
21	사	사이멀테이니어스, 동시의, 동시에 일어나는	형	simultaneous [sàiməltéiniəs]
22	박	박크, 나무껍질 ; 짖다, 고함치다	명	bark [bɑːrk]
23	문	문화화시키다	동	enculturate [enkʌ̀ltʃəréit]

Part 1 나라사랑 ①

24	수	수우트, 어울리다, 적합하게 하다, 일치시키다	동	suit [su:t]
25	삼	삼투, 침투, 포화상태	명	saturation [sætʃəréiʃən]
26	년	연금술, 연단술	명	alchemy [ǽlkəmi]
27	공	공익사업, 유용, 유익, 실용	명	utility [ju:tíləti]
28	부	부쳐, 푸주한, 고기집 주인	명	butcher [bútʃər]
29	한	한탄하다, 몹시 슬퍼하다, 통곡하다	동	bewail [biwéil]
30	석	석, 빨다, 빨아들이다, 흡수하다	동	suck [sʌk]
31	봉	봉우리, 끝, 산꼭대기, 절정	명	peak [pi:k]
32	단	단점, 결점, 결핍, 부족, 흉작	명	shortcoming [ʃɔ́:rtkʌ̀miŋ]
33	원	원기, 활력 = vitality, 정력, 체력, 힘, 기운, 생기	명	vigor [vígər]
34	풍	풍경, 경치, 조망, 전망	명	landscape [lǽndskèip]
35	속	속기(의) ; 속기하다	명	shorthand [ʃɔ́:rthænd]

36	도	도피처, 피난처, 은신처, 피난	명	refuge [réfju:dʒ]
37	방	방어, 방위, 수비, 항변, 변호	명	defense [diféns]
38	랑	앙금앙금 기다, 네발로 기다, 포복하다	동	crawl [krɔ:l]
39	시	시프, 싶, 스며 나오다, 새다, 침투하다	동	seep [si:p]
40	인	인컴패터블, 양립할 수 없는, 맞지 않는, 모순된	형	incompatible [ìnkəmpǽtəbəl]
41	김	김, 증기, 수증기, 증발기체, 공상	명	vapor [véipər]
42	삿	삿갓모양의, 원뿔의, 원뿔꼴의	형	conic [kánιk / kɔ́n-]
43	갓	갓후드, 신성, 신임, 신격	명	godhood [gɑd-hùd]
44	지	지역, 지방, 지구, 구역, 영역	명	region [rí:dʒən]
45	도	도메스틱컬리, 가정적으로, 국내적으로	부	domestically [douméstikli]
46	김	김, 증기, 스팀, 수증기, 연무, 안개	명	steam [sti:m]
47	정	정지하다, 정지시키다, 중지하다, 멈추다	동	suspend [səspénd]

Part I 나라사랑 ①

48	호	호올드 오프, 막다, 가까이 못 오게 하다		hold off
49	영	영적인, 정신적인, 심령의	형	spiritual [spíritʃu-əl]
50	조	조키, 자키, 경마의 기수, 운전자, 조종자	명	jockey [dʒáki / dʒɔ́ki]
51	대	대블, 물을 튀기다, 물을 튀겨 적시다, 물을 철버덕거리다	동	dabble [dǽbəl]
52	왕	왕좌, 지고(至高), 주권, 지상권, 패권	명	supremacy [səprémэsi]
53	신	신세러티, 성실, 성의, 진실, 진심	명	sincerity [sinsérəti]
54	문	문학, 문예, 문헌, 문학연구	명	literature [lítərətʃər, -tʃùər]
55	고	고난, 역경, 위험, 위난, 모험	명	peril [pérəl]
56	정	정영, 기필코, 반드시		by all means
57	조	조립하다, 구성하다, 모으다, 조합하다, 편집하다		put together
58	규	규정하다, 지시하다, 명하다, 처방하다	동	prescribe [priskráib]
59	장	장애, 고장, 결점, 약점, 불리한 점	명	drawback [drɔ́:bæ̀k]

60	각	각도의, 모난, 모서리 진, 말라빠진	형 angular [ǽŋgjələr]
61	목	목초지, 목장, 방목장, 목초	명 pasture [pǽstʃər]
62	민	민스, (잘게) 썰다, 다지다, 조심스레 말하다	동 mince [mins]
63	심	심프따이즈, 동정하다, 위로하다, 공감하다	동 sympathize [símpəθàiz]
64	서	서플러스, 나머지, 잉여, 잔여, 흑자	명 surplus [sə́ːrplʌs]
65	정	정찰, 순찰, 순시, 순회, 정찰대, 순찰대	명 patrol [pətróul]
00	약	약, 약물, 의학, 의술	명 medicine [médəsən]
67	용	용량, 수용력, 수용량, 능력	명 capacity [kəpǽsəti]
68	녹	녹터널, 낙터널, 밤의, 야행성의	형 nocturnal [nɑktə́ːrnl]
69	두	두 위다웃, ~없이 지내다	do without
70	장	장애, 무력, 무능, 불구, 무능력	명 disability [dìsəbíləti]
71	군	군의, 군대의, 군사의, 호전적인	형 military [mílitèri / -təri]

72	전	전문가, 숙달자, 숙련가, 달인	명	**expert** [ékspə:rt]
73	봉	봉쇄하다, 막다, 폐쇄하다	동	**blockade** [blʌkéid]
74	준	준수하다, 지키다, 따르다, 관찰하다	동	**observe** [əbzə́:rv]
75	순	순종, 추종, 승낙, 맹종	명	**compliance** [kəmpláiəns]
76	교	교란하다, 혼란하게 하다, 마음을 어지럽히다	동	**perturb** [pərtə́:rb]
77	김	김을 배출하다, 증발시키다,	동	**evaporate** [ivǽpərèit]
78	대	대충의, 엉성한, 조잡한, 몹시 서투른	형	**cursory** [kə́:rsəri]
79	건	건파우더, 화약	명	**gunpowder** [gʌn-páudər]
80	서	서플랜트, 밀어내다, 대신 들어앉다	동	**supplant** [səplǽnt]
81	화	화학물질, 화학의, 화학적인	형	**chemical** [kémikəl]
82	가	가능한, 적당한, 실행할 수 있는, 그럴듯한	형	**feasible** [fí:zəbəl]
83	무	무관심한, 냉담한, 대수롭지 않은	형	**indifferent** [indífərənt]

84	황	황량한, 처량한, 음산한, 울적한	형 dreary [dríəri]
85	진	진, 수지, 송진 ; ~에 수지를 바르다	명 resin [rézin]
86	이	이그자틱, 이국적인, 외래의, 색다른	형 exotic [igzátik]
87	못	못(모)티비에이트, 동기를 부여하다	동 motivate [móutəvèit]
88	살	살븐트, 지급능력이 있는, 용해력이 있는	형 solvent [sálv-ənt / sól-]
89	겜	게임섬, 놀이를 좋아하는, 장난치는	형 gamesome [géimsəm]
90	다	다이렉트 투워드, ~을 겨냥하다, ‥로 향히디	direct toward
91	홍	홍크, (경적을) 울리다	동 honk [hɔːŋk]
92	경	경건한, 독실한, 신앙심 깊은	형 devout [diváut]
93	래	래비드, 맹렬한, 미친 듯한, 외고집의	형 rabid [rǽbid]
94	삼	(눈물 등을) 삼키다, 억제하다, 자제하다	hold back
95	일	일렉트, 선거하다, 뽑다, 선임하다	동 elect [ilékt]

96	천	천사, 치품천사(熾品天使) (세 쌍의 날개를 가진)	명	seraph [sérəf]
97	하	하아디, 마음으로부터의, 친절한, 기운찬	형	hearty [háːrti]
98	김	김빠진, 싱거운, 맛없는, 재미없는	형	insipid [insípid]
99	옥	옥션, 경매, 공매	명	auction [ɔ́ːkʃən]
100	균	균류, 버섯	명	fungus [fʌ́ŋgəs]
101	안	안전한, 위험이 없는, 안정된	형	secure [sikjúəːr]
102	중	중립화하다, 중립지대로 하다, 중화하다	동	neutralize [njúːtrəlàiz]
103	근	근거가 확실한, 확실한, 유효한	형	valid [vǽlid]
104	은	언어테이너블, 이루지 못할, 도달하기 어려운	형	unattainable [ʌnətéinəbəl]
105	애	애버노멀, 앱노멀, 비정상적인, 불규칙한, 변태의	형	abnormal [æbnɔ́ːrməl]
106	국	국, 과, 부, 부서, 부문	명	department [dipáːrtmənt]
107	이	이삐션트, 효과적인, 능률적인, 유효한	형	efficient [ifíʃənt]

108	완	완더, 헤매다, 돌아다니다	동	**wander** [wándər / wɔ́n-]
109	용	용적이 큰, 듬뿍 들어가는, 널찍한, 너른	형	**capacious** [kəpéiʃəs]
110	은	언어보이드블, 피할 수 없는, 어쩔 수 없는	형	**unavoidable** [ʌnəvɔ́idəbəl]
111	매	매그니쁘슨트, 훌륭한, 멋진, 장엄한, 장대한	형	**magnificent** [mægnífəsənt]
112	국	국면, 상, 단계, 면, 상	명	**phase** [feiz]
113	역	역효과의, 의도와는 반대된, 비생산적인	형	**counterproductive** [kàuntərprədʌ́ktiv]
114	따	사실의, 실제의, 사무적인, 있는 그내로의	형	**matter-of-fact** [mǽt-ərəvfǽkt]
115	는	언시빌, 버릇없는, 무례한, 난폭한, 야만적인	형	**uncivil** [ʌnsívəl]
116	흐	흐느끼다, 훌쩍이다, 울먹이다	동	**whimper** [hwímpəːr]
117	른	언절레이트, 물결이 일다, 파동치다, 굽이치다	동	**undulate** [ʌ́ndʒəlèit , -djə-]
118	다	다녀가다, 들르다, 방문하다		**drop in, stop at, call at**

1	별	별개의, 뚜렷한, 다른, 명백한, 명확한	형 **distinct** [distíŋkt]
2	헤	헤드쿼터즈, 본부, 사령부, 본사	명 **headquarters** [hedkwɔ:rtərz]
3	는	언어프리시에이티드, 감사받지 못하는, 인정받지 못하는, 고맙게 여기지 않는	형 **unappreciated** [ʌnəprí:ʃièitid]
4	밤	밤바드, 포격하다, 공격하다	동 **bombard** [bɑmbá:rd]
5	윤	윤곽, 외형, 윤곽선	명 **contour** [kántuər]
6	동	동의하다, 일치하다, 시인하다, 동시에 일어나다	동 **concur** [kənkə́:r]
7	주	주이시, 유대인의, 유대인 같은, 탐욕한	형 **Jewish** [dʒú:iʃ]
8	종	종의, 종대의, 직각을 이루는, 수직의, 직립의	형 **perpendicular** [pə̀:rpəndíkjələr]
9	두	두얼, 듀얼, 이중의, 둘의, 이원적인	형 **dual** [djú:əl]
10	지	지지, 버팀목, 버팀벽, 지지물	명 **buttress** [bʌ́tris]
11	석	석세션, 승계, 계승, 연속, 상속	명 **succession** [səkséʃən]

12	영	영역, 영토, 영지, 세력권	명	territory [térətɔːri]
13	삼	삼가는, 알맞은, 중용의, 절제하는	형	temperate [témp-ərit]
14	십	십, 스며 나오다, 새다, 침투하다	동	seep [siːp]
15	삼	삼가다, 멀리하다, 피하다		keep off
16	인	인 디스 리스펙트, 이런 면에서		in this respect
17	손	손뼉, 박수갈채, 칭찬	명	applause [əplɔ́ːz]
10	병	병, 질병, 사회의 병폐	명	malady [mǽlədi]
19	희	희화, (풍자) 만화 ; 희화화 하다	명	caricature [kǽrikətʃùər]
20	만	만어키, 마너키, 군주제, 군주정치	명	monarchy [mɑ́nərki]
21	세	세머터리, 묘지, 공동묘지	명	cemetery [sémətèri / -tri]
22	만	만어키, 마너키, 군주제, 군주정치, 군주국	명	monarchy [mɑ́nərki]
23	세	세머터리, 묘지, 공동묘지	명	cemetery [sémətèri / -tri]

24	유	유틸라이즈, 이용하다, 활용하다	동	utilize [júːtəlàiz]
25	관	관계가 있는, 관련된, 적절한, 타당한	형	relevant [réləvənt]
26	순	순연하다, 연기하다, 늦추다, 물리다, 유예하다	동	defer [difə́ːr]
27	도	도니, 기증받은 사람, 수증자(受贈者), 피제공자, 수혈자	명	donee [douníː]
28	산	산책하다, 거닐다, 산보하다	동	ramble [rǽmbəl]
29	안	안루트, 도중에, 중도에	부	en route [ɑːnrúːt]
30	창	창고, 저장고, 보관소 ; 맡기다, 예금하다, 넘겨주다	명	deposit [dipázit]
31	호	호버, 하버, 에돌다, 공중에 떠돌다	동	hover [hʌ́vər]
32	어	어드미니스터, 다스리다, 관리하다, 지배하다	동	administer [ædmínistər]
33	린	린, 리인, 기대다, 의지하다, 기울다, 경사지다	동	lean [liːn]
34	이	이매큘레이트, 하자 없는, 오점 없는, 청순한, 순결한, 흠 없는	형	immaculate [imǽkjəlit]
35	날	날씬한, 가느다란, 빈약한	형	slender [sléndər]

36	방	방랑하는, 헤매는, 떠도는, 만연하는	형	vagrant [véigrənt]
37	정	정서, 감정, 정감, 다정다감, 감상	명	sentiment [séntəmənt]
38	환	환멸, 각성, 미몽을 깨우치기 ; 환멸을 느끼게 하다, 각성시키다	명	disillusion [dìsilúːʒən]
39	이	이삐머니트, 여자 같은, 여성적인, 사내답지 못한, 기력이 없는	형	effeminate [ifémənit]
40	수	수이지, 하수, 오수, 오물	명	sewage [súːidʒ]
41	일	일래브레이트, 정성들여 만들다, 힘들여 마무리하다 ; 정교한	동	elaborate [ilǽbərèit]
42	과	과거의, 지나간	형	bygone [bɔ́igɔ̀ən]
43	심	심플리빠이, 간단하게 하다, 단순화하다	동	simplify [símpləfài]
44	순	순차적인, 연속적인, 잇따른, 모순 없는, 비약이 없는	형	consecutive [kənsékjətiv]
45	애	애디퀴트, 적당한, 충분한, 어울리는, 적임의	형	adequate [ǽdikwit]
46	장	장난을 좋아하는, 장난기 있는, 유해한	형	mischievous [místʃivəs]
47	군	군데군데의, 여기저기의, 산발적인, 산재하는	형	sporadic [spərǽdik]

48	의	의협심의, 기사도적인, 무용의	형	**chivalrous** [ʃívəlrəs]
49	아	**아웃스뽀우컨리**, 노골적으로, 숨김 없이, 기탄없이	부	**outspokenly** [áutspóukkənli]
50	들	들떠 있는, 침착하지 못한, 활동적인, 끊임없는	형	**restless** [réstlis]
51	김	김빠진, 맛없는, 단조로운	형	**flat** [flæt]
52	두	**두 웰 투 두**, ~하는 것이 현명하다, ~하는 것이 더 낫다		**do well to do**
53	한	한정된, 제한된, 정해진	형	**restricted** [ristríktid]
54	날	날카로운, 매서운, 통렬한, 신랄한, 얼얼한	형	**poignant** [pɔ́injənt]
55	자	**자슬**, (난폭하게) 떠밀다, 찌르다, 부딪치다,	동	**jostle** [dʒásl / dʒɔ́sl]
56	꾸	꾸미다, 장식하다, 훈장을 주다	동	**decorate** [dékərèit]
57	나	(~보다) 나은, 유복한, 잘사는		**better off**
58	이	**이노베이트**, 개척하다, 쇄신하다, 혁신하다	동	**innovate** [ínouvèit]
59	상	상대적으로, 비교적, ~에 비해서	부	**relatively** [rélətivli]

60	황	황폐, 유린, 황폐하게 함, 참화, 참해, 파멸	명	**devastation** [dèvəstéiʃən]
61	소	소우브, 술 취하지 않은, 맑은 정신의	형	**sober** [sóubəːr]
62	그	그레매리컬, 문법에 맞는, 문법적인	형	**grammatical** [grəmǽtikəl]
63	림	림플, 주름, 금 ; 주름잡다	명	**rimple** [rímpəl]
64	중	중첩되다, 접치다, ~위에 겹치다	동	**overlap** [òuvərlǽp]
65	섭	섭스탠셜리, 본질적으로, 사실상, 실체상, 충분히	부	**substantially** [səbstǽnʃəli]
66	여	여섭저으르, 불합리하게, 무순되게	부	**paradoxically** [pærədaksikəli]
67	사	사교성이 있는, 군생하는	형	**gregarious** [grigɛ́əriəs]
68	는	언더라잉, 밑에 있는, 기초가 되는, 근원적인	형	**underlying** [ʌndərláiiŋ]
69	흐	흐르다, 엎지르다, 쏟다, 흘리다, 쏟아지다	동	**spill** [spil]
70	른	언노우티스트, 들키지 않은, 주목되지 않는, 알아채지 않는	형	**unnoticed** [ʌnnóutist]
71	다	다이버스, 가지각색의, 다양한	형	**diverse** [daivə́ːrs]

11 독도는 우리 땅 1절

1	울	울부짖다, 소리 내어 울다, 비탄하다	동 **wail** [weil]
2	릉	능력 있는, 유능한, 적임의	형 **competent** [kámpətənt / kɔ́m-]
3	도	도우, 가루반죽, 반죽 덩어리	명 **dough** [dou]
4	동	동료, 동등한 사람, 한 패	명 **peer** [piər]
5	남	남극 ; 남극지방의	명 **Antarctic** [æntάːrktik]
6	쪽	쪽문, 작은 문, 협문, 개찰구	명 **wicket** [wíkit]
7	배	배니쉬, 추방하다, 내쫓다, 유형에 처하다	동 **banish** [bǽniʃ]
8	길	길을 가로막다, 방해하다	**be in the way**
9	따	따끔한, 통렬한, 신랄한	형 **caustic** [kɔ́ːstik]
10	라	라안치, 로온치, 발진시키다, 물위에 띄우다, 발사하다, 진출시키다	동 **launch** [lɑːntʃ, lɔːntʃ]
11	이	이클립스, (해·달의) 식(蝕), (별의) 엄폐, 빛의 상실[소멸] ; (천체가 천체를) 가리다	명 **eclipse** [iklíps]

12	백	백브레이킹, (일 따위가) 대단히 힘든, (체력을) 소모시키는	형	backbreaking [bǽkbrèikiŋ]
13	리	리터러시, 읽고 쓸 수 있는 능력, 교육, 교양	명	literacy [ilítərəsi]
14	외	외(웨)어래즈, ~와는 반대로	접	whereas [hwɛ-ərǽz]
15	로	로운섬, 외로운, 쓸쓸한, 인적이 드문	형	lonesome [lóunsəm]
16	운	운석, 유성체, 별똥별	명	meteorite [mí:tiəràit]
17	섬	섬 업, 요약하다		sum up
10	히	하이라키, 서열, 계층, 성직자 계급제도	명	hierarchy [háiərɑ:rki]
19	나	나드, 고개를 끄덕이다, 승낙하다	동	nod [nɑɔd]
20	새	새비지, 야만적인, 잔인한	형	savage [sǽvidʒ]
21	들	들어맞다, 일치하다		be in accord with
22	의	의문시 되다, 문제가 되다		come into question
23	고	고우 어스트레이, 길을 잃다		go astray

24	향	향, 향냄새 ; 향을 피우다	명	incense [ínsens]
25	그	그로운, 신음하다, 괴로워하다	동	groan [groun]
26	누	누계하다, 합치다, 집합하다	동	aggregate [ǽgrigèit]
27	가	가이저, 간헐천	명	geyser [gáizər]
28	아	아웃라이트, 공공연한	형	outright [áutráit]
29	무	무관심, 냉담, 중요하지 않음, 사소함	명	indifference [indífərəns]
30	리	리이스, 임대하다 ; 차용계약	동	lease [li:s]
31	자	자국, 상처, 흉터, 흠	명	scar [skɑːr]
32	기	기계화하다, 기계 설비를 도입하다, 기동화하다	동	mechanize [mékənàiz]
33	네	네버 ~ 위다웃 -ing, ~하면 반드시 -하다 ; They never meet without quarreling. 만나기만 하면 싸운다.		never ~ without -ing
34	땅	땅거미, 박명, 황혼, 새벽녘	명	twilight [twáilàit]
35	이	이노드너트, 터무니없는, 과도한, 엄청난, 무절제한	형	inordinate [inɔ́ːrdənət]

36	라	라키, 암석이 많은, 바위로 된, 바위 같은	형 rocky [ráki / róki]
37	고	고장, 파손, 몰락, 붕괴, 와해	명 breakdown [bréikdàun]
38	우	우디, 나무 같은, 나무와 비슷한	형 woody [wúdi]
39	겨	겨루다, 다투다, 경쟁하다, 주장하다	동 contend [kənténd]
40	도	도메스터케이티드, 길들인, 순화된	형 domesticated [douméstəkèit]
41	독	독이 있는, 독성의, 유독한, 중독(성)의	형 toxic [táksik / tɔ́k-]
42	도	도먼트, 잠자는, 동면이 잠보이	형 dormant [dɔ́ːrmənt]
43	언	언셀삐시, 이기적이 아닌, 욕심이 없는, 사심이 없는	형 unselfish [ʌnsélfiʃ]
44	우	우머니시, 여자 같은, 나약한, 유약한, 여성에 알맞은	형 womanish [wúməniʃ]
45	리	리나운드, 명성 있는, 유명한	형 renowned [rináund]
46	땅	땅을 파다, 파헤치다, 채굴하다	동 dig [dig]

12 독도는 우리 땅 2절

1	경	경건한, 독실한, 신앙심이 깊은	형	**pious** [páiəs]
2	상	상실하다, 몰수되다 ; 벌금, 추징금	동	**forfeit** [fɔ́:rfit]
3	북	북돋우다, 자극하다, 불러일으키다, 발화하다	동	**spark** [spɑ:rk]
4	도	도그매틱, 독단적인, 고압적인	형	**dogmatic** [dɔ(:)gmǽtik]
5	울	울창한, 번성한, 풍요의, 풍부한	형	**luxuriant** [lʌgʒúəriənt]
6	릉	능력, 자격, 적성, 권능	명	**competence** [kámpətəns]
7	군	군단, 병단, 부대	명	**corps** [kɔ:r]
8	남	남작	명	**baron** [bǽrən]
9	면	면목을 세우다, 체면을 세우다		save one's face
10	도	도메스티케이트, 길들이다, 순화시키다	동	**domesticate** [douméstəkèit]
11	동	동료, 동업자	명	**colleague** [káli:g / kɔ́l-]

12	일	일드, 낳다, 양보하다, 양도하다	동 yield [ji:ld]
13	번	번거로운, 복잡한, 까다로운, 알기 어려운	형 complicated [kámplikèitid / kɔ́m-]
14	지	지오센트릭, 지구 중심의, 지심의 ; the ~ theory 천동설	형 geocentric, -trical [dʒì:ouséntrik], [-əl]
15	동	동시(발생)의, 동반하는, 일치의, 같은 의견의	형 concurrent [kənkə́:rənt]
16	경	경계, 한계, 영역, 범위, 경계선	명 boundary [báundəri]
17	백	백트, 후원을 받는, 배서가 있는	형 backed [bækt]
18	삽	삼가는, 주의 깊은, 신중한	형 circumspect [sə́:rkəmspèkt]
19	십	십, 한 모금 마시다 ; 한 모금, 한번 홀짝임	동 sip [sip]
20	이	이니미터블, 흉내 낼 수 없는, 비길 데 없는	형 inimitable [inímitəbəl]
21	북	북키핑, 회계 장부 정리	명 bookkeeping [búkkì:piŋ]
22	위	위이브, 짜다, 뜨다, 엮다	동 weave [wi:v]
23	삼	삼키다, 들이켜다, 그대로 받아들이다	동 swallow [swálou]

24	십	십진법	명	**decimal** [désəməl]
25	칠	칠리, 으스스한, 차가운, 냉담한	형	**chilly** [tʃíli]
26	평	평가할 수 있는, 인지할 수 있는	형	**appreciable** [əprí:ʃiəbəl]
27	균	균열하다, 깨다, 금가게 하다	동	**crack** [kræk]
28	기	기꺼이 ~하다, 자진해서 ~하다		**be willing to do**
29	온	온루커, 구경꾼, 방관자	명	**onlooker** [ánlùkər, ɔ́(:)n-]
30	십	십년, 십년간	명	**decade** [dékeid]
31	이	이벨류에이트, 평가하다, 가치를 검토하다	동	**evaluate** [ivǽljuèit]
32	도	도메인, 영역, 영토, 세력 ; 개인의 소유지	명	**domain** [douméin]
33	강	강제적인, 강박감에 사로잡힌, 억지로의	형	**compulsive** [kəmpʌ́lsiv]
34	수	수퍼쁠루어스, 군더더기의, 잉여의	형	**superfluous** [su:pə́:rfluəs]
35	량	양력의, 태양의, 태양에 관한	형	**solar** [sóulə:r]

36	은	언타임리, 때 아닌, 철이 아닌, 난데없는	형	untimely [ʌntáimli]
37	천	천대하는, 경멸하는, 모욕적인, 남을 얕보는	형	contemptuous [kəntémptʃuəs]
38	삼	삼각의, 삼국간의, 삼각형의	형	triangular [traiǽŋgjələːr]
39	백	백열, 백열광, 빛, 적열(赤熱); 빛나다, 빛을 내다, (불꽃 없이) 타다	명	glow [glou]
40	독	독이 있는, 독성의, 유독한	형	toxic [táksik / tɔ́k-]
41	도	도먼트, 잠자는, 동면의, 잠복의	형	dormant [dɔ́ːrmənt]
42	느	언셀삐시, 이기적이 아닌, 흑심이 없는, 사심이 없는	형	unselfish [ʌnsélfiʃ]
43	우	우머니시, 여자 같은, 나약한, 유약한, 여성에 알맞은	형	womanish [wúməniʃ]
44	리	리나운드, 명성 있는, 유명한	형	renowned [rináund]
45	땅	땅을 파다, 파헤치다, 채굴하다	동	dig [dig]

13 독도는 우리 땅 3절

1	오	오우밋, 없애다, 생략하다, 빠뜨리다	동	omit [oumít]
2	징	징계하다, 벌하다, 응징하다	동	punish [pʌ́niʃ]
3	어	어스트랄러지, 점성술	명	astrology [əstrάlədʒi]
4	꼴	꼴사나운, 버릇없는, 상스러운	형	indecent [indíːsnt]
5	뚜	뚜렷이, 명백하게, 틀림없이	부	distinctly [distíŋktli]
6	기	기글, (킥킥) 웃다, 킥킥 웃어 감정을 나타내다	동	giggle [gígəl]
7	대	대체하다, 대신하다, 되돌리다	동	replace [ripléis]
8	구	구드니스, 선량, 착함, 미덕, 친절	명	goodness [gúdnis]
9	명	명하다, 포고하다, 공포하다	동	decree [dikríː]
10	태	태투우, 문신 ; 문신을 하다	명	tattoo [tætúː]
11	거	거너, 포수, 사수	명	gunner [gʌ́nər]

12	북	북돋우다, 격려하다, 권하다, 장려하다	동	**encourage** [enkə́:ridʒ]
13	이	이모럴라이즈, 길이 남기다, 영원불멸케 하다	동	**immortalize** [imɔ́:rtəlàiz]
14	연	연기하다, 미루다(= put off)	동	**postpone** [poustpóun]
15	어	어베일러블, 이용 가능한, 쓸모 있는, 손에 넣을 수 있는	형	**available** [əvéiləbəl]
16	알	알뜰한, 검소한, 절약하는, 번영하는	형	**thrifty** [θrífti]
17	물	물어보다, 묻다, 문의하다	동	**inquire** [inkwáiər]
18	새	새트, 슬프게 하다, 슬퍼지다	동	**sadden** [sǽdn]
19	알	알레고리, 앨러고리, 우화, 비유, 상징	명	**allegory** [ǽləgɔ̀:ri]
20	해	해브 나씽 투 두 위드, 상관이 전혀 없다, 관계가 없다		**have nothing to do with ~**
21	녀	여드름, 뽀루지, 작은 돌기	명	**pimple** [pímpl]
22	대	대다수, 대부분, 절대다수	명	**majority** [mədʒɔ́(:)rəti]
23	합	합당하지 않은, 부적당한, 맞지 않는	형	**improper** [imprápər / -prɔ́p-]

24	실	실, 물개, 바다표범	명	seal	[si:l]
25	십	십자가에 못 박다, 박해하다, 몹시 괴롭히다	동	crucify	[krú:səfài]
26	칠	칠, 옻, 래커 ; 칠하다, 외관을 좋게 꾸미다	명	lacquer	[lǽkə:r]
27	만	만연하다, 유행하다, 널리 보급되다, 우세하다, 이기다, 극복하다	동	prevail	[privéil]
28	평	평면, 면, 수평면, 수준 ; 평평한, 평탄한	명	plane	[plein]
29	방	방, 침실	명	chamber	[tʃéimbər]
30	미	미저리, 큰 불행, 비참한 신세, 비참함, 고통	명	misery	[mízəri]
31	터	터치스토운, 시금석, 표준, 기준	명	touchstone	[tʌ́tʃstòun]
32	우	우울한, 풀이 죽은, 억압된, 슬픈	형	depressed	[diprést]
33	물	물려받다, 떠맡다		take over	
34	하	하이쁜, 음절간의 짧은 휴지, 연자부호	명	hyphen	[hàifən]
35	나	나누다, 쪼개다, 분할하다, 찢다	동	split	[split]

36	분	분투하는, 정력적인, 열심인, 격렬한	형 strenuous [strénjuəs]
37	화	화제, 센세이션, 물의, 감동	명 sensation [senséiʃən]
38	구	구성요소, 성분, 합성분, 재료	명 ingredient [ingríːdiənt]
39	독	독이 있는, 독성의, 유독한	형 toxic [táksik / tɔ́k-]
40	도	도먼트, 잠자는, 동면의, 잠복의	형 dormant [dɔ́ːrmənt]
41	는	언셀삐시, 이기적이 아닌, 욕심이 없는, 사심이 없는	형 unselfish [ʌnsélfiʃ]
42	∩	우머니시, 여자 같은, 나약한, 유약한, 여성에 알맞는	형 womanish [wúməniʃ]
43	리	리나운드, 명성 있는, 유명한	형 renowned [rináund]
44	땅	땅을 파다, 파헤치다, 채굴하다	동 dig [dig]

⑭ 진짜 사나이

1	사	사이키애뜨릭, 정신병학의, 정신과의, 정신병 치료의	형	**psychiatric** [sàikiǽtrik]
2	나	나무라다, 꾸짖다, 잔소리하다, 호통 치다	동	**scold** [skould]
3	이	이그자티시즘, 이국적 정서	명	**exoticism** [igzátəsìzəm]
4	로	로움, 정처 없이 떠돌아다니다	동	**roam** [roum]
5	태	태블릿, 평판, 명판, 작고 납작한 조각	명	**tablet** [tǽblit]
6	어	어배시, 면구스럽게 하다, ~을 부끄럽게 하다	동	**abash** [əbǽʃ]
7	나	나눌 수 있는, 나누어 떨어지는	형	**divisible** [divízəbəl]
8	서	서버사이드, 섭사이드, 가라앉다, 진정되다	동	**subside** [səbsáid]
9	할	할로우, 도려내다, 속이 비게 하다, 애다, 파내다	동	**hollow** [hálou]
10	일	일-비잉, 나쁜 상태, 불행	명	**ill-being** [íl-bíːiŋ]
11	도	도미년, 지배권, 통치권, 권력	명	**dominion** [dəmínjən]

12	많	많은, 윤택한, 충분한, 풍부한	형	plentiful [pléntifəl]
13	다	다이스, 주사위, 주사위놀이, 노름	명	dice [dais]
14	만	만(萬), 무수, 무수한	형	myriad [míriəd]
15	너	너브, 신경, 신경조직, 용기, 냉정, 담력	명	nerve [nə:rv]
16	와	와이프, 닦다, 훔치다, 지우다	동	wipe [waip]
17	나	나아가다, 진보하다, 전진하다, 숙달하다		make progress
18	미	미쁜 짓, 악행, 비행, 범지	명	misdeed [misdíːd]
19	라	라임, 운, 운율, 각운	명	rhyme [raim]
20	지	지너스, 종류, 부류, 유, 속	명	genus [dʒíːnəs]
21	키	키-잎 인 마인드, ~을 명심하다		keep ~ in mind
22	는	언프라미싱, 가망이 없는, 유망하지 않은	형	unpromising [ʌnpráməsiŋ]
23	영	영광, 명예, 영예, 칭찬	명	glory [glɔ́ːri]

24	광	광택 있는, 번쩍번쩍하는	형	glossy [glɔ́(:)si]
25	에	에이띠스트, 무신론자, 무신앙자	명	atheist [éiθiist]
26	살	살럼리, 진지하게, 엄숙하게, 근엄하게	부	solemnly [sáləmli / sɔ́l-]
27	았	았(아)더삐스, 교묘한 솜씨, 책략, 술책, 고안	명	artifice [á:rtəfis]
28	다	다이버스티, 다양성, 차이점, 변화	명	diversity [divə́:rsəti]
29	전	전의, 앞서의, 사전의, 앞선	형	prior [práiər]
30	투	투 섬 익스텐트 / 디그리, 어느 정도까지		to some extent / degree
31	와	와인드, 휘감다, 굽이치다	동	wind [waind]
32	전	전(저)늘리즘, 신문잡지계, 신문잡지	명	journalism [dʒə́:rnəlìzəm]
33	투	투 메이크 매러즈 워스, 게다가, 설상가상으로		to make matters worse
34	속	속물의, 신사연하는, 거드름 피우는	형	snobbish [snábiʃ]
35	에	에치, 아로새기다, 에칭하다, 각각하다	동	etch [etʃ]

36	맷	맷터도, 매터도, 투우사	명	matador [mǽtədɔ̀:r]
37	어	어사인먼트, 할당, 할당된 몫, 지정	명	assignment [əsáinmənt]
38	진	진귀한, 비싼, 귀중한, 가치 있는	형	precious [préʃəs]
39	전	전념, 약속, 위임, 범행, 실행, 수행	명	commitment [kəmítmənt]
40	우	우세한, 지배적인, 탁월한, 뛰어난	형	predominant [pridάmənənt]
41	야	야만스럽게, 난폭하게	부	brutally [brú:tləli]
42	사	사고, 시도, 진통, 고생, 누고	명	travail [trəvéil]
43	봉	봉건적인, 봉건시대의, 중세의, 봉건제도의	형	feudal [fjú:dl]
44	우	우세한, 떠오르는, 올라가고 있는	형	ascendant [əséndənt]
45	리	리컬루우스, 은둔한, 쓸쓸한, 적적한	형	recluse [riklú:s]
46	에	에코우, 메아리, 울림, 반향	명	echo [ékou]
47	해	해버터블, 주거할 수 있는, 살기에 적당한	형	habitable [hǽbətəbəl]

Part I 나라사랑 ①

48	가	가장, 거짓 ; 가공의, 상상의	형	**make-believe** [méikbilì:v]
49	뜨	뜨라이브, 잘되다, 번창하다	동	**thrive** [θraiv]
50	고	고스들리, 유령의, 그림자 같은, 희미한	형	**ghostly** [góustli]
51	해	해비탯, 서식지, 생육지, 번식지	명	**habitat** [hǽbətæt]
52	가	가팔라지다, 경사가 심해지다	동	**steepen** [stí:pən]
53	질	질트, 남자를 차버리는 여자, 바람난 여자 ; 남자를 차버리다	명	**jilt** [dʒilt]
54	적	적, 상대, 대항자 ; 반대하는	명	**opponent** [əpóunənt]
55	에	에브, 간조, 썰물	명	**ebb** [eb]
56	부	부쉬, 무성한, 털이 많은	형	**bushy** [búʃi]
57	모	모틀, 모를, 죽을 운명의, 인간의, 유한한	형	**mortal** [mɔ́:rtl]
58	형	형용의, 비유적인, 수식이 많은	형	**figurative** [fígjərətiv]
59	제	제너레이션, 대, 세대, 발생	명	**generation** [dʒènəréiʃən]

60	나	나머지, 남는 것, 잔존물, 흔적	명 leftover [léftòuvə:r]
61	를	얼터너티블리, 양자택일적으로, 선택적으로, 대신으로	부 alternatively [ɔ:ltə́:rnətivli, æl-]
62	믿	믿(미)더게이트, 누그러뜨리다, 완화하다, 가라앉히다	동 mitigate [mítəgèit]
63	고	고집스런, 완고한, 완강한, 불굴의	형 stubborn [stʌ́bə:rn]
64	단	단조하다, 단련하다, 위조하다	동 forge [fɔ:rdʒ]
65	잠	잠입하다, 침입하다, 침투시키다, 스며들게 하다	동 infiltrate [infíltreit]
66	을	얼레이, 가라앉히다, 누그러뜨리다, 완화하다	동 allay [əléi]
67	이	이마더레이트, 무절제한, 과도한, 중용을 잃은	형 immoderate [imádərit]
68	룬	운용하다, 실행하다, 실시하다, 실행에 옮기다	put ~ in practice
69	다	다이버트, 삼키다, 전용하다, 유용하다	동 divert [daivə́:rt]

15 아리랑

1	아	아날로그, 애널로그, 유사물, 유사체, 동류어	명	analogue [ǽnəlɔ̀ːg]
2	리	리베이트, 수수료, 할인 ; (금액의) 일부를 반려하다	명	rebate [ríːbeit]
3	랑	앙숙, 원수, 적, 경쟁자, 대항자	명	foe [fou]
4	아	아날로그, 애널로그, 유사물, 동류어, 유사체	명	analogue [ǽnəlɔ̀ːg]
5	리	리베이트, 수수료, 할인 ; (금액의) 일부를 반려하다	명	rebate [ríːbeit]
6	랑	앙숙, 원수, 적, 경쟁자, 대항자	명	foe [fou]
7	아	아웃모디드, 쓸모 없는, 시대에 뒤진, 구식의	형	outmoded [àutmóudid]
8	라	라운디드, 완성된, 원숙한, 세련된, 둥글게 된,	형	rounded [ráundid]
9	리	리어, 올리다, 세우다, 일으키다	동	rear [riəːr]
10	요	요약하다, 개괄하다, 요약하여 말하다	동	summarize [sʌ́məràiz]
11	아	아날로그, 애널로그, 유사물, 유사체, 동류어	명	analogue [ǽnəlɔ̀ːg]

12	리	리베이트, 수수료, 할인	명	rebate [rí:beit]
13	랑	앙숙, 원수, 적, 경쟁자, 대항자	명	foe [fou]
14	고	고발하다, 비난하다, 고소하다	동	denounce [dináuns]
15	개	개정하다, 교정하다, 수정하다, 재검사하다, 바꾸다	동	revise [riváiz]
16	로	로코모우션, 운동, 이동, 운동력, 이동력	명	locomotion [lòukəmóuʃən]
17	넘	넘, 감각을 잃은, 마비된, (얼어서) 곱은	형	numb [nʌm]
18	어	어브랍들리, 돌연히, 갑자기	부	abruptly [əbrʌ́ptli]
19	간	간섭하다, 쓸데 없이 참견하다	동	meddle [médl]
20	다	다슬, 다루기 쉬운, 유순한	형	docile [dásəl]
21	나	나아가다, 가다, 번창[번영]하다, 출세하다		make one's way to ~
22	를	얼레지들리, 주장하는(전해진) 바에 의하면, 소문에 의하면	부	allegedly [əlédʒdli, -dʒid]
23	버	버서들, 버스타일, 다재다능한, 재주가 많은, 다방면의	형	versatile [və́:rsətl /-tàil]

24	리	리시-드, 후퇴하다, 물러나다	동	recede [risíːd]
25	고	고귀한 사람, 고관, 고위 성직자	명	dignitary [dígnətèri]
26	가	가상현실		virtual reality
27	시	시이스, 멈추다, 그만두다, ~하지 않게 되다	동	cease [siːs]
28	는	언타이, 풀다, 끄르다	동	untie [ʌntái]
29	님	임브레이스, 얼싸안다, 껴안다, 포옹하다	동	embrace [imbréis]
30	은	언캄프러마이징. 강경한, 완고한, 양보하지 않는	형	uncompromising [ʌnkámprəmàiziŋ]
31	십	십억, 무수	명	billion [bíljən]
32	리	리-프 투 어 컨클루전, 속단하다, 지레짐작하다		leap to a conclusion
33	도	도미넌트, 다머넌트, 우성의, 지배적인	형	dominant [dámənənt]
34	못	못티브, 모티브, 동기, 동인, 행위의 원인	명	motive [móutiv]
35	가	가공의, 상상의, 환상의, 환영의	형	visionary [víʒənèri]

36	서	서띠삐케이트, 자격증, 증명서	명 certificate [sərtífəkeit]
37	발	발런티어, 지원자, 독지가, 지원병	명 volunteer [vàləntíər / vɔ̀l-]
38	병	병법가, 전략가, 책략가	명 tactician [tæktíʃən]
39	난	난모럴, 도덕에 관계 없는	형 nonmoral [nɑnmɔ́ːrəl]
40	다	다이버스삐케이션, 다양화, 다변화, 다각화	명 diversification [divə̀ːrsəfikéiʃən]

Part Ⅱ

노래가사 첫말잇기로 자동암기

감사

순 서

16 어머님 은혜 1절

1	높	높이, 한계, 고저 ; 던지다	몡 pitch [pitʃ]
2	고	고별, 고별사	몡 valediction [væ`lədíkʃən]
3	높	높이다, 강화하다, 향상시키다	동 enhance [enhǽns]
4	은	언컬터베이티드, 아직 경작되지 않은, 미개간의	혱 uncultivated [ʌnkʌ́ltəvèitid]
5	하	하시, 가혹한, 심한, 거친, 사나운, 호된	혱 harsh [hɑːrʃ]
6	늘	늘리다, 크게 하다, 확대하다, 증대하다, 넓히다	동 enlarge [enláːrdʒ]
7	이	이보우크, (기억·감정을) 불러일으키다, 환기하다	동 evoke [ivóuk]
8	라	라이플롱, 일생의, 평생의, 생애의	혱 lifelong [láiflɔ̀(ː)ŋ, -́làŋ]
9	말	말다툼, 싸움, 불화, 불평	몡 quarrel [kwɔ́ːrəl]
10	들	들끓다, 비등하다, 끓어오르다	동 seethe [siːð]
11	하	하아디, 고난, 고통을 견디어내는, 대담한	혱 hardy [háːrdi]

12	지	지저귀다, 찍찍 울다, 킥킥 웃다	동	**twitter** [twítə:r]
13	만	만스트러스, 엄청나게 큰, 거대한, 괴물 같은	형	**monstrous** [mánstrəs]
14	나	나우데이즈, 현재, 현재에는, 오늘날	부	**nowadays** [náuədèiz]
15	는	언이퀄, 불공정한, 불충분한, 같지 않은	형	**unequal** [ʌníːkwəl]
16	나	나씽 이즈 레쁘트 투 비 디자이어드, (더할) 나위 없다		**nothing is left to be desired**
17	는	언임플로이먼트, 실업, 실직, 실업상태	명	**unemployment** [ʌnemplóimənt]
18	높	높이뛰기, 뜀, 도약 ; 뛰어넘다, 깡충 뛰다, 노약하다	명	**leap** [liːp]
19	은	언어웨어, 눈치 채지 못하는, 모르는, 알지 못하는	형	**unaware** [ʌnəwéər]
20	게	게인쁠, 이익이 있는, 유리한, 수지맞는	형	**gainful** [géinfəl]
21	또	또로우, 빠짐 없는, 철저한, 충분한, 완벽한	형	**thorough** [θə́ːrou]
22	하	하이어, 고용하다, 빌려오다, 임대하다	동	**hire** [haiər]
23	나	나블티, 새로운 것, 진기함, 신기함	명	**novelty** [návəlti]

24	있	있(이)센셜리, 본질적으로, 본질상, 본래	부	essentially [isénʃəli]
25	지	지긋지긋한, 싫은, 불쾌한, 역겨운	형	loathsome [lóuðsəm]
26	낳	낳다, 출산하다		give birth to ~
27	으	어뺀드, 어기다, 범하다, 기분 상하게 하다	동	offend [əfénd]
28	시	시이즈, 사로잡다, 붙들다, 움켜 쥐다	동	seize [si:z]
29	고	고정관념, 판에 박힌 문구, 상투적인 표현	명	stereotype [stériətàip]
30	기	기브 완셀프 투, 빠지다, 탐닉하다		give oneself to ~
31	르	어댑트, 적응시키다, 알맞게 하다	동	adapt [ədǽpt]
32	시	시프트, 체로 치다, 체질하다, 추리다	동	sift [sift]
33	는	언임플로이드, 실직한, 일이 없는, 한가한	형	unemployed [ʌnemplɔ́id]
34	어	어매스, 모으다, 축적하다, 쌓다	동	amass [əmǽs]
35	머	머튜어, 다 자란, 성숙한, 익은	형	mature [mətjúə:r]

36	님	님블, 재빠른, 재치 있는, 민첩한	형	nimble [nímbəl]
37	은	언에스떼틱, 미적(美的)이 아닌, 불쾌한	형	unaesthetic [ʌnesθétik]
38	혜	혜성, 유성, 별똥별, 운석	명	meteor [míːtiər, -tiɔ̀ːr]
39	푸	푸석푸석한, 부서지기 쉬운, 상처입기 쉬운	형	brittle [brítl]
40	른	언두, 원상태로 돌리다, 취소하다	동	undo [ʌndúː]
41	하	하찮은, 중요하지 않은, 사소한, 전혀 대수롭지 않은		of no account [consequence]
42	늘	늘리다, 뻗다, 펴다, 연장하다	동	extend [iksténd]
43	그	그런트, 투덜거리다, 불평하다	동	grunt [grʌnt]
44	보	보디, 음탕한, 음란한, 추잡한	형	bawdy [bɔ́ːdi]
45	다	다이너마이트, 최고의, 굉장한	형	dynamite [dáinəmàit]
46	도	도공, 옹기장이, 도예가	명	potter [pátər]
47	높	높은 공포증, 고소공포증	명	acrophobia [æ̀krəfóubiə]

48	은	언익스펙티드, 난데 없는, 의외의, 뜻밖의, 예기치 않은	형 unexpected [ʌ̀nikspéktid]
49	것	거름, 퇴비, 배양토, 배합토, 혼합물	명 compost [kámpoust]
50	같	같은 동물, 동류, 반려동물	fellow creature
51	애	애고나이즈, 괴로워하다, 번민하다	동 agonize [ǽgənàiz]

17 어머님 은혜 2절

52	넓	넓히다, 넓어지다, 확장하다	동	**broaden** [brɔ́:dn]
53	고	고참병, 노병, 퇴역군인, 노련가	명	**veteran** [vétərən]
54	넓	넓게 펴진 공간, 팽창	명	**expanse** [ikspǽns]
55	은	언스워빙, 일관된, 확고한, 갈팡질팡하지 않는	형	**unswerving** [ʌnswə́:rviŋ]
56	바	바이 에니 민즈, 결단코, 어떤 경우든		**by any means**
57	다	다일루티드, 묽은, 희석된, 묵에 탄	형	**diluted** [dailú:tid]
58	라	라직, 로직, 논리, 조리, 도리, 논리학	명	**logic** [ládʒik / lɔ́dʒ-]
59	고	고갈시키다, 소모하다, 지치게 하다	동	**exhaust** [igzɔ́:st]
60	말	말레큘러, 몰레큘러, 분자의, 분자로 된	형	**molecular** [moulékjulər]
61	들	들소	명	**bison** [báisən]
62	하	하이브리드, 이종, 잡종, 혼혈아	명	**hybrid** [háibrid]

63	지	지각할 수 없는, 감지할 수 없는, 미세한	형	**imperceptible** [ìmpərséptəbəl]
64	만	만유먼트, 마뉴먼트, 기념비, 기념건조물, 기념물	명	**monument** [mánjəmənt]
65	나	나미니, 지명된 사람, 임명된 사람	명	**nominee** [nàməníː]
66	는	언베일, 베일을 벗(기)다, 정체를 드러내다	동	**unveil** [ʌnvéil]
67	나	나비스, 백면서생, 신참자, 초심자, 풋내기	명	**novice** [návis]
68	는	언월들리, 세속을 떠난, 탈속적인, 세속에 물들지 않은, 소박한	형	**unworldly** [ʌnwə́ːrldli]
69	넓	넓이, 나비, 폭, 넓어짐, 관용	명	**breadth** [bredθ]
70	은	언스틴팅, 낭비하는, 무제한으로 주어진, 무조건의	형	**unstinting** [ʌnstíntiŋ]
71	게	게스트하우스, 고급하숙, 영빈관	명	**guesthouse** [gésthàus]
72	또	또니, 가시가 많은, 가시 같은	형	**thorny** [θɔ́ːrni]
73	하	하ー들리, 마음으로부터, 열의를 갖고, 진심으로	부	**heartily** [háːrtili]
74	나	나씽 투 스삐코ー브, 말할 것조차 없는, 사소한.		nothing to speak of

75	있	있(이)슈, 간행물, 발행, 발행물	명	issue [íʃuː / ísjuː]
76	지	지니앨러지, 가계, 혈통, 계통	명	genealogy [dʒìːniǽlədʒi]
77	사	사이킥스, 심령연구, 심리학	명	psychics [sáikiks]
78	람	남달리, 독특하게, 유일무이하게	부	uniquely [juːníːkli]
79	되	되튐, 탄력, 탄성, 회복력	명	resilience [rizíljəns]
80	라	라인드, 껍질, 외피, 겉모양	명	rind [raind]
81	이	이발브, 발달하다, 진화하다	동	evolve [iválv]
82	르	어낼어지,애낼러지, 유사, 비슷함, 닮음, 유추	명	analogy [ənǽlədʒi]
83	시	시크리티브, 은밀한, 숨기는, 비밀주의의	형	secretive [sikríːtiv]
84	는	언리저브들리, 솔직하게, 기탄없이, 허물없이	부	unreservedly [ʌnrizə́ːrvdli]
85	어	어바머너블, 메스꺼운, 지긋지긋한, 혐오스런, 가증스런	형	abominable [əbámənəbəl]
86	머	머제스틱, 위엄 있는, 장엄한, 웅대한	형	majestic [mədʒéstik]

87	님	**임배러스**, 당혹하게 하다, 난처하게 하다	통	**embarrass** [imbǽrəs, em-]
88	은	**언웰컴**, 달갑지 않은, 언짢은, 환영받지 못하는	형	**unwelcome** [ʌnwélkəm]
89	헤	**헤(헤)지**, 산울타리, 장벽, 장애	명	**hedge** [hedʒ]
90	푸	**푸투게더**, 짝 맞추다, 조립하다, 합계하다		**put together**
91	른	**언이지**, 불안한, 꺼림칙한, 거북한, 걱정되는	형	**uneasy** [ʌníːzi]
92	바	**바이어그러삐**, 일대기, 전기, 전기문학	명	**biography** [baiágrəfi]
93	다	**다이**, 먹(물감을) 먹이다, 염색하다	통	**dye** [dai]
94	그	**그레디언트**, 경사도, 기울기, 언덕, 비탈 ; 경사져 있는	명	**gradient** [gréidiənt]
95	보	**보우케이**, 꽃다발, 부케, 품격, 기품	명	**bouquet** [boukéi]
96	다	**다이제스트**, 소화하다, 이해하다, 납득하다	통	**digest** [daidʒést]
97	도	**도살하다**, 학살하다, 살인하다, 살육하다	통	**slaughter** [slɔ́ːtəːr]
98	넓	**넓은**, 광범위한, 풍부한	형	**spacious** [spéiʃəs]

99	은	언커버, 들추어내다, 폭로하다, 적발하다	동	uncover [ʌnkʌ́vər]
100	것	것, 창자, 내장, 배, 위, 내용	명	gut [gʌt]
101	같	~같이, ~처럼 ; He talks as if he knew everything. 그는 마치 무엇이나 다 아는 것처럼 이야기를 한다.		as if ~ / as though
102	애	애드번트, 도래, 출현, 예수의 강림	명	advent [ǽdvent, -vənt]

18 스승의 은혜

1	스	스뻬큘레이트, 사색하다, 숙고하다	동 **speculate** [spékjəlèit]
2	승	승무원, 탑승원, 선원, 동료	명 **crew** [kru:]
3	의	의심하다, 알아채다, 낌새를 알다	동 **suspect** [səspékt]
4	은	언핸디, 서투른, 손재주가 없는	형 **unhandy** [ʌnhǽndi]
5	혜	혜안, 총명, 통찰력, 예민	명 **acumen** [əkjú:mən]
6	는	언레스트, (특히 사회적인) 불안, 불온, 걱정 ; social unrest 사회불안	명 **unrest** [ʌnrést]
7	하	하-뜨, 난로, 노변, 화덕, 가정, 중심지역	명 **hearth** [hɑ:rθ]
8	늘	늘씬한, 몸매 좋은, 미끈한, 날씬한	형 **svelte** [svelt]
9	같	같잖은, 하찮은, 대단치 않은	형 **trivial** [tríviəl]
10	아	아이러니, 역설, 풍자, 비꼬기	명 **irony** [áirəni]
11	서	서브시디, 보조금, 조성금, 장려금	명 **subsidy** [sʌ́bsidi]

12	우	우러러 보다, 존경하다		look up to ~
13	러	러스트, 녹, 녹슬음, 무위(無爲), 때	명	rust [rʌst]
14	러	러기드, 울퉁불퉁한, 거친, 주름잡힌	형	rugged [rʌ́gid]
15	볼	볼, 아우성치다, 고함치다, 외치다, 호통치다	동	bawl [bɔːl]
16	수	수퍼비전, 관리, 감독, 지휘, 감시	명	supervision [sùːpərvíʒən]
17	록	롯(로)케이트, 위치시키다, 위치하다, 찾아내다	동	locate [lóukeit]
18	놈	높은 소리로, 큰소리로, 소리 높게, 야단스럽게	부	loudly [láudli]
19	아	아이러닉(컬), 반어의, 비꼬는, 풍자적인	형	ironic / ironical [airánik]
20	만	만족시키다, 충족시키다, 채우다, 안심시키다	동	satisfy [sǽtisfài]
21	가	가일, 교활, 간계(奸計), 기만	명	guile [gail]
22	네	네이버링, 근처의, 인근의, 인접하고 있는	형	neighboring [néibəriŋ]
23	참	참, 매력, 마력, 주문, 주문의 문구	명	charm [tʃɑːrm]

24	되	되살리다, 소생시키다, 회복시키다	동	revive [riváiv]
25	거	거젯, 신문, 정기 간행물	명	gazette [gəzét]
26	라	라징, 로징, 하숙, 숙박, 투숙, 셋방	명	lodging [ládʒiŋ/ lɔ́dʒ-]
27	바	바이 노우 민즈, 결코 ~ 아니다, 결코 ~하지 않다		by no means
28	르	어노이, 들볶다, 괴롭히다, 귀찮게 굴다, 속 태우다	동	annoy [ənɔ́i]
29	거	거드, 허리를 졸라매다, 긴장하다	동	gird [gə:rd]
30	라	라이트 오프, 탕감하다, 감가상각하다, 장부에서 지우다		write off
31	가	가디, 번쩍번쩍하는, 빛나는, 번지르르한, 야한	형	gaudy [gɔ́:di]
32	르	어그레시브, 적극적인, 공세적인, 호전적인, 공격적인	형	aggressive [əgrésiv]
33	쳐	쳐주다, 값을 매기다, 견적하다, 산정하다	동	estimate [éstəmèit]
34	주	주럴, 사법상의, 법률상의, 의무에 관한	형	jural [dʒúərəl]
35	신	신떠시스, 종합, 통합, 조림, 합성, 인조	명	synthesis [sínθəsis]

36	스	스쁠렌디드, 빛나는, 훌륭한, 화려한	형	splendid [spléndid]
37	승	승려, 성직자, 목사, 봉사자, 옹호자	명	priest [pri:st]
38	의	의존하는, 믿는, 신뢰하는, 의지하는	형	reliant [riláiənt]
39	마	마ㅡ셜, 전쟁의, 호전적인, 용감한	형	martial [má:rʃəl]
40	음	음해하다, 해치다, 찌르다, 찔러죽이다	동	stab [stæb]
41	은	언어카스떰드, 익숙지 않은, 숙달되지 않은	형	unaccustomed [ʌnəkʌ́stəmd]
42	어	이큐멀레이트, 모으다, 축적하다	동	accumulate [əkjú:mjəlèit]
43	버	버ㅡ든섬, 부담이 되는, 번거로운, 무거운 짐이 되는	형	burdensome [bə́:rdnsəm]
44	이	이디어트, 천치, 백치, 바보	명	idiot [ídiət]
45	시	시니스터, 사악한, 못된, 인상이 나쁜, 불길한	형	sinister [sínistə:r]
46	라	라버리, 강도, 강도행위, 약탈	명	robbery [rábəri]
47	아	아즈마틱, 삼투의, 삼투성의	형	osmotic [azmátik]

Part II 감사

48	아	아더빽트, 문화유물, 인공물, 가공품	명	artifact [á:rtəfækt]
49	고	고급의, 귀족적인, 세련된, 멋진	형	classy [klǽsi]
50	마	마아블, 대리석, 공깃돌, 공기놀이	명	marble [má:rbəl]
51	워	워―뜨, 가치 ; ~의 가치가 있는	형	worth [wə:rə]
52	라	라이프, 여문, 익은, 숙성한, 원숙한	형	ripe [raip]
53	스	스펙태큘러, 구경거리의, 장관의	형	spectacular [spektǽkjələ:r]
54	승	승화시키다, 고상하게하다, 순화하다	동	sublimate [sʌ́bləmèit]
55	의	의미하다, 주장하다 ; 취지, 의미	동	purport [pərpɔ́:rt]
56	사	사교적인, 침목적인, 사귀기 쉬운	형	sociable [sóuʃəb-əl]
57	랑	앙갚음, 보복, 보답, 보수	명	requital [rikwáitl]
58	아	아던트, 정열적인, 강렬한, 열렬한	형	ardent [á:rdənt]
59	아	아웃스뽀우큰, 솔직한, 숨김없는, 거리낌 없는, 기탄 없는	형	outspoken [áutspóukkən]

60	보	보우그, 유행, 성행, 인기, 호평	명	vogue [voug]
61	답	답사하다, 탐사하다, 탐구하다	동	explore [ikspló:r]
62	하	하브스트, 거두다, 수확하다 ; 수확	동	harvest [há:rvist]
63	리	리가들리스 오브, ~에 관계 없이, ~을 개의치 않고		regardless of ~
64	스	스삐리컬, 구형의, 둥근, 구면의	형	spherical [sférikəl]
65	승	승진시키다, 진급시키다, 장려하다, 조장하다	동	promote [prəmóut]
66	의	의논, 상담, 자문, 협의, 진찰	명	consultation [kὰnsəltéiʃən]
67	은	언어테이너블, 얻기 어려운, 도달하기 어려운	형	unattainable [ʌnətéinəbəl]
68	혜	혜안을 갖다, 간파하다, 통찰하다	동	penetrate [pénətrèit]

19 당신은 사랑받기 위해 태어난 사람

1 **당** 당연한, 정당한, 만기가 된, 의무의 / 형 **due** [dʒuː]

2 **신** 신성한, 신의, 종교적인, 성스러운, 거룩한 / 형 **divine** [diváin]

3 **은** 언스뻬링리, 아낌없이, 후하게 / 부 **unsparingly** [ʌnspέəriŋli]

4 **사** 사이드웨이즈, 옆으로, 경멸적인 눈길로 / 부 **sideways** [sáidwèiz]

5 **랑** 앙금, 침전물, 찌끼, 찌꺼기, 침전 / 명 **settling** [sétliŋ]

6 **받** 받아치다, 되받아 치다, 역습하다, 반대하다 ; 반대의 / 동 **counter** [káuntər]

7 **기** 기를 쓰는, 발버둥치는 / 형 **struggling** [strʌ́gliŋ]

8 **위** 위스퍼, 속삭이다, 작은 소리로 이야기하다 / 동 **whisper** [hwíspəːr]

9 **해** 해브 라이킹 뽀, ~을 좋아하다 / **have a liking for ~**

10 **태** 태번, 술집, 선술집, 여인숙 / 명 **tavern** [tǽvəːrn]

11 **어** 어볼리쉬, 없애다, 폐지하다(do away with) / 동 **abolish** [əbáliʃ/ əbɔ̀l-]

12	난	난덜레스, 그럼에도 불구하고, 그럴지만	부	nonetheless [nʌnðəlés]
13	사	사실이다, 유효하다, 효력이 있다, 존속하다		hold good
14	람	남아, 놈, 녀석, 사나이	명	chap [tʃæp]
15	당	당면하다, 직면하다, 맞서다, 만나다, 대항하다	동	confront [kənfrʌnt]
16	신	신성시하다, 신격화하다, 신처럼 공경하다	동	deify [díːəfài]
17	의	의뢰하다, 요구하다 ; 요구, 소망	동	request [rikwést]
18	삶	삶다, 갼어이설루 유혹하다 속이다	동	wheedle [hwíːdl]
19	속	속이 보이는, (훤히) 비춰 보이는, 투명한, 명료한,	형	transparent [trænspέ-ərənt]
20	에	애고우이즘, 이기주의, 자기본위, 자만심	명	egoism [egouìzəm]
21	서	서마운트, 이겨내다, 극복하다, 헤어나다	동	surmount [sərmáunt]
22	그	그레이브, 위험을 안은, 중대한	형	grave [greiv]
23	사	사브린, 왕, 주권자, 군주	명	sovereign [sávːərin]

24	랑	앙살, 방해, 소란 ; 소란하게 하다	명	fuss [fʌs]
25	받	**받치다**, 들어 올리다, 지지하다, 유지하다, 시인하다, 변호하다	동	uphold [ʌdphóuld]
26	고	고로, 그러므로, 그런 까닭에	부	therefore [ðέəːrfɔ̀ːr]
27	있	있(이)스팀, 존경하다, 존중하다, 평가하다	동	esteem [istíːm]
28	지	지속되는, 일련의	형	sustained [səstéind]
29	요	요약하기, 추출, 추상, 관념	명	abstracting [æbstrǽktiŋ]
30	당	당국, 당국자, 권위, 권위자	명	authorities [əθɔ́ːritis]
31	신	신시얼리, 참으로, 충심으로, 진심으로	부	sincerely [sinsíəːrli]
32	은	언헤즈테이팅, 서슴없는, 주저하지 않는	형	unhesitating [ʌnhézətèitiŋ]
33	사	**사드, 소드**, 뗏장, 떼, 잔디 ; 잔디로 덮다	명	sod [sɑd / sɔd]
34	랑	앙금, 침전물, 퇴적물 ; 침전하다	명	sediment [sédəmənt]
35	받	받은 사람, 수령인, 수용자, 수납자	명	recipient [risípiənt]

36	기	기브 라이즈 투, ~을 일으키다		give rise to ~
37	위	위드스땐드, 살아남다, 견디다	동	withstand [wiðstǽnd]
38	해	해브, 2등분하다, 반씩 나누다	동	halve [hæv / hɑːv]
39	태	태브내클, 임시로 지은 집, 가옥, 천막	명	tabernacle [tǽbəːrnæk-əl]
40	어	어베일 완셀쁘 오브, ~을 적절히 사용하다		avail oneself of ~
41	난	난바이얼런스, 비폭력, 평화적 수단	명	nonviolence [nɑnváiələns / nɔn-]
42	사	사기, 악의, 원한, 적의, 해할 마음	명	malice [mǽlis]
43	람	암울한, 암담한, 음울한, 황량한, 쓸쓸한	형	dismal [dízməl]
44	당	당구	명	billiards [bíljərdz]
45	신	신뢰, 믿음, 의지, 의지할 곳	명	reliance [riláiəns]
46	의	의기소침한, 기운 없는, 낙담한, 낙심한(depressed), 풀 죽은	형	dejected [didʒéktid]
47	삶	삶다, 꾀다, 뇌물로 꾀다, 매수하다 ; 뇌물	동	bribe [braib]

48	속	**속임**, 기만, 사기, 가짜	명	deception [disépʃən]
49	에	**에피그래쁘**, 비명, 비문, 제사	명	epigraph [épigræf]
50	서	**서브스땐셜**, 실질적인, 많은, 상당한	형	substantial [səbstǽnʃəl]
51	그	**그래스프**, 이해하다, 붙잡다, 납득하다 ; 이해	동	grasp [græsp / grɑːsp]
52	사	**사이테이션**, 인증, 인용, 언급, 열거	명	citation [saitéiʃən]
53	랑	**낭비**, 사치, 무절제, 방종	명	extravagance [ikstrǽvəgəns]
54	받	**받아들이는 사람**, 수락자 ; 수락하는	명	acceptant [ækséptənt]
55	고	**고백하다**, 자백하다, 실토하다, 털어놓다, 인정하다	동	confess [kənfés]
56	있	**있(이)스트**, 누룩, 효모, 자극, 영향	명	yeast [jiːst]
57	지	**지알러지스트**, 지질학자	명	geologist [dʒìːálədʒist / dʒiɔ́l-]
58	요	**요소**, 요인, 인자, 인수, 약수	명	factor [fǽktər]
59	태	**태터드**, 남루한, 누덕누덕한	형	tattered [tǽtəːrd]

60	초	초욱, 답답하게 하다, 숨 막히게 하다	동	**choke** [tʃouk]
61	부	부-디, 전리품, 노획물, 약탈물	명	**booty** [búːti]
62	터	터미널, 말기의, 종말의, 경계의	형	**terminal** [tə́ːrmənəl]
63	시	시리-인, 잔잔한, 고요한, 차분한	형	**serene** [siríːn]
64	작	작열하다, 쨍쨍 내리쬐다	동	**broil** [brɔil]
65	된	된, 호된, 엄한, 가혹한, 모진(harsh)	형	**severe** [sivíəːr]
66	히	하드라인, 강경노선 ; take a hard line 강경노선을 취하다	명	**hárd líne** [háːrdlàin]
67	나	나커티즘, 나르코티즘, 마취, 마취제 중독	명	**narcotism** [náːrkətìzəm]
68	님	임명하다, 선정하다, 지명하다, 표시하다, 가리키다, 지적하다	동	**designate** [dézignèit]
69	의	의식, 자각, 알아챔, 알고 있음	명	**consciousness** [kánʃəsnis]
70	사	사생결단하다, 목숨의 위험을 무릅쓰다		**run[take] a risk**
71	랑	앙금앙금 기다, 버둥거리며 기다, 기어가다	동	**sprawl** [sprɔːl]

72	은	언테임드, 길들이지 않은, 거친, 야성의	형	untamed [ʌntéimd]
73	우	우호적인, 친화적인, 평화적인	형	amicable [ǽmikəbəl]
74	리	리커, 다시 발생하다, 다시 나타나다	동	recur [rikə́:r]
75	의	의미 있게도, 중요하게, 함축성 있게	부	significantly [signífikəntli]
76	만	만족(하기)	명	contentment [kənténtmənt]
77	남	남자 같은, 여자답지 않은	형	mannish [mǽniʃ]
78	을	얼인, 올인, 모두 포함하는, 전면적인, (레슬링) 자유형의	형	all-in [əl-in]
79	통	통고, 통지, 고시, 최고, 신고서, 통지서, 공고문	명	notification [nòutəfikéiʃən]
80	해	해저더스, 위험한, 모험적인, 운에 맡기는	형	hazardous [hǽzərdəs]
81	열	열매를 못 맺는, 애를 못 낳는, 불모의, 메마른	형	barren [bǽrən]
82	매	매거너빠이, 확대하다, 크게 보이게 하다, 과장하다	동	magnify [mǽgnəfài]
83	를	얼터메이텀, 최후통첩, 최후의 말	명	ultimatum [ʌ̀ltəméitəm]

84	맺	맺칠리스, 무적의, 무쌍의, 비길 데 없는	형	matchless [mǽtʃlis]
85	고	고갈되다, 소진되다, 다 써버리다		be used up
86	당	당부하다, 부탁하다, 간청하다. 탄원하다	동	entreat [entríːt]
87	신	신기한, 기적적인, 불가사의한, 놀랄만한	형	miraculous [mirǽkjələs]
88	이	이어북, 연감, 연보, 졸업기념 앨범	명	yearbook [jíəːrbùk]
89	이	이그절트, (명예 등을) 높이다, 올리다, 승진시키다	동	exalt [igzɔ́ːlt]
90	세	세드(쉐드), 을디, 느믈 흘리디	동	shed [ʃed]
91	상	상반된 관점에서		in a contrary light
92	에	에쥬케이티드, 교육 받은, 교양 있는, 숙련된, 지식에 기초한	형	educated [édʒukèitid]
93	존	존, 지대, 지역, 지구, 구역	명	zone [zoun]
94	재	재배, 경작, 사육, 배양, 양성, 교양	명	cultivation [kʌ̀ltəvéiʃən]
95	함	함, 손해, 해, 해악, 손상	명	harm [hɑːrm]

96	으	어떠-니, 검사, 법정대리인	명 **attorney** [ətə́:rni]
97	로	<u>로보스트</u>, 튼튼한, 강건한, 강한	형 **robust** [roubʌ́st]
98	인	인아규래이트, 취임식을 거행하다, 개막식을 열다	동 **inaugurate** [inɔ́:gjərèit]
99	해	해비테이션, 주소, 주택, 거주	명 **habitation** [hæ̀bətéiʃən]
100	우	우회로, 보조도로 ; 우회하다, 회피하다	명 **bypass** [báipæ̀s]
101	리	리(릴)럭턴트, 마지못해 하는, 꺼리는, 마음 내키지 않는	형 **reluctant** [rilʌ́ktənt]
102	에	에찌, 끝머리, 테두리, 모서리	명 **edge** [edʒ]
103	게	게스워크, 억측, 어림짐작	명 **guesswork** [geśwə̀:rk]
104	얼	얼터레이션, 변경, 개조, 변화	명 **alteration** [ɔ̀:ltəréiʃən]
105	마	마이크로우브, 세균, 미생물	명 **microbe** [máikroub]
106	나	나스트릴, 콧구멍	명 **nostril** [nástril / nós-]
107	큰	큰 불행, 천재, 재해, 재난, 참사	명 **disaster** [dizǽstər, -zá:s-]

108	기	기쁘뜨, (타고난) 재능, 적성	명	**gift** [gift]
109	쁨	쁨블, 더듬어 찾다, 만지작거리다, 주무르다	동	**fumble** [fʌmb-əl]
110	이	이레귤러, 고르지 않은. 불규칙한	형	**irregular** [irégjələr]
111	되	되찾음, 되삼, 상환, 상각, 구출	명	**redemption** [ridémpʃən]
112	는	언콸러빠이드, 자격이 없는, 무자격의, 적임 아닌	형	**unqualified** [ʌnkwáləfàid]
113	지	지얼라직(컬), 지질학상의, 지질의	형	**geologic, -ical** [dʒì:əládʒik / dʒìəládʒ-]
114	당	당연한, 정당한, 만기가 된, 의무의	형	**due** [dju:]
115	신	신성, 신격, 신, 신학, 신학부	명	**divinity** [divínəti]
116	은	언스뻬링리, 아낌없이, 후하게	부	**unsparingly** [ʌnspéəriŋli]
117	사	사이드웨이즈, 옆으로, 경멸적인 눈길로	부	**sideways** [sáidwèiz]
118	랑	앙금, 침전물, 찌끼, 찌꺼기	명	**settling** [sétliŋ]
119	받	받아쓰기, 구술, 명령, 지령, 지시	명	**dictation** [diktéiʃən]

120	기	기를 쓰는, 발버둥치는, 노력하는, 분투하는	형	struggling [strʌ́gliŋ]
121	위	위스뻐, 속삭이다, 작은 소리로 이야기하다	동	whisper [hwíspə:r]
122	해	해버 라이킹 뽀, ~을 좋아하다		have a liking for ~
123	태	태번, 술집, 선술집, 여인숙	명	tavern [tǽvə:rn]
124	어	어볼리쉬, 없애다, 폐지하다	동	abolish [əbáliʃ/ əbɔ̀l-]
125	난	난덜레스, 그럼에도 불구하고, 그렇지만	부	nonetheless [nʌ̀nðəlés]
126	사	사실이다, 유효하다, 효력이 있다, 존속하다		hold good
127	람	남아, 놈, 녀석, 사나이	명	chap [tʃæp]
128	지	지폐, 계산서, 청구서, 목록	명	bill [bil]
129	금	금수의, 짐승의, 잔인한, 사나운, 가치 없는	형	brutal [brúːtl]
130	도	도덕, 도덕성, 도의, 선악	명	morality [mɔ(ː)rǽləti]
131	그	그레이즈, 풀을 뜯다, 방목하다	동	graze [greiz]

노래가사로 자동암기 자동기억

132	사	사탄, 세이턴, 악마, 마왕	몡	Satan [séitən]
133	랑	앙심을 품은, 원한을 품은, 복수심이 있는	혱	vindictive [vindíktiv]
134	받	받아들이다, 동의하다, 찬성하다	동	assent [əsént]
135	고	고열의, 열이 있는, 뜨거운, 열병의, 열광적인	혱	feverish [fíːvəriʃ]
136	있	있(이)터너런트, 아이티느런트, 순회하는, 이리저리로 이동하는	혱	itinerant [aitínərənt, itín-]
137	지	지오그레삑, 지리적인, 지리학의	혱	geographic [ʤìːəgræfik]
138	유	유리, 유리솜씨, 유리법	몡	cuisine [kwizíːn]

Part Ⅲ

노래가사 첫말잇기로 자동암기

국민 애창동요 (1)

순 서

20 우리의 소원은 통일 1절

1	우	우주, 천지만물, 완전체, 질서 있는 체계, 조화	명	**cosmos** [kázməs]
2	리	리프로우치, 나무라다, 꾸짖다, 비난하다	동	**reproach** [ripróutʃ]
3	의	의도, 의향, 의지, 목적, 의미, 취지	명	**intention** [intéʃən]
4	소	소욱, 스며들다, 젖다, 잠기다, 스미다	동	**soak** [souk]
5	원	원스 인 어 와일, 가끔, 종종 = from time to time		**once in a while**
6	은	언아암드, 무장하지 않은, 맨손의	형	**unarmed** [ʌnáːrmd]
7	통	통계, 통계학	명	**statistics** [stətístiks]
8	일	일루미넌트, 빛을 내는, 발광성의	형	**illuminant** [ilúːmənənt]
9	꿈	꿈, 망상, 미혹, 기만	명	**delusion** [dilúːʒən]
10	에	에쿼터블, 떳떳한, 정당한, 공정한	형	**equitable** [ékwətəbəl]
11	도	도랑, 개천, 해자, 수로, 배수구	명	**ditch** [ditʃ]

12	소	소시, 시건방진, 뻔뻔스런, 쾌활한	형	**saucy** [sɔ́ːsi]
13	원	원리, 원칙, 법칙, 근본방침	명	**principle** [prínsəpəl]
14	은	언어카운터블, 설명할 수 없는, 까닭을 알 수 없는	형	**unaccountable** [ʌ̀nəkáuntəbəl]
15	통	통계, 통계학	명	**statistics** [stətístiks]
16	일	일루미넌트, 빛을 내는, 발광성의	형	**illuminant** [ilúːmənənt]
17	통	통계, 통계학	명	**statistics** [stətístiks]
18	일	일루미넌트, 빛을 내는, 발광성이	형	**illuminant** [ilúːmənənt]
19	이	이쁘 잇 워 낫 뽀 ~, 만약 ~이 없다면 ; ~ the sun, nothing could live. 태양이 없다면 아무것도 살 수 없다.		**if it were not for ~** =Were it not for
20	여	여제, 왕비, 왕후, 여왕	명	**empress** [émpris]
21	어	어서티브, 자기 주장이 강한, 단정적인	형	**assertive** [əsə́ːrtiv]
22	서	서밋, 복종시키다, 따르게 하다, 감수하다, 굴복하다	동	**submit** [səbmít]
23	오	오땐틱, 진본의, 진품의, 믿을 만한, 근거가 확실한	형	**authentic** [ɔːθéntik]

Part Ⅲ 국민 예상문요 ①

24	라	라쁘, 러쁘, 거친, 울퉁불퉁한, 험악한	형	rough [rʌf]
25	통	통계, 통계학	명	statistics [stətístiks]
26	일	일루미넌트, 빛을 내는, 발광성의	형	illuminant [ilú:mənənt]
27	이	이그재미니, 수험자, 검사를 받는 사람	명	examinee [igzǽməní:]
28	여	여유, 냉정, 침착, 자제	명	composure [kəmpóuʒər]
29	오	오케이저늘, 어케이저널, 때때로의, 이따금 씩의	형	occasional [əkéiʒənəl]
30	라	라이트–핸디드, 라이탠디드, 오른손잡이의, 오른손에 의한	형	right-handed [ráit-hǽndid]

21 우리의 소원은 통일 2절

31	우	우수한, 일류의, 훌륭한, 뛰어난	형	**excellent** [éksələnt]
32	리	리펠, 물리치다, 쫓아버리다, 격퇴하다	동	**repel** [ripél]
33	의	의존하다, 세다, 계산하다, 생각하다		**count on**
34	소	소오, 아픈, 욱신욱신 쑤시는, 쓰라린	형	**sore** [sɔːr]
35	원	원더링, 완더링, 헤매는, 방랑하는, 굽이쳐 흐르는	형	**wandering** [wándəriŋ/ wɔ́n-]
36	은	언앱트, 어울리지 않는, 부적당한	형	**unapt** [ʌnǽpt]
37	통	통계, 통계학	명	**statistics** [stətístiks]
38	일	일루미넌트, 빛을 내는, 발광성의	형	**illuminant** [ilúːmənənt]
39	꿈	꿈틀거리다, 우물쭈물하다	동	**wriggle** [rígəl]
40	에	에이비에이션, 비행, 항공, 항공기 조종술	명	**aviation** [èiviéiʃən, æv-]
41	도	도매의, 대규모의, 대대적인, 일괄적인	형	**wholesale** [hóulsèil]

42	소	소삐스더케이티드, 정교한, 복잡한, 순진하지 않은	형	**sophisticated** [səfístəkèitid]
43	원	원, 완, 창백한, 파랗게 질린	형	**wan** [wɑn / wɔn]
44	은	언어삐셜, 비공식적인, 공인되지 않은, 무허가의	형	**unofficial** [ʌnəfíʃəl]
45	통	통계, 통계학	명	**statistics** [stətístiks]
46	일	일루미넌트, 빛을 내는, 발광성의	형	**illuminant** [ilú:mənənt]
47	이	이뉴머레이트, 나열하다, 열거하다, 세다	동	**enumerate** [inʲú:mərèit]
48	정	정점, 최고조, 극점, 최고점, 정상	명	**culmination** [kʌlmənéiʃən]
49	성	성결, 청결, 청렴, 청정, 순수	명	**purity** [pjúərəti]
50	다	다이내믹스, 역학, 동역학, 원동력, 힘	명	**dynamics** [dainǽmiks]
51	해	해치, 깨다, 부화시키다, 까다	동	**hatch** [hæʧ]
52	서	서브스끄라이브, 섭스끄라이브, 구독하다, 예약하다, 신청하다	동	**subscribe** [səbskráib]
53	통	통계, 통계학	명	**statistics** [stətístiks]

54	일	일루미넌트, 빛을 내는, 발광성의	형	illuminant [ilú:mənənt]
55	통	통계, 통계학	명	statistics [stətístiks]
56	일	일루미넌트, 빛을 내는, 발광성의	형	illuminant [ilú:mənənt]
57	을	얼라이브, 살아 있는, 생생한, 생존해 있는	형	alive [əláiv]
58	이	이리프레서블, 억누를 수 없는, 견딜 수 없는	형	irrepressible [ìriprésəbəl]
59	루	루뜰리, 인정머리 없는, 무정한, 잔인한	형	ruthless [rú:θlis]
60	자	자긍심, 자부심, 자존감	명	self-respect [self-rıspekt]
61	이	이머지, (물 따위에) 뛰어 들다, 사라지다	동	immerge [imə́:rdʒ]
62	나	나트, 낫, 매듭, 고, 결절, 매는 끈	명	knot [nɑt / nɔt]
63	라	라이트핸디드, 라이탠디드, 오른손잡이의	형	righthanded [ráit-hǽndid]
64	살	살금살금 들어오다, 몰래 움직이다	동	sneak [sni:k]
65	리	리니언트, 너그러운, 관대한, 자비로운	형	lenient [lí:niənt]

66	는	언더그래주에이트, 대학 학부 재학생, 대학생	명	**undergraduate** [ʌ̀ndərgrǽdʒuit, -èit]
67	통	통계, 통계학	명	**statistics** [stətístiks]
68	일	일루미넌트, 빛을 내는, 발광성의	형	**illuminant** [ilú:mənənt]
69	이	이니시에이트, 주도하다, 시작하다, 개시하다, 입문시키다	동	**initiate** [iníʃièit]
70	겨	겨루다, 경쟁하다, 서로 맞서다	동	**compete** [kəmpí:t]
71	레	레버런스, 외경, 경외, 숭배, 경의	명	**reverence** [révərəns]
72	살	살브, 솔브, 풀다, 해결하다, 해답하다	동	**solve** [salv / sɔlv]
73	리	리버럴, 자유로운, 교양의, 개방적인	형	**liberal** [líbərəl]
74	는	언두잉, 원상복구, 취소, (소포 등을) 풀기	명	**undoing** [ʌndú:iŋ]
75	통	통계, 통계학	명	**statistics** [stətístiks]
76	일	일루미넌트, 빛을 내는, 발광성의	형	**illuminant** [ilú:mənənt]
77	통	통계, 통계학	명	**statistics** [stətístiks]

78	일	일루미넌트, 빛을 내는, 발광성의	형	illuminant [ilúːmənənt]
79	이	이퀴벌런트, 같은, 동등한, 대등한, 상당하는	형	equivalent [ikwívələnt]
80	여	여가시간, 기분전환, 오락, 유희	명	pastime [pǽstàim]
81	어	어쿼들리, 어색하게, 섣불리, 서투르게	부	awkwardly [ɔ́ːkwərdli]
82	서	서컴스땐스, 여건, 환경, 주위의 사정	명	circumstance [sə́ːrkəmstæns]
83	오	오우버두, 지나치다, 과장하다	동	overdo [òuvərdúː]
84	라	라이벌, 겨루다, 경쟁하다 ; 경쟁자, 적수, 대항자	동	rival [ráiv-əl]
85	통	통계, 통계표, 통계학	명	statistics [stətístiks]
86	일	일루미넌트, 빛을 내는, 발광성의	형	illuminant [ilúːmənənt]
87	이	이미디트, 즉석의, 즉시의, 직접의 바로 이웃의	형	immediate [imíːdiit]
88	여	여태까지, 지금까지	부	hitherto [hìðərtúː]
89	오	오러토리클, 언변의, 연설의, 웅변의	형	oratorical [ɔ̀ːrətɔ́ːrikəl]
90	라	라스트, 계속하다, 지속하다, 오래가다	동	last [lɑːst]

22 어린이날 노래

1	날	(재산을) 날리다, 다 써버리다, 흩뜨리다	동	**dissipate** [dísəpèit]
2	아	아버, 정자, 나무그늘, 수목	명	**arbor** [á:rbər]
3	라	라스팅, 래스팅, 영속하는, 오래가는, 영원한	형	**lasting** [lá:stiŋ, lǽstiŋ]
4	새	새티스팩트리, 만족한, 더할 나위 없는	형	**satisfactory** [sæ̀tisfǽktəri]
5	들	들볶다, 괴롭히다, 희롱하다, 놀리다	동	**tease** [ti:z]
6	아	아더 댄, ~이외에 ; I have no other dictionary other than this. 이것 밖에는 사전이 없다.		**other than ~**
7	푸	푸대접 하는, 대접이 나쁜, 불친절한, 무뚝뚝한	형	**inhospitable** [inháspitəbəl]
8	른	언 완즈 라이블리후드, 생계를 유지하다		**earn one's liveli-hood**
9	하	하쁘웨이, 도중의, 중간의 ; 도중에	형	**halfway** [hɑ:f-wéi]
10	늘	늘이다, 길게 하다, 길어지다, 늘어나다	동	**lengthen** [léŋkθən]
11	을	얼리비에이션, 경감, 완화, 덜어주는 것, 완화시키는 것	명	**alleviation** [əlì:viéiʃən]

| 게으른 학습자 도 효과만점 수능용

12	달	달아나다, 도망가다		take to one's heels
13	려	여느 것과 다를 바 없는, 평범한, 흔해빠진, 진부한	형	commonplace [kámənplèis / kɔ́m-]
14	라	라이블리후드, 생계, 살림	명	livelihood [láivlihùd]
15	냇	냇처럴, 타고난, 천부의, 당연한	형	natural [nǽtʃərəl]
16	물	물리치다		ward off
17	아	아웃브레익, 돌발, 폭동, 소요	명	outbreak [áutbrèik]
18	푸	푸답위드, 참다(=endure)		put up with ~
19	른	언맨드, 사람이 타지 않은, 무인의 ; unmanned spaceship 무인우주선	형	unmanned [ʌnmǽnd]
20	벌	벌지, 불룩해지다, 부풀다 ; 불룩함, 부풂	동	bulge [bʌldʒ]
21	판	판더, ~을 깊이 생각하다, 숙고하다	동	ponder [pándər]
22	을	얼파워뻘, 전능한(almighty)	형	all-powerful [əl-páuərfəl]
23	오	오드, 이상한, 뜻밖의, 묘한	형	odd [ɑd / ɔd]

24	월	월(휠), 워-얼, 빙빙 돌다, 회전하다, 선회하다	동	**whirl** [hwəːrl]
25	은	언앰비규어스, 모호하지 않은, 명백한	형	**unambiguous** [ʌnæmbígjuəs]
26	푸	푸루든트, 프루든트, 사려 깊은	형	**prudent** [prúːdənt]
27	르	어넥스, 가하다, 부가(추가)하다, 합병하다	동	**annex** [ənéks]
28	구	구성하다, 함유하다, 포함하다, 의미하다	동	**comprise** [kəmpráiz]
29	나	(모습을) 나타내다, 불쑥 나타나다, (물건이) 우연히 나타나다[발견되다]		**turn up**
30	우	우선(권), 선행권, 중요함	명	**priority** [praió(ː)rəti]
31	리	리(릴)링퀴시, 때려치우다, 포기하다	동	**relinquish** [rilíŋkwiʃ]
32	들	들판, 평지, 평야, 평원	명	**plain** [plein]
33	은	언어스빠이어링, 공명심 없는, 향상심 없는, 겸손한	형	**unaspiring** [ʌnəspáiəriŋ]
34	자	자산, 재산, 자산항목	명	**asset** [æset]
35	란	난공불락의, 견고한, 확고부동한	형	**impregnable** [imprégnəbəl]

36	다	다이애그늘, 대각선의, 비스듬한	형	**diagonal** [daiǽɡənəl]
37	오	오토노머스, 오타너머스, 자율적인, 자치의, 독립한	형	**autonomous** [ɔːtánəməs]
38	늘	늘리다, 번식시키다, 선전하다	동	**propagate** [prápəɡèit]
39	은	언라이프, 날것의, 생것의, 익지 않은	형	**unripe** [ʌnráip]
40	어	어데이셔스, 안하무인의, 무례한, 철면피의	형	**audacious** [ɔːdéiʃəs]
41	린	린니어, 직선의, 선과 같은, 길쭉한	형	**linear** [líniər]
42	이	이래이셔널, 불합리한, 이성이 없는	형	**irrational** [irǽʃənəl]
43	날	날리지, 지식, 학식, 학문, 인식, 이해	명	**knowledge** [nálidʒ/ nɔ́l-]
44	우	우아한, 기품 있는, 품위 있는, 세련된	형	**elegant** [éliɡənt]
45	리	리쁘랙트, 굴절시키다	동	**refract** [rifrǽkt]
46	들	들뜬, 명랑한, 즐거운, 들떠서 떠드는	형	**hilarious** [hilɛ́əriəs]
47	세	세션, (재산의) 양도, 양여, 할양	명	**cession** [séʃən]
48	상	상호작용, 작용과 반작용	명	**interplay** [íntərplèi]

23 과수원 길

1	동	동정심, 동정, 불쌍히 여김	명 **compassion** [kəmpǽʃən]
2	구	구차하게 살다, 생계가 궁핍하다, 어렵게 살다	**be badly off**
3	밖	밖의, 바깥의, 바깥쪽의, 외부의 ; 밖, 바깥	형 **exterior** [ikstíəiər]
4	과	과감한, 대담한, 용감한 ; 용감무쌍	형 **daring** [déəriŋ]
5	수	수우, 고소하다, 소송을 제기하다	동 **sue** [su: / sju:]
6	원	원더링, 이상한 듯한, 의아하게 생각하는	형 **wondering** [wʌ́nd-əriŋ]
7	길	길틀리스, 무죄의, 결백한	형 **guiltless** [gíltlis]
8	아	아크틱, 북극의, 북극지방의, 냉담한	형 **arctic** [á:rktik]
9	카	카머스, 통상, 상업, 무역	명 **commerce** [kámərs]
10	시	시 투 잇 댓, 배려하다, ~하도록 하다, 조처하다 ; See (to it) that he does the job properly. 그가 일을 틀림없이 하도록 해 주게.	**see to it that**
11	아	아쳐, 궁술가, 사수	명 **archer** [á:rtʃər]

12	꽃	꽃밥, 약	명	anther [ǽnθər]
13	이	이퀴버클, 아리송한, 모호한	형	equivocal [ikwívəkəl]
14	활	활보하다, 큰 걸음으로 걷다	동	stride [straid]
15	짝	짝하다, 함께하다, 함께 참여하다	동	partake [pɑːrtéik]
16	피	피일, 껍질을 벗기다 ; 껍질	동	peel [piːl]
17	었	었(어)세스, 평가하다, 사정하다, 부과하다	동	assess [əsés]
18	네	네이버후드, 이웃, 이웃사람들	명	neighborhood [néibərhùd]
19	하	하모나이즈, 조화시키다, 화합시키다	동	harmonize [háːrmənàiz]
20	얀	얀, 하품하다, 입이 크게 벌어지다	동	yawn [jɔːn]
21	꽃	꽃가루의	형	pollinic [pɑlínik]
22	이	이카너미, 경제, 절약, 효율적 사용, 절검	명	economy [ikánəmi]
23	파	파버티, 가난, 빈곤, 결핍, 부족	명	poverty [pávərti]

24	리	리인뽀스, 보강하다, 강화하다, 기운을 불어 넣다	통	reinforce [rìːinfɔ́ːrs]
25	눈	눈송이	명	snowflake [snóuflèik]
26	송	송풍시키다, 환기시키다, 통풍하다	통	ventilate [véntəlèit]
27	이	이카너마이즈, 경제적으로 쓰다, 절약하다,	통	economize [ikánəmàiz]
28	처	처클, 낄낄 웃음, 미소 ; 낄낄 웃다, 기뻐하다	명	chuckle [tʃʌ́kl]
29	럼	럼블, 땅이 울리다 ; 덜커덕거리는 소리, 우르르(천둥·수레 따위의)	통	rumble [rʌ́mbəl]
30	날	날치기하다, 와락 붙잡다, 움켜쥐다	통	snatch [snætʃ]
31	리	리터레리, 문학의, 문필의, 학문의	형	literary [lítərèri]
32	네	네임리, 다시 말하면, 즉 말하자면	부	namely [néimli]
33	향	향긋한, 냄새 좋은, 향기로운, 방향성의	형	fragrant [fréigrənt]
34	굿	(줄 따위를) 긋다, 그리다	통	draw [drɔː]
35	한	한결같은, 시종일관된, 변함 없는, 일치하는	형	consistent [kənsístənt]

36	꽃	꽃의, 꽃 같은, 꽃무늬의, 식물의	형	**floral** [flɔ́:rəl]
37	냄	냄비, 항아리, 요강	명	**pot** [pɑt]
38	새	새쳐레이트, 삼투하다, 적시다, 흠뻑 적시다	동	**saturate** [sǽtʃərèit]
39	가	가우지, 도려내다, 에다	동	**gouge** [gaudʒ]
40	실	실험대상, 피실험자	명	**subject** [sʌ́bdʒikt]
41	바	바니쉬, 니스를 칠하다, 눈가림하다	동	**varnish** [vɑ́:rniʃ]
42	람	암시하는, 시사하는, 넌지시 비추는	형	**suggestive** [ʊəgdʒéʊtiv]
43	타	타이디 업, 깨끗이 정돈하다		**tidy up**
44	고	고취하다, 가르치다, 설득하다	동	**inculcate** [inkʌ́lkeit]
45	솔	솔릴러키, 혼잣말, 독백	명	**soliloquy** [səlíləkwi]
46	솔	솔러블, 살러블, 녹는, 녹기 쉬운, 용해[해결]할 수 있는	형	**soluble** [sʌ́ljəb-əl / sɔ́l-]
47	둘	둘러대다, 속이다, 가장하다, 위조하다	동	**feign** [fein]

48	이	이넵트, 부적당한, 부적절한, 부조리한, 바보 같은, 서투른, 무능한	형	inept [inépt]
49	서	서플리케이트, 애원하다, 탄원하다, 간곡히 부탁하다	동	supplicate [sʌ́pləkèit]
50	말	말고삐, 구속(력), 지배권, 지휘권	명	rein [rein]
51	이	이펙츄얼리, 효과적으로, 유효하게, 완전히	부	effectually [iféktʃuəli]
52	없	없 투 데이트, 새로운, 최신의	형	up-to-date [ʌ́ptədéit]
53	네	네일, 못을 박다 ; 못	동	nail [neil]
54	얼	얼터니뜰리, 번갈아, 교대로, 서로 엇갈리게	부	alternately [ɔ́:ltərnitli, ǽl-]
55	굴	굴, 숨은 곳, 피난처, 은신처	명	burrow [bə́:rou]
56	마	마너테리, 화폐의, 금융의, 금전의, 재정상의	형	monetary [mánətèri]
57	주	주우트, 너무 화려한, 최신유행의	형	zoot [zu:t]
58	보	보이스트러스, 난폭한, 거친, 몹시 사나운	형	boisterous [bɔ́istərəs]
59	며	머미, 미라, 바싹 마른 시체, 말라빠진 사람	명	mummy [mʌ́mi]

60	생	생츄에리, 지성소, 거룩한 장소	명	sanctuary [sǽŋktʃuèri]
61	굿	그래주에이트, 졸업하다, 학위를 받다	동	graduate [grǽdʒuèit, -it]
62	아	아웃캐스트, 버림받은, 내쫓긴 ; 부랑자	형	outcast [áutkæ̀st]
63	카	카우어드, 겁쟁이, 비겁한 자 ; 겁 많은	명	coward [káuərd]
64	시	시뮬레이트, 모의실험하다, 흉내 내다	동	simulate [símjəlèit]
65	아	아이리스, 홍채, 무지개, (해 · 달의) 무리, 광채	명	iris [áiris]
66	꽃	꽃장수, 화초 재배자, 꽃 가꾸는 사람	명	florist [flɔ́(·)rist]
67	하	하이지에닉, 보건상의, 위생상의	형	hygienic [hàidʒiénik]
68	얄	야기하다, 유발하다, 촉발시키다, 일으키다 ; 방아쇠	동	trigger [trígəːr]
69	게	게이지, 도전, 저당물, 담보물	명	gage [geidʒ]
70	핀	핀치, 꼬집다, (두 손가락으로) 집다, 끼워 으깨다, 잘라내다	동	pinch [pintʃ]
71	먼	먼치, 우적우적 먹다, 으드득 깨물다	동	munch [mʌntʃ]

72	옛	옛것의, 구식의, 쓸모없게 된, 진부한	형	obsolete [ὰbsəlíːt]
73	날	날씬한, 가냘픈, 호리호리한	형	slim [slim]
74	의	에일리언, 외계인, 외국인 ; 이국의, 이질의	형	alien [éiljən]
75	과	과도하게 채워 넣다, 속을 많이 채우다	동	overstuff [òuvərstʌ́f]
76	수	수피리어러디, 우월, 우위, 탁월, 우수	명	superiority [supìərió(ː)rəti]
77	원	원드, 완드, 지팡이, 막대기, 장대	명	wand [wɑnd / wɔnd]
78	길	길드, 동업조합, 조합, 협회	명	guild [gild]

24 정글 숲을 지나서 가자

1	정	정지된, 움직이지 않는, 변화하지 않는	형	stationary [stéiʃ-ənèri]
2	글	글래머러스, 매력적인, 매혹적인	형	glamorous [glǽmərəs]
3	숲	숲, 삼림, 임야	명	forest [fɔ́(:)rist]
4	을	얼라우, 허락하다, 허가하다, 인정하다	동	allow [əláu]
5	지	지네터시스트, 유전학자	명	geneticist [dʒinétəsist]
6	나	나방	명	moth [mɔ(.)θ]
7	서	서브미시브, 섭미시브, 순종하는, 유순한, 복종적인	형	submissive [səbmísiv]
8	가	가블린, 도깨비, 악귀	명	goblin [gáblin]
9	자	자치읍면, 자치도시, 자치읍	명	borough [bə́:rou]
10	엉	엉키게 하다, 얽히게 하다, 혼란시키다	동	tangle [tǽŋg-əl]
11	금	금지, 금령, 반대 ; 금지하다	명	ban [bæn]

12	엉	엉기다, 응축하다, 압축하다, 요약하다	동	condense [kəndéns]
13	금	금지, 금지령, 선박억류	명	embargo [imbá:rgou]
14	기	기념의, 추도의, 기억의	형	memorial [mimɔ́:riəl]
15	어	어뷰우즈, 남용, 오용 ; 남용하다, 오용하다	명	abuse [əbjú:z]
16	서	서먼, 설교, 잔소리, 장광설	명	sermon [sə́:rmən]
17	가	가드닝, 원예, 조원(造園)(술)	명	gardening [gá:rdniŋ]
18	자	자아간, 은어, 허튼 소리	명	jargon [dʒá:rgɑn]
19	늪	늪, 소택, 습지 ; 물에 잠기게 하다	명	swamp [swɑmp]
20	지	지니뜨, 천정, 절정, 정점, 전성기	명	zenith [zí:niθ]
21	대	대조, 대비, 정반의 것, 현저한 차이	명	contrast [kántræst]
22	가	가니시, 고명, 장식, 장식물 ; 장식하다	명	garnish [gá:rniʃ]
23	나	나타내다, 대표하다, 뜻하다, 상징하다		stand for

24	타	타이런트, 폭군, 압제자, 전제군주	명	tyrant [tái-ərənt]
25	나	나쁘게 생각하다		think badly of ~ =think ill of ~
26	면	면식의, 아는 사이인, 정통한	형	acquainted [əkwéintid]
27	은	언빌리버블, 믿을 수 없는, 거짓말 같은	형	unbelievable [ʌnbilíːvəbəl]
28	악	악크, 아크, 호, 원호, 궁형(弓形)	명	arc [aːrk]
29	어	어소올트, 습격하다, 공격하다	동	assault [əsɔ́ːlt]
30	떼	떼러피, 치료, 요법	명	therapy [θérəpi]
31	가	가스펠, 복음, 그리스도의 가르침	명	gospel [gáspəl]
32	나	나뒹굴다, 굴러 떨어지다, 넘어지다	동	tumble [tʌmb-əl]
33	올	올팩트리, 후각의, 냄새의	형	olfactory [alfǽktəri]
34	라	라이어빌러디, 책임, 부담, 의무	명	liability [làiəbíləti]

25 솜사탕

1	나	나다, 생기다, 태어나다		come into being
2	뭇	뭇매질하다, 집단으로 습격하다	동	gang [gæŋ]
3	가	가해자, 공격자, 해를 끼친 사람, 적 ; 공격하는	명	assailant [əséilənt]
4	지	지아머트리, 기하학	명	geometry [dʒi:ámətri / dʒiάm-]
5	에	에머네이트 (빛 · 소리 등이) 나다, 방사[발산]하다	동	emanate [émənèit]
6	실	실링, 천장, 상한, 한계, 최고한도	명	ceiling [sí:liŋ]
7	처	처형하다, 사형을 집행하다, 실행 하다, 실시하다	동	execute [éksikjù:t]
8	럼	럼블링, 우르르 울림, 불평의 소리	명	rumbling [rʌ́mbliŋ]
9	커	커런트, 흐름, 해류, 경향, 추세, 기류	명	current [kə́:rənt]
10	다	다이하드, 완강한 저항자 ; 끝까지 버티는, 완강한	명	diehard [dáihὰ:rd]
11	란	난기류의, 몹시 거친, 사나운, 난폭한	형	turbulent [tə́:rbjələnt]

12	솜	솜씨, 재치, 기지, 요령	명	tact [tækt]
13	사	사버린티, 국권, 주권, 통치권	명	sovereignty [sávərinti]
14	탕	탕진하다, 낭비하다, 헛되이 쓰다	동	squander [skwándə:r]
15	하	하이버네이트, 동면하다, 겨울을 지내다	동	hibernate [háibərnèit]
16	얀	얀 뿌오, 동경하다, 그리워하다		yearn for
17	눈	눈가림하다, 속이다, 기만하다	동	deceive [disí:v]
18	처	처크, 척, 가볍게 치다, 휙 던지다	동	chuck [tʃʌk]
19	럼	럼플, 주름지게 하다, 구기다	동	rumple [rʌ́mpəl]
20	희	희대의, 비할 데 없는, 유례 없는	형	peerless [píərlis]
21	고	고상함, 품위, 예절, 예절바름	명	decency [dí:snsi]
22	도	도공, 요업가, 도예가	명	ceramist [sérəmist]
23	깨	깨끗한, 말쑥한 ; 정돈하다, 손질하다	형	trim [trim]

24	꼿	끄트머리, 끝, 첨단	명	tip [tip]
25	한	한, 원한, 노함, 분개	명	resentment [rizéntmənt]
26	솜	솜씨, 재치, 기지, 요령	명	tact [tækt]
27	사	사버린티, 국권, 주권, 통치권	명	sovereignty [sávərinti]
28	탕	탕진하다, 낭비하다, 헛되이 쓰다	동	squander [skwándə:r]
29	엄	엄(어)엔드먼트, 변경, 개선, 교정	명	amendment [əméndmənt]
30	마	마더빠이, 수정하다, 변경하다, 완화하다, 조절하다	동	modify [mádəfài]
31	손	손바닥, 안쪽 바닥	명	palm [pɑ:m]
32	잡	잡다, 매달리다, 손에 넣다, 붙들다		get hold of
33	고	고려하다, 여기다, 간주하다		take into account
34	나	나부끼다, 펄럭이다, 퍼덕거리다, 날개치며 날다, 훨훨 날다	동	flutter [flʌ́tə:r]
35	들	들러붙는, 접착성의, 점착성의	형	adhesive [ædhí:siv]

36	이	이쿼낙스, 춘분, 추분, 주야평분시	명	**equinox** [íːkwənɑ̀ks / -nɑ̀ks]
37	갈	갈라진, 분리된 ; 분리하다, 떼어 놓다	형	**separate** [sépərèit]
38	때	때마침, 적시에		**in the nick of time**
39	먹	먹먹하게 만들다, 귀머거리로 만들다, 안 들리게 하다	동	**deafen** [défən]
40	어	어전시, 긴급, 절박, 화급, 긴급한 일	명	**urgency** [ə́ːrdʒənsi]
41	본	본능, 직관, 육감, 직감	명	**instinct** [ínstiŋkt]
42	솜	솜씨, 재치, 기지, 요령	명	**tact** [tækt]
43	사	사버린티, 국권, 주권, 통치권	명	**sovereignty** [sávərinti]
44	탕	탕진하다, 낭비하다, 헛되이 쓰다	동	**squander** [skwándəːr]
45	호	호러잔틀, 가로의, 수평의, 평평한	형	**horizontal** [hɔ̀ːrəzántl]
46	호	호러잔틀, 가로의, 수평의, 평평한	형	**horizontal** [hɔ̀ːrəzántl]
47	불	불룩하게 부풀어 오르다, 부풀다, 팽창하다, 부어오르다	동	**swell** [swel]

48	면	면목, 명성, 신망, 평판, 세평	명	reputation [rèpjətéiʃ-ən]
49	구	구질구질한, 단정치 못한, 꾀죄죄한, 초라한, 소홀한	형	slovenly [slʌ́v-ənli]
50	멍	멍, 상처, 타박상, 상처자국	명	bruise [bru:z]
51	이	이러게이트, 관개하다, 물을 대다	동	irrigate [írəgèit]
52	뚫	뚫는, 꿰뚫는, 꿰찌르는, 날카로운, 통찰력 있는	형	piercing [píərsiŋ]
53	리	리쿼, 알코올 음료, 술, 주류	명	liquor [líkər]
54	는	언어땐틱, 출처 불명의, 신용할 수 없는, 진짜가 아닌	형	unauthentic [ʌ̀nɔːθéntik]
55	커	커럽트, 타락시키다 ; 부정한, 퇴폐한	동	corrupt [kərʌ́pt]
56	다	다이어그노우스, 진단하다, 분석하다, 판단하다	동	diagnose [dáiəgnòus]
57	란	난간, 계단의 난간	명	banister [bǽnəstər]
58	솜	솜씨, 재치, 기지, 요령	명	tact [tækt]
59	사	사버린티, 국권, 주권, 통치권	명	sovereignty [sávərinti]
60	탕	탕진하다, 낭비하다, 헛되이 쓰다	동	squander [skwándə:r]

26 이슬비 내리는 이른 아침에

1	이	이래딕, 일정하지 않은, 변하기 쉬운, 불규칙적인	형	erratic [irǽtik]
2	슬	슬라이, 은밀한, 교활한, 음흉한	형	sly [slai]
3	비	비시너티, 부근, 근처, 가까운 곳	명	vicinity [visínəti]
4	내	내걸다, 주장하다, 옹호하다	동	advocate [ǽdvəkèit]
5	리	리뷰-욱, 핀잔을 주다, 비난하다	동	rebuke [ribjúːk]
6	는	언비든, 명령받지 않은, 자발적인, 초대받지 않은	형	unbidden [ʌnbídn]
7	이	이뉴-머러블, 셀 수 없는, 하고많은, 무수한	형	innumerable [injúːmərəbəl]
8	른	언더니쓰, 하부에, 아래에, 밑에	전	underneath [ʌndərníːθ]
9	아	아더와이즈, 다른 방법으로, 그렇지 않으면, 다른 점에서	부	otherwise [ʌ́ðəwàiz]
10	침	침 흘리다, 침을 내다	동	salivate [sǽləvèit]
11	에	에디터, 편집자, 주필, 논설위원	명	editor [édətər]

12	우	우기다, 주장하다, 고집하다, 집착하다	동	**persist** [pəːrsíst]
13	산	산수하다, 합산하다, 세다, 판단하다	동	**reckon** [rék-ən]
14	셋	셋 투, ~에 종사하다, 착수하다, 향하다, 시작하다		**set to ~**
15	이	이노머티, 엄청남, 심오함	명	**enormity** [inɔ́ːrməti]
16	나	나누다, 분류하다, 등급으로 나누다, (공문서를) 기밀취급으로 하다	동	**classify** [klǽsəfài]
17	란	난, 반란, 폭동, 봉기	명	**insurrection** [ìnsərékʃən]
18	히	히디어스, 무시무시한, 소름끼치는	형	**hideous** [hídiəs]
19	걸	걸쁘, 만, 소용돌이, 심해, 심연	명	**gulf** [gʌlf]
20	어	어번던스, 다량, 풍부, 많음, 부유	명	**abundance** [əbʌ́ndəns]
21	갑	갑갑하게 하다, 숨이 막히게 하다, 질식(사) 시키다	동	**suffocate** [sʌ́fəkèit]
22	니	니고시에잇, 교섭하다, 협상하다	동	**negotiate** [nigóuʃièit]
23	다	다이버지, 디버지, 다르다, (길·의견 따위가) 갈라지다,	동	**diverge** [daivə́ːrdʒ]

24	파	파스티리어, 포스티리어, (시간 · 순서가) 뒤의, 다음의	형 posterior [pɑstíəriər / pɔs-]
25	란	난동, 반란, 폭동, 오르막, 상승	명 uprising [ʌpràiziŋ]
26	우	우아한, 고상한, 맛좋은, 까다로운	형 dainty [déinti]
27	산	산개하다, 흩뜨리다, 퍼뜨리다	동 diffuse [difjúːz]
28	깜	깜박임, 명멸, 깜박이는 빛	명 flicker [flíkər]
29	장	장비, 설비, 비품, 준비	명 equipment [ikwípmənt]
30	우	우발적으로, 우연히, 뜻밖에, 문득	부 accidentally [æksidéntəli]
31	산	산책, 산보, 행진	명 promenade [pràmənéid]
32	찢	찢다, 째다, 잡아 뜯다	동 tear [tɛəːr]
33	어	어캄플리스, 가담자, 공범자, 연루자, 협력자	명 accomplice [əkámplis]
34	진	진노, 격노, 분격, 격정, 흥분상태	명 rage [reidʒ]
35	우	우연히, 공교롭게, 우발적으로	by chance

36	산	산성의, 신맛의, 신, 언짢은	형	**acid** [ǽsid]
37	좁	좁은, 도량이 좁은, 인색한, 교양 없는	형	**illiberal** [ilíbərəl]
38	다	다이애미터, 지름, 직경, 배율	명	**diameter** [daiǽmitər]
39	란	난로, 벽로	명	**fireplace** [fáiərplèis]
40	학	학자다운, 학식이 있는, 박식한	형	**scholarly** [skálə:rli]
41	교	교훈, 가르침, 훈계, 격언	명	**precept** [prí:sept]
42	길	길들이다, 익숙케 하다, 습관 들게 하다	동	**accustom** [əkʌ́stəm]
43	에	에뜨닉, 인종의, 민족의, 민족 특유의	형	**ethnic** [éθnik]
44	우	우회, 우회로, 도는 길 ; 돌아가(게 하)다	명	**detour** [dí:tuər]
45	산	산출, 생산, 산출고, 생산품, 출력	명	**output** [áutpùt]
46	세	세이브, ~을 제외하고, 이외에 ; all save him 그 사람 외에 모두	전	**save** [seiv]
47	개	개발하다, 개척하다, 채굴하다, 활용하다, 이용하다	동	**exploit** [iksplɔ́it]

| 48 | 가 | 가일, 교활, 간계, 기만 | 명 | guile [gail] |

| 49 | 이 | 이그질러레이트, 원기를 돋우다, 기분을 돋우다, 활력을 주다 | 동 | exhilarate [igzílərèit] |

| 50 | 마 | 마줄레이트, 조절하다, 조정하다, 완화하다 | 동 | modulate [mάʤulèit / mɔ́-] |

| 51 | 를 | 얼 얼로운, 아주 혼자서, 혼자의 힘으로 | | all alone |

| 52 | 마 | 마더레이트, 삼가는, 절제하는, 알맞은, 적당한, 웬만한 | 형 | moderate [mά-d-ərèit] |

| 53 | 주 | 주얼리, 보석류, 장신구류 | 명 | jewelry [ʤú:əlri] |

| 54 | 보 | 보-덤, 지루함, 따분함, 권태 | 명 | boredom [bɔ́:rdəm] |

| 55 | 며 | 머천다이즈, 거래하다 ; 상품, 제품, 재고품 | 동 | merchandise [mɔ́:rtʃəndàiz] |

| 56 | 걸 | (생명 · 돈 따위를) 걸다, 모험하다, 위험을 무릅쓰다 | | run the risk |

| 57 | 어 | 어셔, 안내인, 접수원, 문지기 | 명 | usher [ʌ́ʃər] |

| 58 | 갑 | 값을 매길 수 없는, 대단히 귀중한 | 형 | priceless [práislis] |

| 59 | 니 | 니이드, 반죽하다, 개다, 이기다, 주무르다 | 동 | knead [ni:d] |

| 60 | 다 | 다큐먼트, 다켜먼드, 서류, 문서, 기록, 증거자료 | 명 | document [dάkjəmənt] |

27 아빠와 크레파스

1	어	어스튜우트, 기민한, 교활한, 빈틈 없는	형	**astute** [əstjúːt]
2	제	제퍼디, 위험, be in ~ 위험에 처해 있다	명	**jeopardy** [dʒépərdi]
3	밤	밤프루쁘, 방탄의 ; 방탄으로 하다	형	**bombproof** [bámprùːf]
4	에	에더빠이, 계발하다, 교화하다	동	**edify** [édəfài]
5	우	우격다짐으로, 강제로, 강력히, 강제적으로	부	**forcibly** [fɔ́ːrsəbli]
6	리	리-잎, 수확하다, 거둬들이다	동	**reap** [riːp]
7	아	아웃데이티드, 고풍스러운, 구식의	형	**outdated** [àutdéitid]
8	빠	빠아스, 소극, 어릿광대, 익살극	명	**farce** [fɑːrs]
9	가	가브너, 지사, 사령관, 총독	명	**governor** [gávərnər]
10	다	다만 ~하기만 하면 된다 ; You have only to wait. 기다리고 있기만 하면 된다.		**have only to do =only have to do**
11	정	정션, 연합, 접합, 교차점	명	**junction** [dʒáŋkʃən]

게으른 학습자 도 효과만점 수능용

12	하	하이 핸디드, 고압적인, 횡포한	형	high-handed [haíhǽndid]
13	신	신때딕, 인공의, 종합의, 합성의	형	synthetic [sinθétik]
14	모	모비드, 신경과민의, 병적인, 소름 끼치는	형	morbid [mɔ́:rbid]
15	습	습기, 수분, 수증기	명	moisture [mɔ́istʃər]
16	으	어터, 전적인, 완전한, 철저한, 순전한	형	utter [ʌ́tər]
17	로	로-드, 지배자, 군주, 영주, 하나님	명	lord [lɔ:rd]
18	한	한껏, 마음껏		to the full
19	손	손님, 고객, 단골, 거래처	명	customer [kʌ́stəmər]
20	에	에벌래스띵, 영구한, 불후의, 끝없는	형	everlasting [èvərlǽstiŋ]
21	는	언컨빈스트, 설득되지 않은, 납득이 안 되는	형	unconvinced [ʌ̀nkənvínst]
22	크	크라닉, 만성적인, 고질의, 상습적인	형	chronic [kránik]
23	레	레이튼트, 잠복해 있는, 숨어있는	형	latent [léitənt]

24	파	파리클, 미립자, 극소량, 분자	명	particle [páːrtikl]
25	스	스핏, 뱉다, 토해내다, 뿜어내다, 내뱉듯이 말하다	동	spit [spit]
26	를	얼빠이어드, 무서운, 겁나게 지독한 ; 아주 굉장히, 무섭게	형	all-fired [əl-faiərd]
27	사	사아캐즘, 사르카즘, 빈정거림, 비꼼, 풍자	명	sarcasm [sáːrkæzəm]
28	가	가로막다, 중단하다, 저지하다, 훼방 놓다	동	interrupt [ìntərʌ́pt]
29	지	지아메트리션, 기하학자	명	geometrician [dʒiàmətríʃən]
30	고	고우 뜨루, (고생 등을) 겪다, 견디 다		go through
31	오	오우버웰밍, 저항하기 힘든, 압도적인	형	overwhelming [òuvərhwélmiŋ]
32	셨	셔더, 떨다, 전율하다, 몸서리치다, 오싹하다	동	shudder [ʃʌ́dər]
33	어	어블리터레이트, 말살하다, 지우다, 숙청하다	동	obliterate [əblítərèit]
34	요	요새, 보루, 성채 ; 방비를 튼튼히 하다	명	fortress [fɔ́ːrtris]
35	으	어뽀-올링, 소름끼치는, 무서운, 섬뜩하게 하는, 질색인	형	appalling [əpɔ́ːliŋ]

36	음	음계, 눈금, 저울, 규모	명	scale [skeil]
37	그	그랜디오우스, 어마어마한, 웅장한, 당당한, 과장한	형	grandiose [grǽndiòus]
38	릴	릴리이스, ~을 발표하다, ~을 개봉하다	동	release [rilí:s]
39	것	겉보기에, 외관상, 피상적으로 ; 외부의, 밖을 향한	부	outward [áutwərd]
40	은	언얼터러블, 고칠 수 없는, 불변의	형	unalterable [ʌnɔ́:ltərəbəl]
41	너	너리시먼트, 영양물, 자양물, 양육	명	nourishment [nə́:riʃmənt]
42	무	무간섭의, 자유방임이	형	laissez-faire [lèiseiféə:r]
43	많	많은, 풍부한, 풍족한	형	abundant [əbʌ́ndənt]
44	은	언컨슨뜨레인드, 스스럼 없는, 구애받지 않는, 자유로운	형	unconstrained [ʌnkənstréind]
45	데	데커든트, 말기의, 쇠퇴기에 접어든, 퇴폐적인	형	decadent [dékədənt]
46	하	하이브라우, 고답적인, 인텔리인 체 하는, 이마가 높은	형	highbrow [háibràu]
47	얀	얀, 실, 뜨개실, 여행담, 허풍스런 긴 이야기	명	yarn [jɑ:rn]

48	종	종합적인, 포괄적인, 범위가 넓은, 이해력이 있는	형 **comprehensive** [kàmprihénsiv]
49	이	아-거, 열망하는, 간절히 바라는	형 **eager** [íːgər]
50	가	가이드라인, 지침, 계획 개요	명 **guideline** [gáidlàin]
51	너	너너리, 수녀원, 수녀단	명 **nunnery** [nʌ́nəri]
52	무	무르익은, 익어 달콤한, 감미로운	형 **mellow** [mélou]
53	작	작용하다, 작동하다, 근무 중이다	**be at work**
54	아	아웃라인, 대강, 줄거리	명 **outline** [áutlàin]
55	서	서브머지, 섭머지, 물속에 잠그다, 감추다	동 **submerge** [səbmə́ːrdʒ]
56	아	아웃리브, 보다 오래 살다, 오래 지속되다	동 **outlive** [àutlív]
57	빠	빠-삐치트, 무리한, 빙 둘러서 말하는, 억지의	형 **farfetched** [fáːr-fètʃt]
58	얼	얼터, 바꾸다, 변경하다, 개조하다	동 **alter** [ɔ́ːltər]
59	굴	굴절, 굴절성, 굴절력	명 **refraction** [rifrǽkʃən]

60	그	그래터빠이드, 기쁜, 만족스런	형	gratified [grǽtəfàid]
61	리	리발브, 돌다, 회전하다, 자전하다	동	revolve [riválv]
62	고	고전의, 고전풍의, 일류의, 최고 수준의	형	classic [klǽsik]
63	나	나잇들리, 기사의, 기사다운, 의협심이 있는	형	knightly [náitli]
64	니	니어 앳 핸드, 가까이에, 바로 곁에		(near) at hand =(close) at hand
65	잠	잠정의, 임시의, 중간의	형	interim [íntərim]
66	이	이그저스티드, 늘어진, 지친, 소모된	형	exhausted [ɪgzɔ́ːstɪd]
67	들	들통, 버킷, 원통형 용기	명	pail [peil]
68	고	고충, 곤경, 궁지	명	predicament [pridíkəmənt]
69	말	말로 표현할 수 없을 정도로		beyond words
70	았	았(아)틸러리, 포, 대포, 포병	명	artillery [ɑːrtíləri]
71	어	어베이트, 수그러지다, 누그러지다, 가라앉다	동	abate [əbéit]

72	요	요괴, 유령, 귀신, 허깨비, 환영	명	**apparition** [æ̀pəríʃən]
73	으	어뻐-머티브, 확언하는, 긍정의, 찬성의	형	**affirmative** [əfə́ːrmətiv]
74	음	음모를 꾸미다, 공모하다, 작당하다	동	**conspire** [kənspáiər]
75	밤	밤배스딕, 호언장담의, 과장된, 과대한	형	**bombastic** [bɑmbǽstik]
76	새	새크리빠이스, 희생시키다 ; 희생, 헌신	동	**sacrifice** [sǽkrəfàis]
77	꿈	꿈꾸다 ; 공상, 상상, 좋아함	동	**fancy** [fǽnsi]
78	나	나이트, 기사	명	**knight** [nait]
79	라	라우트, 참패, 패주, 혼란한 군중, 소란	명	**rout** [raut]
80	에	에디트, 편집하다, 교정하다, 손질하다	동	**edit** [édit]
81	아	아웃삣, 도구, 장비, 채비, 용품류	명	**outfit** [áutfit]
82	기	기념, 축하, 기념식, 축전	명	**commemoration** [kəmèməréiʃən]
83	코	코셔스, 신중한, 주의 깊은, 조심하는	형	**cautious** [kɔ́ːʃəs]

84	끼	끼어들다, 참견하다, 간섭하다, 방해하다	동	intrude [intrú:d]
85	리	가차 없는, 잔인한, 혹독한	형	relentless [riléntlis]
86	가	가블, 사실을 왜곡하다, 멋대로 고치다	동	garble [gá:rbəl]
87	춤	춤, 높이, 키, 고도, 고지	명	height [hait]
88	을	얼라이언스, 동맹, 맹약, 협력, 제휴	명	alliance [əláiəns]
89	추	추론, 추리, 논거, 추리력	명	reasoning [rí:zəniŋ]
90	었	었)(이)털리, 아주 완전히, 전혀	부	utterly [Átərli]
91	고	고루, 공평하게, 공명정대하게, 정정 당당히, 올바르게	부	fairly [féərli]
92	크	크리디클, 중대한, 치명적인, 비평의, 비판적인	형	critical [krítikəl]
93	레	레컨사일, 화해시키다, 조정하다, 조화시키다	동	reconcile [rékənsàil]
94	파	파일, 쌓다, 쌓아올리다, 축적하다	동	pile [pail]
95	스	스빤테이니어스, 스스로의, 자발적인	형	spontaneous [spæntéiniəs]

96	병	병합하다, 합병[연합 · 합동]하다	동	**combine** [kəmbáin]
97	정	정기적인, 간헐적인, 주기적인	형	**periodical** [pìəriádikəl]
98	들	들여다 보다, 자세히 바라보다, 유심히 바라보다, 자세히 조사하다	동	**scrutinize** [skrú:t-ənàiz]
99	은	언어뜨랙티브, 남의 눈을 끌지 않는, 아름답지 못한	형	**unattractive** [ʌnətrǽktiv]
100	나	나이브, 순진한, 천진난만한, 소박한	형	**naive** [nɑː íːv]
101	뭇	뭇매질하다, 치다, 때리다, 쳐부수다	동	**drub** [drʌb]
102	잎	잎(이)피톰, 발췌, 개요, 개략	명	**epitome** [ipítəmi]
103	을	얼라이, 동맹하다, 연합하다, 제휴하다	동	**ally** [əlái, ǽlai]
104	타	타우어링, 우뚝 솟은, 높이 솟은	형	**towering** [táuəriŋ]
105	고	고정시키다, 정박시키다 ; 닻	동	**anchor** [ǽŋkər]
106	놀	놀랄만한, 감탄할 만한, 훌륭한	형	**admirable** [ǽdmərəbəl]
107	았	았(아)더뻘, 교묘한, 기교를 부린, 교활한	형	**artful** [áːrtfəl]

108	죠	죠인티드, 마디(이음매)가 있는, 관절이 있는	형 **jointed** [dʒɔ́intid]
109	으	어큐—웃, 날카로운, 뾰족한, 민감한	형 **acute** [əkjúːt]
110	음	음침한, 흐린, 어두워진, 구름 덮힌	형 **overcast** [óuvərkǽst]
111	어	어블라이즈, 의무를 지우다, 강제하다	동 **oblige** [əbláidʒ]
112	제	제너라서디, 도량, 마음씨, 관대, 아량	명 **generosity** [dʒènərásəti]
113	밤	밤드, 공습 받은, (술·마약에) 취한	형 **bombed** [bɑmd / bɔmd]
114	엔	엔터테인, 즐겁게 하다, 위로하다, 환대하다	동 **entertain** [èntərtéin]
115	달	달다, 재다, 측정하다, 측량하다, 평가하다	동 **measure** [méʒəːr]
116	빛	빛나다, 반짝이다, 반사시키다	동 **glint** [glint]
117	도	도락에 빠진, 방탕한, 낭비된	형 **dissipated** [dísəpèitid]
118	아	아주어스, 힘이 드는, 곤란한, 분투적인	형 **arduous** [áːrdʒuəs]
119	빠	빠이낸스, 재정, 재무, 재원, 지금	명 **finance** [finǽns, fáinæns]

120	의	의도적인, 고의의, 계획적인, 일부러 하는	형	intentional [inténʃənəl]
121	웃	웃다, 이빨을 드러내고 웃다, 씩 웃다	동	grin [grin]
122	음	음, 발음, 발음하는 법	명	pronunciation [prənʌnsiéiʃən]
123	처	처신, 품행, 태도, 행실	명	demeanor [dimí:nər]
124	럼	럼버, 목재, 제재목	명	lumber [lʌ́mbər]
125	나	나운, 명사	명	noun [naun]
126	의	의심 많은, 반신반의의, 쉽사리 믿지 않는	형	incredulous [inkrédʒələs]
127	창	창, 작살, 창기병	명	lance [læns]
128	에	에퍼데믹, 유행성의, 유행하는	형	epidemic [èpədémik]
129	기	기디, 현기증 나는, 어질어질한, 들떠있는	형	giddy [gídi]
130	대	대갚음, 복수, 앙갚음, 원수 갚기	명	vengeance [véndʒəns]
131	어	어비스, 나락, 심연, 끝없이 깊은 구렁	명	abyss [əbís]

132	포	포트레이, 그리다, ~의 초상을 그리다, 묘사하다, 표현하다	동	portray [pɔːrtréi]
133	근	근거, 기초, 기저, 토대, 기준, 원칙, 이유	명	basis [béisis]
134	히	히드, 주의하다, 조심하다 ; 주의, 조심	동	heed [hiːd]
135	날	날뛰는, 난폭한, 다루기 힘든	형	restive [réstiv]
136	재	재난, 참화, 재해, 불행, 비운	명	calamity [kəlǽməti]
137	워	워어뜨와일, 가치 있는, 할 보람이 있는	형	worthwhile [wɔ́ːrɵhwáil]
138	주	주러, 배심원, 심시위원	명	juror [dʒúərər]
139	었	었(어)셈블리, 집회, 회합, 조회	명	assembly [əsémbli]
140	어	어삼션, 가정, 억측, 가설	명	assumption [əsʌ́mpʃən]
141	요	요약해서 말하자면		in sum
142	으	어-쁠, 두려운, 무시무시한, 대단한, 장엄한	형	awful [ɔ́ːfəl]
143	음	음력의, 달의, 태음의	형	lunar [lúːnər]

28 금강산 찾아가자 일만 이천 봉

1	금	금언, 격언, 좌우명	명	**maxim** [mǽksim]
2	강	강요, 강제, 강박충동, 누르기 어려운 욕망	명	**compulsion** [kəmpʌ́lʃən]
3	산	산골짜기, 협곡, 계곡	명	**ravine** [rəvíːn]
4	찾	찾아내다, 발견하다, 어렴풋이 식별하다	동	**descry** [diskrái]
5	아	아이디알러지, 이상, 관념, 공리	명	**ideology** [àidiάlədʒi]
6	가	가스프, 개스프, 할딱거리다, 헐떡거리다	동	**gasp** [ga/æsp]
7	자	자의식이 강한, 사람 앞을 꺼리는	형	**self-conscious** [self-kάnʃəs]
8	일	일렉트론, 전자	명	**electron** [iléktrɑn / -trɔn]
9	만	만어스떼리, 수도원	명	**monastery** [mάnəstèri]
10	이	이낵트, 에낵트, 행하다, 법으로 정하다	동	**enact** [inǽkt][enǽkt]
11	천	천, 직물, 편물, 짜임새, 구조, 조직	명	**fabric** [fǽbrik]

12	봉	봉헌하다, 바치다, 전념하다, 신성하게 하다	동	consecrate [kánsəkrèit]
13	볼	볼륨, 음량, 책, 용적, 부피	명	volume [vɔ́lju:m]
14	수	수퍼림, 최고의, 최상의, 가장 중요한	형	supreme [su/əprí:m]
15	록	록(로)케이션, 장소, 위치, 부지, 소재	명	location [loukéiʃən]
16	아	아커텍쳐, 건축술, 건축학	명	architecture [á:rkətèktʃər]
17	름	음성적으로, 명확하지 않게, 모호하게	부	obscurely [əbskjúərli]
18	립	립립힌, 숨 믹힐 듯힌, 게게묵은	형	stuffy [stʌ́fi]
19	고	고혹적인, 유혹하는, 호리는, 매력 있는	형	seductive [sidʌ́ktiv]
20	신	신택스, 구문론, 통사론	명	syntax [síntæks]
21	기	기강, 규율, 훈련, 단련, 수양	명	discipline [dísəplin]
22	하	하이퍼텐션, 고혈압, 긴장 향진(증)	명	hypertension [háipərtènʃən]
23	구	구조, 기계(장치), 기구, 장치, 구조	명	mechanism [mékənìzəm]

24	나	나디, 노디, 장난의, 말을 듣지 않는, 버릇없는,	형	naughty [nɔ́:/ɔ́:ti]
25	철	철회하다, 무효로 하다, 폐지하다	동	repeal [ripíːl]
26	따	따가운, 찌르는 듯한, 관통하는	형	stabbing [stǽbiŋ]
27	라	라스트럼, 연단, 강단, 연설	명	rostrum [rɑ́strəm]
28	고	고통, 괴로움, 고민 ; 괴로워하다	명	anguish [ǽŋgwiʃ]
29	운	운집하다, 떼 지어 모이다 ; 군중, 혼잡	동	throng [θrɔ(ː)ŋ]
30	옷	옷, (특히 여성의) 복장, 의상, 복식, 옷차림	명	costume [kɑ́stjuːm, / kɑ́s-]
31	갈	갈겨쓰다, 낙서하다, 흘려 쓰다	동	scribble [skríbəl]
32	아	아너러블, 떳떳한, 명예로운, 존경할만한	형	honorable [ɑ́nərəbəl]
33	입	입(이)펙츄얼, 효과적인, 효험이 있는, 유효한	형	effectual [iféktʃuəl]
34	는	언던, 풀어진, 끌러진, 벗겨진	형	undone [ʌndʌ́n]
35	산	산정하다, 계산하다, 추계하다	동	calculate [kǽlkjəlèit]

36	이	이내너미트, 김빠진, 생명 없는, 무생물의	형	inanimate [inǽnəmit]
37	름	음지, 어두컴컴함, 어두운 곳, 무명	명	obscurity [əbskjúərəti]
38	도	도덕상으로, 도덕적으로, 사실상	부	morally [mɔ́(ː)rəli]
39	아	아디컬러레이트, 또렷또렷 발음하는, 발음이 분명한, 명료한	형	articulate [ɑːrtíkjəlèit]
40	름	음모, 공모, 모의, 모반	명	conspiracy [kənspírəsi]
41	다	다이얼렉트, 방언, 사투리	명	dialect [dáiəlèkt]
42	워	워어십, 숭배하다, 존경하다, 에배하다	동	worship [wə́ːrʃip]
43	금	금하다, 허락하지 않다, 금지하다	동	forbid [fəːrbíd]
44	강	강화하다, 결합하다, 통합하다	동	consolidate [kənsálədèit / -sɔ́l-]
45	이	이노우베이션, 혁신, 개혁, 일신, 쇄신	명	innovation [ìnouvéiʃən]
46	라	라이블리, 경쟁, 대항, 맞겨룸	명	rivalry [ráivəlri]
47	네	네임드랍핑, 저명인사를 친구인 듯 하며 젠체함	명	name-dropping [néimdràpiŋ]

| 48 | 금 | 금욕, 절제, 금주 | 명 | abstinence [ǽbstənəns] |

48 금 금욕, 절제, 금주　명 abstinence [ǽbstənəns]

49 강 강간하다, 성폭행하다, 약탈하다　동 rape [reip]

50 이 이니셜, 처음의, 최초의, 시작의　형 initial [iníʃəl]

51 라 라이어트, 폭동, 소동, 혼란, 방탕　명 riot [ráiət]

52 네 네이블, 해군의, 군함의, 해군력이 있는　형 naval [néivəl]

29 노을 지는 강가에서

1	노	노토리어스, 악명 높은, 소문난	형	**notorious** [noutɔ́:riəs]
2	을	얼 임포턴트, 극히 중요한, 없어서는 안 될	형	**all-important** [əl-impɔ́:rtənt]
3	지	지각 있는, 신중한, 분별력 있는	형	**discreet** [diskrí:t]
4	는	언삣, 부적당한, 적임이 아닌, 어울리지 않는	형	**unfit** [ʌnfit]
5	강	강력한, 세력 있는, 유력한, 힘센	형	**potent** [póutənt]
6	가	가장, 거짓, 치레, 흉내 ; 서릿의, 가공의, ～인 제하는	명	**make-believe** [meɪkbɪliːv]
7	에	에일, ～을 괴롭히다, 고통을 주다, 아픔을 느끼다, 앓다	동	**ail** [eil]
8	서	서브듀, 섭듀, 정복하다, 복종시키다	동	**subdue** [səbdjú:]
9	그	그레브티, 지구 인력, 중력	명	**gravity** [grǽvəti]
10	림	림, 가장자리, 테두리, 테	명	**rim** [rim]
11	을	얼리비에이디브, 경감하는, 완화시키는	형	**alleviative** [əlí:vièitiv, -viə-]

Part Ⅲ 국민 애창동요 ①

12	그	그래블, 자갈 ; 자갈을 덮다	명	**gravel** [grǽvəl]
13	려	엿듣다, 몰래 듣다, 도청하다	동	**eavesdrop** [iːvzdrɒp/-drɔ̀p]
14	어	어퀘인튼스, 아는 사람, 지식, 면식	명	**acquaintance** [əkwéintəns]
15	요	요람, 목록, 안내서 ; 손의, 손으로 하는	명	**manual** [mǽnjuəl]
16	그	그럼블, 푸념하다, 불평하다, 투덜대다, 중얼거리다	동	**grumble** [grʌ́mbəl]
17	리	리디컬러스, 웃기는, 바보 같은, 어리석은, 엉뚱한	형	**ridiculous** [ridíkjələs]
18	고	고오지, 목구멍, 식도, 협곡	명	**gorge** [gɔːrdʒ]
19	도	도안, 징병, 초벌, 밑그림, 설계도, 초고	명	**draft** [dræft / drɑːft]
20	화	화디즈 콜드, 이른바, 소위		**what is called**
21	지	지중해의, 지중해 연안의	형	**mediterranean** [mèdətəréiniən]
22	가	가죽, 무두질한 가죽, 가죽제품	명	**leather** [léðəːr]
23	득	득점하다, 점수를 얻다 ; 20, 스무 사람	동	**score** [skɔːr]

24	히	히레더테리, 세습의, 부모한테 물려받은	형	hereditary [hirédətèri]
25	내	내그, 잔소리하다, 바가지 긁다, 괴롭히다	동	nag [næg]
26	마	마아블, 불가사의 한 일[것·사람], 놀라운 일, 경이	명	marvel [má:rv-əl]
27	음	엄포를 놓다, 고함치다, 호통 치다, 야단치다, 거세게 몰아치다	동	bluster [blʌ́stər]
28	을	얼리전스, 충성, 충절, 의무	명	allegiance [əlí:dʒəns]
29	그	그리버스, 슬픈, 통탄할, 비통한, 괴로운, 고통스러운, 쓰라린	형	grievous [grí:vəs]
30	렸	엿보다, 슬쩍 들여다 보다		have [get·take] a peep at ~
31	어	어미스, 적합하지 않은, 부적당한, 형편이 나쁜	형	amiss [əmís]
32	요	요란, 법석, 떠들썩함, 소음, 격정	명	tumult [tjú:mʌlt]
33	나	나머네이트, 지명하다, 임명하다	동	nominate [námənèit]
34	지	지름길, 최단로	명	shortcut [ʃɔ́:rtkʌ̀t]
35	막	막, 조롱하다, 놀리다, 모방하다	동	mock [mɑk]

36	한	한 자리 숫자, 손가락, 아라비아 숫자	명	digit [dídʒit]
37	언	언디자이어블, 달갑지 않은, 바람직하지 않은	형	undesirable [ʌndizáiərəbəl]
38	덕	덕목, 미덕, 덕, 선행, 장점	명	virtue [və́:rtʃuː]
39	위	위드 리스펙트 투, ~에 대하여		with respect to ~
40	에	에익, 아픔 ; 아프다, 쑤시다	명	ache [eik]
41	좁	좁은, 답답한 ; 해협, 궁상, 곤란	형	strait [streit]
42	다	다이어그램, 도표, 도형	명	diagram [dáiəgræm]
43	란	난감한, 견딜 수 없는, 참을 수 없는	형	intolerable [intálərəbəl / -tɔ́l-]
44	오	오브 리틀 칸스퀀스, 별로 중요하지 않은		of little consequence
45	솔	솔리드, 살리드, 든든한, 견고한	형	solid [sálid]
46	길	길들이다, 습관화되다		be accustomed to
47	따	따라서, 그러므로, 지금부터	부	hence [hens]

48	라	라우즈, 깨우다, 일으키다, 의식을 회복시키다	동	**rouse** [rauz]
49	키	키드냅, 유괴하다, 채가다, 꾀어내다	동	**kidnap** [kídnæp]
50	작	작은 가지, 잔가지, 가는 가지	명	**twig** [twig]
51	은	언도온티드, 굴하지 않는, 불굴의, 용감한	형	**undaunted** [ʌndɔ́:ntid]
52	코	코우인서든스, 우연의 일치, 동시 발생, 부합	명	**coincidence** [kouínsədəns]
53	스	스땐스, 발의 자세, 발 디딤	명	**stance** [stæns]
54	모	모노플리, 미니플리, 전매권, 독점권	명	**monopoly** [mənápəli]
55	스	스쁘라웃, 움이 돋아나다, 싹이 트다, 발아하다	동	**sprout** [spraut]
56	가	가계, 문벌, 조상, 선조, 계통, 발단	명	**ancestry** [ǽnsestri]
57	하	하이파떠시스, 가설, 가정, 전제, 단순한 추측, 억측	명	**hypothesis** [haipάθəsis]
58	늘	늘어나다, 증가하다		**be on the increase**
59	대	대갚다, 보복하다 앙갚음하다	동	**revenge** [rivéndʒ]

60	는	언로우드, 짐을 부리다, 내리다	동	**unload** [ʌnlóud]
61	그	그라운디드, 근거가 있는, 기초를 둔	형	**grounded** [gráundid]
62	속	속성, 성질, 특성, 재산, 자산	명	**property** [prápərti / próp-]
63	에	에머넌스, 명성, 고명, 고위, 높음	명	**eminence** [émənəns]
64	서	서스테인, 지탱하다, 떠받치다, 유지하다,	동	**sustain** [səstéin]
65	엄	엄호사격, 연발 ; 격렬하게 공격하다	명	**barrage** [bərάːdʒ / bǽraːʒ]
66	마	마아쉬, 소택지, 습지, 늪	명	**marsh** [maːrʃ]
67	아	아큐펀트, 점유자, 거주자, 선점자	명	**occupant** [ákjəpənt]
68	빠	빠인딩, 발견물, 습득물, 발견	명	**finding** [fáindiŋ]
69	손	손상되지 않은, 본래대로의, 완전한	형	**intact** [intǽkt]
70	잡	잡다, 붙잡다, 손에 쥐다		**take hold of ~**
71	고	고통, 비통, 격통, 고민, 번민	명	**pang** [pæŋ]

72	웃	웃다, 비웃다, 조롱하다, 조소하다	동	scoff [skɔːf, skɑf]
73	고	고안하다, 발명하다, 연구하다	동	contrive [kəntráiv]
74	있	있(이)터널, 영구한, 영원한, 불멸의	형	eternal [itə́ːrnəl]
75	는	언무브드, 확고한, 마음이 흔들리지 않는, 냉정한	형	unmoved [ʌnmúːvd]
76	내	내로우-마인디드, 마음[도량]이 좁은, 편협한	형	narrow-minded [nǽroumáindid]
77	모	모우디시, 유행하는, 현대풍의	형	modish [móudiʃ]
78	습	습도, 습기, 습윤 ; absolute [relative] humidity 절대[상대]습도	명	humidity [huːmídəti]
79	을	얼라인, 일직선이 되게 하다, 열로 정렬시키다, 제휴하다	동	align [əláin]
80	그	그랩, 움켜잡다, 잡아채다, 붙잡다	동	grab [grǽb]
81	려	엿듣다, 귓결에 듣다, 도청하다	동	overhear [òuvərhíər]
82	어	어지, 서두르다, 재촉하다, 노력하게 하다	동	urge [əːrdʒ]
83	요	요지부동의, 확고부동한, 고정된	형	steadfast [stédfæ̀st]

30 우리들 마음에 빛이 있다면 1절

1	우	우려먹다, 강탈하다, 억지로 빼앗다	동	**extort** [ikstɔ́ːrt]
2	리	리시프로케이트, 주고받다, 교환하다	동	**reciprocate** [risíprəkèit]
3	들	들러붙는, 부착하는, 접착성이 강한	형	**adherent** [ædhíərənt]
4	마	마운트, 올라타다, (말위에) 타다, 오르다	동	**mount** [maunt]
5	음	음, 음조, 음성, 각서, 비망록	명	**note** [nout]
6	에	에그자일, 추방(하다), 망명하다	동	**exile** [égzail]
7	빛	빛나는, 밝은, 찬란한	형	**radiant** [réidiənt]
8	이	이미트, 내뿜다, 발산하다	동	**emit** [imít]
9	있	있 이즈 노우 유스 -ing, ~해도 소용없다 ; It is no use crying over spilt milk. 엎질러진 우유는 다시 담을 수 없다.		It is no use -ing =It is no good -ing
10	다	다지, 도지, 비키다, 피하다, 확 몸을 움직이다	동	**dodge** [dɑdʒ / dɔdʒ]
11	면	면전에서, 정면으로, 공공연하게 ; laugh in her face 그녀 앞에서 비웃다		in one's face

| 12 | 여 | 여승, 수녀 | 명 | nun [nʌn] |

| 13 | 름 | 음욕의, 육체의, 육욕적인, 세속적인 | 형 | carnal [káːrnl] |

| 14 | 엔 | 엔뚜-지애스딕, 열렬한, 열광적인, 열성적인 | 형 | enthusiastic [enθùːziǽstik] |

| 15 | 여 | 여승, 수녀 | 명 | nun [nʌn] |

| 16 | 름 | 음욕의, 육체의, 육욕적인, 세속적인 | 형 | carnal [káːrnl] |

| 17 | 엔 | 엔뚜-지애스딕, 열렬한, 열광적인, 열성적인 | 형 | enthusiastic [enθùːziǽstik] |

| 18 | 파 | 파라마운트, 패러마운트, 아주 중요한, 최고의, 지상의 | 형 | paramount [pǽrəmaunt] |

| 19 | 랄 | 알(물고기·개구리 따위의), (알에서) 갓 부화한 새끼 | 명 | spawn [spɔːn] |

| 20 | 거 | 거리를 두다, 떼다, 분리하다, 떨어지게 하다 | 동 | detach [ditǽtʃ] |

| 21 | 예 | 예상하다, 예감하다, 내다보다, 기대하다 | 동 | anticipate [æntísəpèit] |

| 22 | 요 | 요새, 성채, 안전한 곳 | 명 | fortress [fɔ́ːrtris] |

| 23 | 산 | 산문, 평범, 단조, 단조로운 이야기 | 명 | prose [prouz] |

24	도	도덕(상의), 윤리상의, 양심적인	형	**moral** [mɔ́(ː)rəl]
25	들	들러붙다, 고착하다, 매달리다, 집착하다	동	**cling** [kliŋ]
26	도	도울뻘, 슬픈, 쓸쓸한, 음울한	형	**doleful** [dóulfəl]
27	나	나블, 이색적인, 색다른	형	**novel** [návəl]
28	무	무드, 기분, 마음가짐, 분위기	명	**mood** [muːd]
29	도	도약하다, 비약하다 ; 둥근 천장, 아치형 천장	동	**vault** [vɔːlt]
30	파	파운드, 고동치다, 심장이 두근거리다	동	**pound** [paund]
31	란	난동, 소란, 소동, 소음	명	**uproar** [ʌ́prɔ̀ːr]
32	잎	잎(이)삐션시, 능률, 능력, 유능, 유효성	명	**efficiency** [ifíʃənsi]
33	으	어텐티브, 은근한, 마음을 쓰는, 세심한	형	**attentive** [əténtiv]
34	로	로우스트, 굽다, 익히다, 불에 쬐다	동	**roast** [roust]
35	파	파이어럿, 해적, 해적선, 표절자, 도작자, 저작권 침해자	명	**pirate** [páiərət]

36	랏	랏, 썩음, 부패 ; 썩다, 부패하다	똉	rot [rɑt / rɔt]
37	게	게이어티, 유쾌, 명량, 쾌활	똉	gaiety [géiəti]
38	파	파이어럿, 해적, 해적선, 표절자, 도작자, 저작권 침해자	똉	pirate [páiərət]
39	랏	랏, 썩음, 부패 ; 썩다, 부패하다	똉	rot [rɑt / rɔt]
40	게	게이어티, 유쾌, 명량, 쾌활	똉	gaiety [géiəti]
41	덮	덮어놓고, 임의대로, 독단적으로	뿌	arbitrarily [áːrbitrὲrili]
42	인	인덜지 인, ~에 빠지다, 탐닉하다, 슬기나	똥	indulge in ~ [ɪndʌldʒ]
43	속	속국, 보호령, 부속건물	똉	dependency [dipéndənsi]
44	에	에디, 소용돌이, 회오리바람	똉	eddy [édi]
45	서	서틀, 서를, 섬세한, 예민한, 명민한	혱	subtle [sʌ́tl]
46	파	파이어니어, 개척하다 ; 개척자, 솔선자, 선봉	똥	pioneer [pàiəníər]
47	란	란드리, 세탁, 세탁물, 세탁실	똉	laundry [lɔ́ːndri]

48	하	하이드, 은닉하다, 숨기다	동	hide [haid]
49	늘	늘어진, 활기 없는, 진척되지 않는	형	languid [lǽŋgwid]
50	보	보오더, 하숙인, 기숙생, 기숙하는 사람	명	boarder [bɔ́:rdər]
51	며	머터–, 중얼거리다, 불평하다, 투덜대다	동	mutter [mʌ́tə:r]
52	자	자기 방식으로		on one's own terms
53	라	라쁠리 스삐킹, 대략 (말하면), 대체로.		roughly speaking
54	니	니게이션, 부정, 부인, 취소, 논박	명	negation [nigéiʃən]
55	까	까다로운, 괴팍스러운, 가리는	형	fastidious [fæstídiəs]
56	요	요원, 인원, 전직원 ; 직원의, 인사의	명	personnel [pə̀:rsənél]

31 우리들 마음에 빛이 있다면 2절

57	우	우려하는, 염려하는, 걱정하는, 근심하는, 이해가 빠른	형	**apprehensive** [æprihénsiv]
58	리	릴(리)리이브, 안심시키다, 구원하다	동	**relieve** [rilíːv]
59	들	들어붓다, 퍼붓다, 따르다, 쏟다	동	**pour** [pɔːr]
60	마	마이그레이션, 이주, 이동, 이전	명	**migration** [maigréiʃən]
61	음	음모, 술책, 밀통, 내통	명	**intrigue** [intríːg]
62	에	에벌루션, 전개, 발전, 진화	명	**evolution** [évəlúːʃən]
63	빛	빛나다, 반짝이다	동	**glisten** [glísn]
64	이	이베이드, 면하다, 피하다, 벗어나다	동	**evade** [ivéid]
65	있	있(이)터레이트, 되풀이하다, 반복하다	동	**iterate** [ítərèit]
66	다	다안트, 도온트, 으르다, 주춤하게 하다, 기세를 꺾다	동	**daunt** [dɔːnt]
67	면	면허하다, 허가하다, 허락하다, 인가하다, 용납하다, 묵인하다	동	**permit** [pəːrmít]

68	겨	겨, 찌꺼기, 왕겨, 여물	명	chaff [tʃæf / tʃɑːf]
69	울	울퉁불퉁한, 덜컹덜컹하는, 부침이 심한	형	bumpy [bʌ́mpi]
70	엔	엔터프라이즈, 기업(체), 사업, 기업경영	명	enterprise [éntərpràiz]
71	겨	겨, 찌꺼기, 왕겨, 여물	명	chaff [tʃæf / tʃɑːf]
72	울	울퉁불퉁한, 덜컹덜컹하는, 부침이 심한	형	bumpy [bʌ́mpi]
73	엔	엔터프라이즈, 기업(체), 사업, 기업경영	명	enterprise [éntərpràiz]
74	하	하-트닝, 가슴 뿌듯한, 격려가 되는	형	heartening [hɑ́ːrtniŋ]
75	얄	얄궂은, 이상한, 기묘한, 기이한, 야릇한	형	quaint [kweint]
76	거	거들, 띠, 허리띠	명	girdle [gə́ːrdl]
77	예	예감, 전조, 조짐 ; 전조가 되는, 불길한	명	foreboding [fɔːrbóudiŋ]
78	요	요컨대, 간단히 말하자면		in brief
79	산	산만한, 단편적인, 일관성이 없는, 변덕스러운	형	desultory [désəltɔ̀ːri]

80	도	도울, 분배, 시주, 의연품, 시여	명	dole [doul]
81	들	들려주다, 알리다, 통지하다	동	inform [infɔ́:rm]
82	도	도박하다, 내기를 하다, 투기하다	동	gamble [gǽmbəl]
83	지	지네딕스, 유전학, 유전적 특질	명	genetics [dʒinétiks]
84	붕	붕대, 눈 가리는 헝겊, 안대	명	bandage [bǽndidʒ]
85	도	도움, 둥근 천장, 둥근 지붕	명	dome [doum]
86	히	하모니, 조화, 화합, 일치	명	harmony [há:rməni]
87	얀	얀더, 저쪽의, 저기의 ; 저쪽에, 저기에 ; the yonder side 저쪽	형	yonder [jándə:r]
88	눈	눈을 직시하다		look one in the eye
89	으	어프리시에이트, 쳐주다, 인정하다, 감상하다, 감사하다	동	appreciate [əprí:ʃièit]
90	로	로우지, 밝은, 장밋빛의, 유망한, 낙관적인	형	rosy [róuzi]
91	하	하일리, 높이, 고도로, 세게, 대단히	부	highly [háili]

92	얄	야기하다, 일으키다, 유도하다		lead to ~
93	게	게이즈 앳, ~를 응시하다		gaze at
94	하	하일리, 높이, 고도로, 세게, 대단히	부	highly [háili]
95	얄	야기하다, 일으키다, 유도하다		lead to ~
96	게	게이즈 앳, ~를 응시하다		gaze at
97	덮	덮어놓고, 무모하게, 분별없이	부	recklessly [réklisli]
98	인	인스팅티브, 본능적인, 직감적인	형	instinctive [instíŋktiv]
99	속	속담, 격언, 금언	명	proverb [právəːrb]
100	에	에니띵 벗, ~외에는 무엇이든지, 결코 ~은 아닌(=never) ; I will do anything but that, 그것만은 못해.		anything but
101	서	서브(섭)시퀀트, 그 다음의, 그 뒤의	형	subsequent [sʌ́bsikwənt]
102	깨	깨우다, 일깨우다, 불러일으키다	동	awaken [əwéikən]

103	끗	끄르다, 풀다, 놓아주다, 늦추다	동	loosen [lú:sn]
104	한	한탄하다, 개탄하다, 유감으로 여기다	동	deplore [diplɔ́:r]
105	마	마이저, 구두쇠, 수전노, 노랑이	명	miser [máizər]
106	음	음험한, 교활한, 방심할 수 없는	형	insidious [insídiəs]
107	으	어뻐-엄, 확언하다, 단언하다, 긍정하다	동	affirm [əfə́:rm]
108	로	로우뻐, 빈들거리는 사람, 땡땡이 부리는 사람, 게으름뱅이	명	loafer [lóufər]
109	자	자격을 부어하다, 제목을 붙이디	동	entitle [entáitl]
110	라	라이처스니스, 올바름, 공정, 올곧음	명	righteousness [ráitʃəsnis]
111	니	니글렉, 게을리 하다, 무시하다, 경시하다	동	neglect [niglékt]
112	까	까다로운, 엄격한, 엄중한	형	stringent [stríndʒənt]
113	요	요술, 마법, 주술, 마력, 매력	명	witchcraft [wítʃkræ̀ft]

Part Ⅳ

노래가사 첫말잇기로 자동암기

국민 애창동요 (2)

순서

32 나의 살던 고향은 1절

1 **나** 나잇뽀–올, 해질녘, 황혼, 땅거미 · 명 **nightfall**
[náitfɔ̀:l]

2 **의** 의식(의), 관습(의), 제식의, 관례의 · 형 **ritual**
[rítʃuəl]

3 **살** 살스티스, 최고점, 극점, 전환점 · 명 **solstice**
[sálstis / sɔ́l-]

4 **던** 던지다, (그물을) 치다, 드리우다, · 동 **cast**
[kæst, kɑːst]

5 **고** 고유의, 특색을 이루는, 독자적인 · 형 **characteristic**
[kæ̀riktərístik]

6 **향** 향상시키다, 개량하다, 개선하다 · 동 **better**
[bétər]

7 **은** 언이븐리, 한결같지 않게,
고르지 않게 · 부 **unevenly**
[ʌníːvənli]

8 **꽃** 꽃받침 · 명 **sepal**
[síːpəl]

9 **피** 피어, 자세히 들어다보다, 응시하다 · 동 **peer**
[piər]

10 **는** 언워런티드, 보증이 되지 않은,
보증이 없는 · 형 **unwarranted**
[ʌnwɔ́(ː)rəntid, -wɑ́r-]

11 **산** 산들바람, 미풍, 연풍, 소문 · 명 **breeze**
[briːz]

12	골	(~에) 골몰하다, 몰두하다, ~에 열중하다, 빠지다		be engrossed in
13	복	복(보)케이션, 직업, 생업, 장사	명	vocation [voukéiʃən]
14	숭	숭고한, 장엄한, 웅대한, 최고의, 탁월한	형	sublime [səbláim]
15	아	아우트레이지, 겁탈, 폭행, 능욕 ; 성폭행하다	명	outrage [áutrèidʒ]
16	꽃	꽃가루, 화분	명	pollen [pálən]
17	살	살러스, 위로(하다), 위안을 주다	동	solace [sáləs]
18	구	구즈 상품 물건, 물자, 물품, 재산	명	goods [gudz]
19	꽃	꽃송이, 개화, 만발, 개화기	명	blossom [blásəm]
20	아	아큘러, 눈의, 눈에 의한, 시각의	형	ocular [ákjələr]
21	기	기능, 능력, 재능, 수완, 재력 ; 학과, 교수단	명	faculty [fǽkəlti]
22	진	진보적인, 전진하는, 진보주의의	형	progressive [prəgrésiv]
23	달	달관한, 철학의, 철학에 통달한	형	philosophic [filəsáfik]

24	래	래비시, 아낌없는, 낭비 버릇이 있는, 활수한 ; 낭비하다	형	lavish [lǽviʃ]
25	울	울부짖다, 소리치다, 비명을 지르다	동	scream [skri:m]
26	긋	긋고 마시다, 외상으로 마시다		drink on credit
27	불	불법의, 부정한, 불의의	형	illicit [illísit]
28	긋	(바람 · 비 따위를) 긋다, 피하다, 숨기다, 보호하다	동	shelter [ʃéltəːr]
29	꽃	꽃꽂이		flower arrangement
30	대	대리(권), 위임장, 대리권, 대리인	명	proxy [práksi]
31	궐	궐기하다, 다시 불러 모으다, 재편성하다	동	rally [rǽli]
32	차	차아지, 고발하다, 비난하다	동	charge [tʃɑːrdʒ]
33	리	리(릴)라이어블, 든든한, 믿을만한	형	reliable [riláiəbəl]
34	인	인트린식, 본질적인, 본래의, 고유의	형	intrinsic [intrínsik]
35	동	동족의, 조상이 같은	형	cognate [kágneit]

36	네	네글리제이, 실내복, 평상복	명	negligeé [négliʒèi]
37	그	그로우 인투 ~, (성장하여) ~이 되다, 익숙해지다		grow into ~
38	속	속박, 강제, 구속, 억제, 압박감	명	constraint [kənstréint]
39	에	에어보온, 하늘에 떠 있는	형	airborne [ɛəˈbɔːrn]
40	서	서프레스, 은폐하다, 숨기다, 억압하다	동	suppress [səprés]
41	놀	놀리다, 조롱하다, 비웃다		make fun of
42	던	던전, 토굴, 감옥, 이성	명	dungeon [dʌ́ndʒən]
43	때	때리다, 찰싹 때리다	동	slap [slæp]
44	가	가축의, 수의학의, 가축병 치료의 ; 수의사	형	veterinary [vétərənèri]
45	그	그로우스, 총체의, 총계의	형	gross [grous]
46	립	립, 찢다, 쪼개다, 찢어 열다	동	rip [rip]
47	습	습격하다, 허를 찌르다, 불시에 덮치다		take by surprise

48	니	니들워-억, 바느질, 뜨개질	명	needlework [níːdlwə̀ːrk]
49	다	다이버스빠이, 다양화하다, 분산시키다	동	diversify [daivə́ːrsəfài]

33 나의 살던 고향은 2절

50	꽃	꽃가루받이하다, 수분하다	동 pollinate [pálənèit]
51	동	동료, 친구, 동아리, 회사	명 company [kʌ́mpəni]
52	네	네이키드, 벌거벗은, 나체의, 적나라한	형 naked [néikid]
53	새	새프, 샙, 수액, 액즙, 활력	명 sap [sæp]
54	동	동료, 상대, 친구, 반려, 동반자	명 companion [kəmpǽnjən]
55	네	네이즐, 코의, 콧소리의, 비음의	형 nasal [néizəl]
56	나	나레이트, 네레이트, 이야기 하다, 서술하다	동 narrate [nǽréit]
57	의	의견, 제안, 제의, 암시	명 suggestion [səgdʒéstʃən]
58	옛	옛날, 오래됨, 낡음, 고색, 고풍	명 antiquity [æntíkwəti]
59	고	고우 온 위드 ~, ~을 계속하다 ; He went on with the work. 그는 일을 계속했다.	go on with ~
60	향	향기, 향내, 냄새, 향수	명 scent [sent]

61	파	파치, 볶다, 굽다, 태우다, 바싹 말리다	동	parch [pɑːrtʃ]
62	란	난관, 위기, 갈림길, 중대국면	명	crisis [kráisis]
63	들	들쭉날쭉한, 톱니 모양을 한	형	indented [indéntid]
64	남	남긴 재산, 유산, 상속재산	명	inheritance [inhéritəns]
65	쪽	쪽빛, 남색, 쪽	명	indigo [índigòu]
66	에	에스떼메이티드, 어림의, 예상의	형	estimated [éstəmèitid]
67	서	서스펜스, 어중간, 미결정, 미정, 긴장감, 불안	명	suspense [səspéns]
68	바	바운들리스, 한량없는, 무한한, 끝없는	형	boundless [báundlis]
69	람	암시, 내포, 함축, 관계, 관련	명	implication [ìmpləkéiʃən]
70	이	이너트, 활발치 못한, 생기 없는, 둔한, 활동력이 없는	형	inert [inə́ːrt]
71	불	불꽃, 불길, 광휘, 확 타오름	명	blaze [bleiz]
72	면	면죄, 면소, 석방, 방면, 변제	명	acquittal [əkwítəl]

73	냇	냇셔낼러티, 국적, 국민성	명	nationality [næ̀ʃənǽləti]
74	가	가시성, 가시도, 선명도, 선명성, 눈에 보임	명	visibility [vìzəbíləti]
75	에	에어리, 공기 같은, 공허한	형	airy [ɛ́əri]
76	수	수퍼바이즈, 감독하다, 지휘하다	동	supervise [súːpərvàiz]
77	양	양도할 수 없는, 침해할 수 없는, 빼앗을 수 없는	형	inalienable [inéiljənəbəl]
78	버	버추얼리, 사실상, 실질적으로	부	virtually [vɔ́ːrtʃuəli]
79	들	들리는, 청취 가능한, 가청의	형	audible [ɔ́ːdəbl]
80	춤	추출하다, 뽑아내다, 빼어내다, 캐내다, 잘라내다	동	extract [ikstrǽkt]
81	추	추적, 추격, 추구, 수행, 속행	명	pursuit [pərsúːt]
82	는	언그레이트쁠, 은혜를 모르는, 감사할 줄 모르는	형	ungrateful [ʌngréitfəl]
83	동	동정심이 있는, 자비로운, 온정적인	형	compassionate [kəmpǽʃəneit]
84	네	네이브, 악한, 무뢰한, 악당	명	knave [neiv]

85	그	그래쁘트, 이식하다, 접목하다 ; 접목	동 graft [græft]
86	속	속상하게 하다, 노하게 하다, 격앙시키다	동 exasperate [igzǽspərèit, -rit]
87	에	에일먼트, 우환, 병, 가벼운 병	명 ailment [éilmənt]
88	서	서셉터블, 다정다감한, 민감한	형 susceptible [səséptəbəl]
89	놀	놀라게 하다, 아연실색케 하다, 깜짝 놀라게 하다	동 astound [əstáund]
90	던	던크, (빵 따위를 음료에) 적시다, 담그다	동 dunk [dʌŋk]
91	때	때 묻지 않은, 순결한, 처녀의, 무구한	형 virginal [və́:rdʒənl]
92	가	가능성, 잠재력 ; 잠재적인, 가능한, 가능성이 있는	명 potential [pouténʃəl]
93	그	그로우테스크, 기괴한, 이상한, 괴상한	형 grotesque [groutésk]
94	립	립플, 잔물결, 파문, 작은 여울	명 ripple [ríp-əl]
95	습	습기 있는, 축축한, 습성의	형 moist [mɔist]
96	니	니틀리, 깨끗하게, 적절히	부 neatly [ní:tli]
97	다	다우, 그대는, 당신은(you의 주격형)	대 thou [ðau]

210 게으른 학습자 도 효과만점 수능용

34 개구리 소년

1	개	개시, 깊이 베인 상처, 갈라진 틈	명	gash [gæʃ]
2	구	구체화 하다, 유형화하다, 구현하다	동	embody [embádi]
3	리	리클라인, 기대게 하다, 눕히다, 기대다, 눕다	동	recline [rikláin]
4	소	소우, 바느질하다, 꿰매다, 깁다	동	sew [sou]
5	년	연합한, 동맹한, 공모한 ; 동맹국, 연합국	형	confederate [kənfédərit]
6	개	개시, 깊이 베인 상처, 갈라진 틈	명	gash [gæʃ]
7	구	구체화 하다, 유형화하다, 구현하다	동	embody [embádi]
8	리	리클라인, 기대게 하다, 눕히다, 기대다, 눕다	동	recline [rikláin]
9	소	소우, 바느질하다, 꿰매다, 깁다	동	sew [sou]
10	년	연합한, 동맹한, 공모한 ; 동맹국, 연합국	형	confederate [kənfédərit]
11	네	네이더, 최하점, 최저점, 천저	명	nadir [néidər]

12	가	가로지르다, 횡단하다, 관통하다, 통과하다	(동)	traverse [trǽvəːrs]
13	울	울타리, 담, 구내, 땅	(명)	enclosure [enklóuʒər]
14	면	면모, 생김새, 용모, 안색, 표정	(명)	countenance [káuntənəns]
15	무	무빙 픽쳐, 영화		móving pícture
16	지	지역, 구역, 선거구	(명)	district [dístrikt]
17	개	개시하다, 시작하다, 시작되다, 개업하다	(동)	commence [kəméns]
18	연	연속적으로, 차례차례, 잇따라		one after another
19	못	못(모)티–쁘, 주제, 특색, 자극, 동기	(명)	motif [moutíːf]
20	에	에이페들러스, 꽃잎이 없는	(형)	apetalous [eipétələs]
21	비	비비드, 또렷한, 생생한, 활발한, 선명한	(형)	vivid [vívid]
22	가	(타격·상처·고통 따위를) 가하다, 주다, 입히다	(동)	inflict [inflíkt]
23	온	온 비해쁘–브, ~을 대표하여, 대신하여		on behalf of ~

24	단	단련, 훈련, 반복연습, 교련	명	drill [dril]
25	다	다양한, 다채로운, 다각적인, 변화 많은	형	diversified [divə́ːrsəfàid]
26	비	비 앳떠 로스, 비 앳 어 로스, 쩔쩔매다, 당황하다		be at a loss
27	바	바이섹트, 이등분하다, 양분하다	동	bisect [baisékt]
28	람	남부끄러운, 명예를 손상시키는, 의심을 초래하는	형	compromising [kámprəmàiziŋ]
29	몰	몰드, 모울드, 모양을 만들다, 주조하다	동	mold [mould]
30	이	아더 띵즈 비잉 이퀄, 같은 값이면, 기왕이면		other things being equal
31	쳐	쳐들어가다, 침입하다, 침공하다	동	invade [invéid]
32	도	도먼시, 수면, 동면, 잠복, 정지, 휴지	명	dormancy [dɔ́ːrmənsi]
33	이	이즈 업, ~을 완화하다, 용이하게 하다		ease up ~
34	겨	겨우, 간신히, 가까스로, 거의 ~없다	부	barely [béərli]
35	내	내셔늘, 국민의, 국가의, 전국적인	형	national [nǽʃənnəl]

36	고	고갈된, 소모된, 다 써버린, 기운이 빠진, 지쳐버린	형	exhausted [igzɔ́:stid]
37	일	일리머네이션, 배제, 제거, 소거	명	elimination [ilìmənéiʃən]
38	곱	곱하다, 늘리다, 증가시키다, 배가하다	동	multiply [mʌ́ltəplài]
39	번	번쩍번쩍하다, 빛나다, 번쩍이다	동	glitter [glítər]
40	넘	넘보는, 샘하는, 부러워하는, 질투심이 강한	형	envious [énviəs]
41	어	어마운트 투, (~에) 달하다, 이르다		amount to ~
42	져	져스틀리, 바르게, 공정하게, 당연하게	부	justly [dʒʌ́stli]
43	도	도네이션, 기부, 증여, 기증, 기증품	명	donation [dounéiʃən]
44	일	일러스트레이트, 설명하다, 예증하다, 삽화를 넣다	동	illustrate [íləstrèit, ilʌ́streit]
45	어	어도온, 다듬다 , 꾸미다, 장식하다	동	adorn [ədɔ́:rn]
46	나	나머네이터, 지명자, 임명자, 추천자	명	nominator [námənèitər / nám-]
47	라	라이 인, ~에 달려 있다, ~에 의존하다(depend on)		lie in

48	울	울리다, 진동하다, 흔들리다	동	vibrate [váibreit]
49	지	지아그러삐. 지형, 지리, 지세	명	geography [dʒi:ágrəfi]
50	말	말소하다, 지우다, 삭제하다, 취소하다	동	cancel [kǽnsəl]
51	고	고취시기다, 주입하다, 불어넣다	동	infuse [infjú:z]
52	일	일렉션, 선거, 선임, 선정, 표결	명	election [ilékʃən]
53	어	어딕트 완셀쁘 투, 빠지다, 탐닉하다		addict oneself to ~
54	나	나므너티브, 노미너티브, 주격의, 시명의, 시명에 의힌	형	nominative [nɑ́m-ənətv / nɔ́m-]
55	피	피큘러, 이상한, 특이한, 고유의, 괴상한	형	peculiar [pikjú:ljər]
56	리	리뷰트, 논박하다, 이의를 제기하다, 반박하다	동	refute [rifjú:t]
57	를	얼얼하다, 쑤시다, 따끔따끔 아프다. 얼얼하게 하다	동	tingle [tíŋ-əl]
58	불	불경기의, 경기후퇴의, 불황의	형	recessionary [riséʃənèri]
59	어	어레스트, 잡다, 체포하다, 구속하다	동	arrest [ərést]

60	라	라이닝, 안감, 안대기, 내면, 내층	명	**lining** [láiniŋ]
61	무	무너지다, 붕괴하다, 내려앉다, 부서지다	동	**collapse** [kəlǽps]
62	지	지구, 행성, 하늘에서 이동하는 천체	명	**planet** [plǽnət]
63	개	개럿, 다락방, 맨 위층	명	**garret** [gǽrət]
64	연	연락, 접촉, 연결	명	**liaison** [lí:əzὰn]
65	못	못(모)티비에이션, 자극, 유도, 동기부여	명	**motivation** [mòutəvéiʃ-ən]
66	에	에반젤릭, 이밴젤릭, 복음 ; 복음의	명	**evangelic** [ì:vændʒélik]
67	웃	웃게 하다, 즐겁게 하다, 재미나게 하다	동	**amuse** [əmjú:z]
68	음	음모자, 공모자	명	**conspirator** [kənspírətər]
69	꽃	꽃봉오리, 싹, 발아	명	**bud** [bʌd] **button** [bʌ́tn]
70	핀	핀(삔)드, 마귀, 악마, 악령	명	**fiend** [fi:nd]
71	다	다이어비티스, 당뇨병	명	**diabetes** [dàiəbí:tis, -ti:z]

35 아빠 힘내세요.

1	딩	딩, (종이) 땡땡 울리다, 계속하여 울리다	동 ding [diŋ]
2	동	동호회, 연합, 합동, 협회	명 association [əsòusiéiʃən]
3	댕	댕그랑댕그랑 소리내다, 울리다	동 clang [klæŋ]
4	초	초오, 잡일, 허드렛일, 지루한 일	명 chore [tʃɔːr]
5	인	인데티드, 은혜를 입은, 빚이 있는	형 indebted [indétid]
6	종	종사하다, 약속하다, 속박하다	engage in
7	소	소우 코-올드, 소위, 이른바	형 so-called [sóukɔ́ːld]
8	리	리스트레인, 삼가다, 억제하다	동 restrain [riːstréin]
9	에	에쿼블, 한결 같은, 균등한, 고른	형 equable [ékwəbəl]
10	얼	얼마만큼, 어느 정도(로), 어느 정도까지	to some extent
11	른	언더그라운드, 지하의, 숨은, 비밀의	형 underground [ʌ́ndərgràund]

12	문	문제점이 많은, 위험한	형	**fraught** [frɔːt]
13	을	얼 어라운드 플레이어, 만능선수	명	**all-around player**
14	열	열이 있는, 흥분된, 소모열의	형	**hectic** [héktik]
15	었	었(어)터모스트, 최대한도의, 극도의	형	**uttermost** [ʌ́tərmòust / -məst]
16	더	더스트, 가루 등을 흩뿌리다 ; 먼지	동	**dust** [dʌst]
17	니	니어사이티드, 근시(안)의, 소견이 좁은, 단견의, 근시안적인	형	**nearsighted** [níərsáitid]
18	그	그레이스뻘, 우아한, 품위 있는	형	**graceful** [gréisfəl]
19	토	토운, 어조, 색조, 음조	명	**tone** [toun]
20	록	록(로)캘러티, 위치, 장소, 소재	명	**locality** [loukǽləti]
21	기	기븐, ~을 고려해 볼 때, 정해진, 주어진	형	**given** [gívən]
22	다	다이어볼리즘, 마법, 요술, 악마주의	명	**diabolism** [daiǽbəlìzəm]
23	리	리스트릭, 제한하다, 억제하다, 한정하다, 금지하다	동	**restrict** [ristríkt]

24	던	던져두다, 방치하다, 무시하다		lay aside
25	아	아웃렛, 출구, 배출구, 배수구	명	outlet [áutlet]
26	빠	빠싯, (물통·수도 따위의) 물꼭지, 주둥이, 마개	명	faucet [fɔ́:sit]
27	가	가짜의, 모조의, 위조의, 허위의, 겉치레의	형	counterfeit [káuntərfit]
28	문	문민, 문관, 일반인, 민간인	명	civilian [sivíljən]
29	앞	앞길, 희망, 전망	명	prospect [práspekt]
30	에	에스코트, 호위하다, 경호하다	동	escort [éskɔːrt]
31	서	서쁘리지, 투표, 투표권	명	suffrage [sʌ́fridʒ]
32	계	계산하다, 견적하다, 산정하다, 이해하다		figure out
33	셨	셨(셔)를, 왕복운행	명	shuttle [ʃʌ́tl]
34	죠	(통계) 조사, 인구[국세]조사 ; take a census (of the population) 조사를 하다	명	census [sénsəs]
35	너	너그러이, 관대하게, 편견 없이, 자유로이	부	liberally [líb-ərəli]

36	무	무작위로, 닥치는 대로, 임의로	부	**randomly** [rǽndəmli]
37	나	나아가다, 앞으로 나아가다, 진행하다, 계속하다	동	**proceed** [prousíːd]
38	반	반, 헛간, 광	명	**barn** [bɑːrn]
39	가	가공의, 허위의, 허구의, 꾸민 이야기의	형	**fictitious** [fiktíʃəs]
40	워	워어든, 경비원, 감시원, 교도소 간수	명	**warden** [wɔ́ːrdn]
41	웃	웃을만한, 재미있는, 우스운, 우스꽝스러운	형	**laughable** [lǽfəbəl]
42	으	어프락서메이트, 가깝다, 비슷하다	동	**approximate** [əprɑ́ksəmèit]
43	머	머스큘러, 근육의, 억센, 활력 있는	형	**muscular** [mʌ́skjələːr]
44	아	아머스티스, 휴전, 휴전조약	명	**armistice** [ɑ́ːrməstis]
45	빠	빠-로쁘, 먼, 멀리 떨어진, 먼 장래의	형	**far-off** [fɑ́ːrɔ́(ː)f, -ɑ́f]
46	하	하이어 아웃, 세놓다, 임대하다		**hire out**
47	고	고취, 선전, 선전활동, 주장	명	**propaganda** [prɑ̀pəgǽndə]

48	불	불루틴보-드, 게시판, 고시판	명	bulletin-board [búlətinbɔːrd]
49	렀	럿슬, 러슬, (나뭇잎 등이) 와삭[바스락]거리다,	동	rustle [rʌs-əl]
50	는	언시즌드, 양념을 하지 않은, 미숙한, 익숙지 않은	형	unseasoned [ʌnsíːzənd]
51	데	데디케이트, 바치다, 봉납하다, 헌납하다, 헌정하다	동	dedicate [dédikèit]
52	어	어멘드, 고치다, 개정하다, 수정하다	동	amend [əménd]
53	쩐	전통적인, 인습적인, 관습적인, 형식적인	형	conventional [kənvénʃənəl]
54	지	지녀스, 천재, 비상한 재주, 천성	명	genius [dʒíːnjəs]
55	오	오블리게이트, 아블러게이트, 의무를 지우다	동	obligate [ábləgèit]
56	늘	늘어지다, 축 처지다, 쇠하다	동	droop [druːp]
57	아	아키알러지, 고고학	명	archaeology [àːrkiálədʒi]
58	빠	빠랜하이트, 화씨(온도계), 화씨온도	명	Fahrenheit [fǽrənhàit]
59	의	의태의, 모방의, 흉내 내는, 모의의	형	mimic [mímik]

60	얼	얼터, 제단, 성찬대, 제대	명	**altar** [ɔ́:ltər]
61	굴	굴레, 멍에, 지배	명	**yoke** [jouk]
62	이	이니셜리, 처음에는, 초기에는	부	**initially** [iníʃəli]
63	우	우애의, 형제 같은, 형제의	형	**fraternal** [frətə́:rnəl]
64	울	울화, 짜증, 노기, 기질, 천성	명	**temper** [témpə:r]
65	해	해거드, 마른, 수척한, 야윈, 말라빠진	형	**haggard** [hǽgərd]
66	보	보울, 밥그릇, 사발, 공기	명	**bowl** [boul]
67	이	이레디에이트, 비추다, 빛나게 하다	동	**irradiate** [iréidièit]
68	네	네이, 아니(라는 말), 부정, 거절	명	**nay** [nei]
69	요	요란한 소리 ; (나팔이) 울려 퍼지다	명	**blare** [blɛər]
70	무	무아경, 황홀, 희열, 환희, 의식 혼미 상태	명	**ecstasy** [ékstəsi]
71	슨	스켈러튼, 골격, 해골, 윤곽, 개략	명	**skeleton** [skélətn]

노래가사로 저절로 암기 저절로 기억

72	일	일루시브, 찾기 힘든, 알기 어려운, 파악하기 어려운	형	elusive [ilúːsiv]
73	이	이로우젼, 붕괴, 침식, 부식, 침식작용	명	erosion [iróuʒən]
74	생	생션, 인가, 허가, 재가, 찬성	명	sanction [sǽŋkʃən]
75	겼	겨루다, 다투다, 지지 않으려고 열심히 배우다, ～에 필적하다	동	emulate [émjəlèit]
76	나	낫 온리 A 벗 올소우 B, A뿐만 아니라 B도 또한		not only A but also B
77	요	요새화하다, 강하게 하다, 튼튼히 하다	동	fortify [fɔ́ːrtəfài]
78	무	무감각, 무시경, 무정, 두감	명	insensibility [ìnsensəbíləti]
79	손	스껄쳐, 조각, 조소, 조각 작품	명	sculpture [skʌ́lptʃəːr]
80	걱	걱정하는, 염려하는, 걱정스러운 ; 관계하고 있는	형	concerned [kənsə́ːrnd]
81	정	정크, 쓰레기, 잡동사니, 폐물	명	junk [dʒʌŋk]
82	있	있터나이즈, 영속화하다, 영원토록 전하다	동	eternize [itə́ːrnaiz]
83	나	나 투 스삐크 오브, ～은 말할 것도 없고, ～은 제쳐놓고		not to speak of ~

84	요	요즈음, 현재는(=now), 지금은		at present
85	마	마이티, 강한, 힘센, 위대한, 대단한	형	mighty [máiti]
86	음	음악적인, 선율이 아름다운, 곡조가 좋은	형	melodious [məlóudiəs]
87	대	대단히, 무척, 무한히, 끝없이, 한량없이	부	infinitely [ínfənitli]
88	로	로우브, 의복, 옷, 길고 품이 넓은 겉옷	명	robe [roub]
89	안	안중에도 없다, 조금도 주의를 기울이지 않다		take no notice of ~
90	되	되씌우다, 전가하다, 발을 질질 끌다	동	shuffle [ʃʌ́fəl]
91	는	언어뜨, 발굴하다, 파내다, 밝혀내다	동	unearth [ʌnə́:rθ]
92	일	일랩스, (세월이) 흐르다, 경과하다	동	elapse [ilǽps]
93	오	오−데인, 정하다, 규정하다, 서품하다, (목사로) 임명하다	동	ordain [ɔːrdéin]
94	늘	늘씬한, 몸매 좋은, 미끈한, 날씬한	형	svelte [svelt]
95	있	있(이)스때블리시트, 확립된, 확인된, 인정된	형	established [istǽbliʃt]

96	었	었(어)사인, 할당하다, 배당하다, 부여하다	동	assign [əsáin]
97	나	나리시, 너리시, 기르다, 자양분을 주다, 육성하다	동	nourish [nə́:riʃ, nʌ́r-]
98	요	요약해서 말하자면, 간단히 말하자면		in brief
99	아	아비어스, 명백한, 빤한, 분명한, 명확한	형	obvious [ábviəs]
100	빠	빠인드 뽈트 위드, 비난하다, ~의 흠을 잡다, 나무라다		find fault with ~ =criticize
101	힘	힘, 찬송가, 성가, 찬가 ; a national hymn 국가	명	hymn [him]
102	내	내셔널리스딕, 국수적인, 국가이	형	nationalistic [næʃənəlístik]
103	세	세인트, 성인, 성자, 덕이 높은 사람	명	saint [seint]
104	요	요괴, 유령, 망령	명	specter [spéktə:r]
105	우	우대의, 무료의, 칭찬의	형	complimentary [kàmpləméntəri]
106	리	리뻐 투, ~을 가리키다, 언급하다		refer to
107	가	가동시키다, 작동[활동]시키다, 촉진시키다, 활성화하다	동	activate [ǽktəvèit]

108	있	있(이)치, 가려움, 옴, 참을 수 없는 욕망	명	**itch** [itʃ]
109	잘	잔학한, 흉악한, 아주 지독한	형	**atrocious** [ətróuʃəs]
110	아	아비트레리, 임의의, 제멋대로의, 독단적인	형	**arbitrary** [ɑ́ːrbitrèri]
111	요	요구하다, 주장하다, 청구하다	동	**claim** [kleim]
112	아	아비어스, 명백한, 빤한, 분명한, 속이 들여다보이는	형	**obvious** [ábviəs]
113	빠	빠—간, 꽤 진전[진행]된, 낡아빠진	형	**far-gone** [fɑːrɡóːn]
114	힘	힘, 찬송가, 성가, 찬가 ; a national hymn 국가	명	**hymn** [him]
115	내	국수적인, 민족주의적인	형	**nationalistic** [næʃənəlístik]
116	세	세인트, 성인, 성자, 덕이 높은 사람	명	**saint** [seint]
117	요	요괴, 유령, 망령	명	**specter** [spéktəːr]
118	우	우대의, 무료의, 칭찬의	형	**complimentary** [kàmpləméntəri]
119	리	리뻐 투, ~을 가리키다, 언급하다		**refer to~**

120	가	가동시키다, 활동[작동]시키다, 촉진하다, 활성화하다	동	activate [ǽktəvèit]
121	있	있(이)치, 가려움, 옴 ; 참을 수 없는 욕망	명	itch [itʃ]
122	어	어센드, 오르다, 등극하다, 올라가다, 기어오르다	동	ascend [əsénd]
123	요	요구하다, 주장하다, 청구하다	동	claim [kleim]

36 깊은 산속 옹달샘

1	깊	깊이, 철저히, 충분히, 완전히	부	thoroughly [θɔ́:rouli]
2	은	언어베일러블, 이용할 수 없는, 뜻대로 되지 않는	형	unavailable [ʌ̀nəvéiləbəl]
3	산	산만하게 하다, 흩뜨리다, 미혹케 하다	동	distract [distrǽkt]
4	속	속국의, 공물을 바치는, 종속하는	형	tributary [tríbjətèri]
5	옹	옹호, 변호, 입증, 정당화, 변명, 해명	명	vindication [vìndəkéiʃən]
6	달	달가닥 거리다, 덜거덕거리다	동	clatter [klǽtər]
7	샘	샘플, 시험하다, 시식하다, 사음하다	동	sample [sǽmpəl]
8	누	누란의, 위험에 처한, 위험한	형	perilous [pérələs]
9	가	가망 없는, 자포자기의, 절망적인	형	despairing [dispéəriŋ]
10	와	와이어탭, 도청하다, 도청기를 장치하다	동	wiretap [wáiə:rtæ̀p]
11	서	서브스뜬스, 섭스뜬스, 물질, 실질, 요지, 실체	명	substance [sʌ́bstəns]

12	먹	먹성, 식욕, 욕구, 갈망, 욕망	몡	appetite [ǽpitàit]
13	나	나누다, 구분하다		sort out
14	요	요란스러운, 시끄러운, 소란한	혱	uproarious [ʌpróːriəs]
15	새	새너테리, 위생의, 보건상의 ; 보건, 위생	혱	sanitary [sǽnətèri]
16	벽	벽장, 찬장, 작은 방	몡	closet [klázit]
17	에	에머넌트, 높은, 저명한, 유명한, 뛰어난	혱	eminent [émənənt]
10	토	토쳐, 고문, 심한 고통, 고뇌	몡	torture [tɔːrtʃəːr]
19	끼	끼어들게 하다, 끼어들다, 이간질하다 ; 쐐기	동	wedge [wedʒ]
20	가	가공되지 않은, 천연 그대로의	혱	crude [kruːd]
21	눈	눈감아 주다, 묵인하다, 공모하다	동	connive [kənáiv]
22	비	비 세컨드 투 년, 추종을 불허하다		be second to none
23	비	비시지, 에워싸다, 포위공격하다	동	besiege [bisíːdʒ]

24	고	고우 비쁘, 이전에 존재하다		go before
25	일	일래스딕, 신축성 있는, 탄력 있는	형	elastic [ilǽstik]
26	어	어보이드, 피하다, 회피하다, 무효로 하다, 취소하다	동	avoid [əvɔ́id]
27	나	나타내다, 보이다, 전시하다, 나열하다	동	display [displéi]
28	세	세든테리, 앉은 채 있는, 정주하는, 정착하고 있는	형	sedentary [sédəntèri]
29	수	수트, 그을음, 검댕, 매연, 유연	명	soot [sut / suːt]
30	하	하드하티드, 몰인정한, 무자비한, 냉혹한	형	hardhearted [hɑːrd-hɑ́ːrtid]
31	러	러미지, 들추어내다, 찾아내다, 발견하다	동	rummage [rʌ́midʒ]
32	왔	왔 잇 워즈 투 비, 당연히 그래야만 했던 것		what it was to be
33	다	다이옥사이드, 이산화물	명	dioxide [daiɑ́ksaid]
34	가	가로수길, 큰 거리	명	avenue [ǽvənjùː]
35	물	물질의, 육체적인, 세속적인	형	material [mətíəriəl]

36	만	만질 수 없는, 무형의, 파악하기 어려운	형	intangible [inténdʒəbəl]
37	먹	먹음직스러운, 맛있는, 향기로운	형	delicious [dilíʃəs]
38	고	고우 롱 위드, 어그러지다		go wrong with
39	가	가버멘틀, 정치의, 통치상의, 정부의, 관영의	형	governmental [gʌ̀vərnméntl]
40	지	지각할 수 있는, 인지할 수 있는	형	perceptible [pərséptəbəl]
41	요	요컨대, 결국		in short

37 루돌프 사슴 코

1	루	루인, 파멸, 파산, 몰락, 황폐, 타락, 무너짐	명	**ruin** [rúːin]
2	돌	돌입하다, 뛰어들다, 돌진하다, 잠수하다, 던져 넣다, 던지다	동	**plunge** [plʌndʒ]
3	프	프라미싱, 가망 있는, 유망한, 믿음직한, 장래성 있는	형	**promising** [prάməsiŋ]
4	사	사이, 한숨짓다, 슬퍼하다, 탄식하다, 한탄하다	동	**sigh** [sai]
5	슴	스코치, 그을리다, 겉을 태우다, 시들게 하다	동	**scorch** [skɔːrtʃ]
6	코	코오터시, 예의바름, 공손함, 예절	명	**courtesy** [kɔ́ːrtəsi]
7	는	언컨서언드, 걱정하지 않는, 태연한, 무사태평한	형	**unconcerned** [ʌ̀nkənsə́ːrnd]
8	매	원고, 수서(手書), 사본, 필사본	명	**manuscript** [mǽnjəskrìpt]
9	우	우박, 싸락눈	명	**hail** [heil]
10	반	반란, 반역, 반항, 폭동	명	**revolt** [rivóult]
11	짝	짝, 배우자, 부부	명	**spouse** [spaʊs;spaʊz]

12	이	이리버서벌, 되돌릴 수 없는, 역행할 수 없는	형	irreversible [ìrivə́:rsəbəl]
13	는	언컨트로울드, 억제(통제)되지 않은, 방치된, 자유스러운	형	uncontrolled [ʌ̀nkəntróuld]
14	코	코러스판드, 맞다, 같다, 상당하다, 일치하다, 교신하다	동	correspond [kɔ̀:rəspánd]
15	만	만료되다, 만기가 되다, 끝나다, (만기가 되어) 실효하다	동	expire [ikspáiər]
16	일	일리시트, 이끌어 내다, 꾀어내다, 유도해 내다	동	elicit [ilísit]
17	네	네글리전트, 태만한, 부주의한, 무관심한, 되는 대로의	형	negligent [néglidʒənt]
18	기	기슴, 기슴 속, 마음 속, 심정	명	breast [brest]
19	봤	봐인, 덩굴, 덩굴식물, 포도나무	명	vine [vain]
20	다	다이닝, 정찬(오찬·만찬), 식사	명	dining [dáiniŋ]
21	면	면구스러운, 부끄러이 여기는, 수줍어하는	형	ashamed [əʃéimd]
22	불	불화, 불일치, 내분, 알력, 불협화음, 소음, 잡음	명	discord [dískɔ:rd]
23	붙	붙이다, 접착하다, 고수하다, 집착하다	동	adhere [ædhíər]

24	는	언더고우, (영향·변화 등을) 받다, 겪다, 경험하다, 당하다	동	undergo [ʌndərgóu]
25	다	다만, 단지, 그저, 전혀	부	merely [míərli]
26	했	했(해)크니, 임대의, 써서 낡은, 흔한, 진부한	형	hackney [hǽkni]
27	겠	겠 어쿼인티드 위드, 사귀다		get acquainted with ~
28	지	지방, 지역, 시골, 범위, 분야	명	province [právins]
29	다	다시 시작하다, 다시 차지하다, 되찾다, 회복하다	동	resume [rizúːm]
30	른	언더 커버 로브나잇, 밤을 이용해서		under cover of night
31	모	모어 오어 레스, 다소간, 얼마간, 대략, 대체로, 거의		more or less
32	든	든든한, 안정된, 견고한, 영속적인	형	stable [stéibl]
33	사	사이코패뜨, 정신병자	명	psychopath [sáikoupæθ]
34	슴	스꼬온, 경멸, 멸시, 비웃음, 냉소	명	scorn [skɔːrn]
35	들	들떠있는, 침착하지 못한, 끊임없는	형	restless [réstlis]

234 게으른 학습자 도 효과만점 수능용

36	놀	놀라게 하다, 두려워하게 하다	동	frighten [fráitn]
37	려	여분의, 보충하는, 보조의	형	complementary [kàmpləméntəri]
38	대	대개, 주로, 대체로, 대부분	부	mainly [méinli]
39	며	머-씨, 자비, 연민, 인정, 고마운 일	명	mercy [mə́ːrsi]
40	웃	웃음거리의, 냉소적인, 비꼬는, 인생을 백안시 하는	형	cynical [sínikəl]
41	었	었(어)터런스, 말함, 발언, 발성	명	utterance [ʌ́tərəns]
42	네	네이, 울음 ; (말이) 울다	명	neigh [nei]
43	가	가시적인, 눈에 보이는, 명백한	형	visible [vízəbəl]
44	엾	엽기적인, 기괴한, 좀 별난, 별스러운	형	bizarre [bizáːr]
45	은	언뻐게터블, 잊을 수 없는, 기억에 남는	형	unforgettable [ʌ̀nfərgétəbəl]
46	저	저널리스트, 기자, 신문인	명	journalist [dʒə́ːrnəlist]
47	루	루인, 파멸, 파산, 몰락, 황폐, 타락, 무너짐	명	ruin [rúːin]

48	돌	돌쩌귀, 경첩	명	hinge [hindʒ]
49	프	프라머넌트, 눈에 띄는, 현저한, 저명한, 두드러진, 걸출한	형	prominent [prámənənt]
50	외	외(웨)인, 이지러지다, 작아지다, 약해지다	동	wane [wein]
51	톨	톨러레이트, 탈러레이트, 관대히 다루다, 참다, 견디다	동	tolerate [tɔ/tálərèit]
52	이	이디엄, 숙어, 관용구, 통용어	명	idiom [ídiəm]
53	가	가결, 승인, 찬성, 인가	명	approval [əprúːvəl]
54	되	되살리다, 회복시키다, 부흥하다	동	resuscitate [risʌ́sətèit]
55	었	었(어)세일, 습격하다, 공격하다, 추궁하다	동	assail [əséil]
56	네	네서세를리, 마땅히, 반드시, 필연적으로	부	necessarily [nèsəsérəli]
57	안	안하무인의, 도전적인, 반항적인, 무례한	형	defiant [difáiənt]
58	개	개념, 생각	명	concept [kánsept]
59	낀	끼워 넣다, 밀어 넣다, 억지로 밀어 넣다	동	thrust [θrʌst]

60	성	성큼성큼, 활발히, 기분 좋게	부	briskly [brískli]
61	탄	탄로, 발각, 드러남, 폭로	명	disclosure [disklóuʒər]
62	절	절벽, 벼랑, 낭떠러지	명	cliff [klif]
63	날	날을 세우다, 날카롭게 하다, 뾰족하게 하다	동	sharpen [ʃɑ́:rpən]
64	산	산맥, 열, 줄, 범위, 한계	명	range [reindʒ]
65	타	타이태닉, 거대한, 힘센	형	titanic [taitǽnik]
66	말	말로, 구두로, 축어적으로, 동사로서	부	verbally [vɔ́:rbəli]
67	하	하들리, 거의 ~아니다, 도저히 ~않다	부	hardly [hɑ́:rdli]
68	길	길티, 유죄의, 죄를 범한, 떳떳하지 못한	형	guilty [gílti]
69	루	루인, 파멸, 파산, 몰락, 황폐, 타락, 무너짐	명	ruin [rú:in]
70	돌	돌리, 달리, 인형, 각시, 매력적인 처녀	명	dolly [dáli / dóli]
71	프	프라삐션트, 숙달된, 능숙한, 능란한	형	proficient [prəfíʃənt]

72	코	코디네이트, 동등한, 동격의 ; 대등하게 하다, 조정하다	형	coordinate [kouɔ́:rdəneit]
73	가	가장, 변장, 위장 ; 가장하다	명	disguise [disgáiz]
74	밝	밝히다, 확인하다, 조사하다, 알아내다	동	ascertain [æsərtéin]
75	으	어퍼모우스트, 한계의, 최상의, 가장 위의	형	uppermost [ʌ́pərmòust]
76	니	니블, 조금씩 물어뜯다, 조금씩 갉다	동	nibble [níbəl]
77	썰	썰리시트, (간)청하다, 졸라대다, 조르다	동	solicit [səlísit]
78	매	매서커, 도살, 대량학살 ; 대량학살하다	명	massacre [mǽsəkə:r]
79	를	얼-인클루시브, 올-인클루시브, 모든 것을 포함하는, 포괄적인, 남김 없는	형	all-inclusive [əl-inklú:siv]
80	끌	끌다, 유혹하다, 꾀다, 부추기다	동	tempt [tempt]
81	어	어브젝션, 이의, 이견, 반대, 반론, 반감, 혐오	명	objection [əbdʒékʃən]
82	주	주버널, 주버나일, 나이어린, 젊은, 소년의	형	juvenile [dʒú:vənəl]
83	렴	염두에 두다, 명심하다, 기억하다		keep ~ in mind

84	그	그래터삐케이션, 기쁨, 희열, 만족	명	gratification [ɡrǽtəfikéiʃən]
85	후	후크, 훅, 꼬부라뜨리다 ; 갈고리	동	hook [huk]
86	론	론, 대부, 대여, 융자	명	loan [loun]
87	사	사기를 드높이는, 자극하는 동기를 부여하는,	형	motivational [mòutəvéiʃənl]
88	슴	스깔릿, 주홍, 진홍색, 주홍색	명	scarlet [skɑ́:rlit]
89	들	들러붙다, 달라붙다, 떨어지지 않다	동	stick [stik]
90	이	이듀스, (잠재된 능력을) 끌어내다, 연역하다	동	educe [idjúːs]
91	그	그라인드, 갈다, 가루로 만들다	동	grind [graind]
92	를	얼터에고우, 앨터에고우, 다른 자기, 제2의 나, 절친한 친구 (intimate friend)	명	alter-ego [ɔ́:ltər-égou]
93	매	매시, 으깨다, 짓이기다	동	mash [mæʃ]
94	우	우-즈, 스며 나오다, 새어나오다	동	ooze [uːz]
95	사	사면, 용서, 은사, 특사	명	remission [rimíʃən]

96	랑	앙상블, 총체, 종합적 효과, 전체적 조화	명	ensemble [ɑ:nsáːmbəl]
97	햇	햇(해)크, 잘게 썰다, 베다, (컴퓨터프로그램을) 교묘히 변경하다	동	hack [hæk]
98	네	네이비, 해군, 해군군인	명	navy [néivi]
99	루	루인, 파멸, 파산. 몰락, 황폐, 타락, 무너짐	명	ruin [rúːin]
100	돌	돌출하다, 내밀다, 불쑥 나오다, 밀어내다, 비어져 나오다	동	protrude [proutrúːd]
101	프	프랙티컬리, 실제적으로, 실용적으로, 실지로, 사실상	부	practically [præktikəli]
102	사	사이, 한숨짓다, 탄식하다, 한탄하다	동	sigh [sai]
103	습	스코치, 그을리다, 겉을 태우다, 시들게 하다	동	scorch [skɔːrtʃ]
104	코	코오터시, 의례, 예의바름, 예절	명	courtesy [kɔ́ːrtəsi]
105	는	언뽀울드, 펼치다, 펴다, 열리다, 펴지다	동	unfold [ʌnfóuld]
106	길	길트, 금으로 도금된, 금빛의	형	gilt [gilt]
107	이	이멘스, 막대한, 한없는, 무한한, 헤아릴 수 없는, 거대한	형	immense [iméns]

108	길	길조의, 행운의, 순조로운, 상서로운	형	propitious [prəpíʃəs]
109	이	이그잼펄러리, 모범적인, 칭찬할만한, 본보기의, 훌륭한	형	exemplary [igzémpləri]
110	기	기쁘티드, 타고난, 재능 있는, 유능한, 천부적인	형	gifted [gíftid]
111	억	억워드, 서투른, 어설픈, 섣부른	형	awkward [ɔ́:kwərd]
112	되	되쫓아버리는, 박차는, 싫은	형	repulsive [ripʌ́lsiv]
113	리	리이터레이트, (명령·탄원을) 되풀이하다, 반복하다	동	reiterate [ri:ítərèit]

38 흰 눈 사이로 썰매를 타고

1	흰	힌더, 방해하다, 훼방하다, 지체케 하다	동	**hinder** [híndər]
2	눈	눈부신 빛, 섬광, 현란함; 눈부시게 빛나다, 눈에 띄다, 노려보다	명	**glare** [glɛər]
3	사	사이컬라지컬, 심리적인, 정신적인	형	**psychological** [sàikəládʒikəl]
4	이	이븐 이쁘, 비록 ～일지라도		**even if** **=even though**
5	로	로우턴드, 둥근, 토실토실 살찐, 둥글게 벌린	형	**rotund** [routʌ́nd]
6	썰	썰렘너티, 장엄, 엄숙, 근엄, 의식, 제전	명	**solemnity** [səlémnəti]
7	매	매니뽀울드, 다양한, 여러 가지의, 잡다한	형	**manifold** [mǽnəfòuld]
8	를	얼터미틀리, 궁극적으로, 마지막으로	부	**ultimately** [ʌ́ltəmitli]
9	타	타이틀리, 엄격하게, 단단히	부	**tightly** [taitli]
10	고	고려할 수 있는. 생각할 수 있는, 꾀할 수 있는	형	**contemplable** [kəntémpləbəl]
11	달	달래기 어려운, 누그러뜨릴 수 없는, 경감되지 않는	형	**immitigable** [imítigəbəl]

12	리	리-브 언어탠디드, 방치하다, 내버려 두다		leave unattended
13	는	언세들, 어지럽히다, 동요시키다, 동요하다, 불안하게 하다	동	unsettle [ʌnsétl]
14	기	기상학자, 기상 전문가, 기상 전문 기자	명	meteorologist [mìːtiərálədʒist]
15	분	분노, 분개, 격노, 노여움, 복수	명	wrath [ræθ]
16	상	상호관계가 있는, 서로의, 공통의	형	mutual [mjúːtʃuəl]
17	쾌	쾌적한, 아늑한, 포근한, 아담한, 안락한, 기분 좋은	형	cozy [kóuzi]
18	도	도그마, 교리, 교조, 신조, 독단적인 주장, 정설	명	dogma [dɔ́(ː)gmə]
19	하	하우스, 거처를 마련해 주다, 받아주다	동	house [haus]
20	다	다트, 던지는 창, 작은 화살 ; 던지다	명	dart [dɑːrt]
21	종	종단의, 수직의, 세로의, 고추 선	형	vertical [vɔ́ːrtikəl]
22	이	이배퍼레이션, 증발(작용), 발산, 증기	명	evaporation [ivæpəréiʃən]
23	울	울적함, 우울, 우울증 ; 우울한, 울적한	명	melancholy [mélənkàli]

Part IV 국민 애창동요 ②

24	려	여러 번, 빈번히, 때때로, 종종	부	frequently [frí:kwəntli]
25	서	서패스, 앞지르다, 능가하다, 뛰어나다, 초월하다, ~보다 낫다	동	surpass [sərpǽs]
26	장	장점, 공적, 공로, 공훈, 우수함	명	merit [mérit]
27	단	단, (해어진 곳을) 때우다, 꿰매다, 깁다, 감치다	동	darn [dɑ:rn]
28	맞	맞춤의, 주문품의, 고급의	형	custom-made [kʌ́stəmméid]
29	추	추우, 씹다, 깨물어 부수다	동	chew [tʃu:]
30	니	니프, 닙, 꼬집다, 물다	동	nip [nip]
31	흥	흥망성쇠, 오르내림, 기복, 변동		ups and downs
32	겨	겨우, 단지		no more than = only, nothing but
33	워	워런트, 정당한 이유, 근거	명	warrant [wɔ́(:)rənt]
34	서	서플러먼트, 추가하다, 보충하다	동	supplement [sʌ́pləmənt]
35	소	소우어, 하수도, 하수구, 배설구멍 ; 바느질하는 사람, 재봉사	명	sewer [sóuəːr]

36	리	리크루트, 신병, 보충병 ; 신병을 모집하다, 보충하다	몡	recruit [rikrú:t]
37	높	높이다, 올리다, 승진시키다, 향상시키다	동	elevate [éləvèit]
38	여	여백, 공백 ; 텅 빈, 공백의	몡	blank [blæŋk]
39	노	노오, 갉아먹다, 갉다, 물어 끊다	동	gnaw [nɔ:]
40	래	래시튜드, 나른함, 무기력, 권태, 피로	몡	lassitude [læsitʃù:d]
41	부	부스트, 높이다, 올리다, 격려하다	동	boost [bu:st]
42	르	어내터미, 해부, 해부학	몡	anatomy [ənǽtəmi]
43	자	자격이 있는, 적격의, 적임의, 적당한	혱	eligible [élidʒəbəl]

39 산위에서 부는 바람

1	산	산업, 공업, 근면	명	industry [índəstri]
2	위	위더드로오, 움츠리다, 퇴거하다, 물러나다	동	withdraw [wiðdrɔ́:]
3	에	에이클라, 대성공, 갈채, 명성	명	eclat [eiklá:]
4	서	서큘레이트, 돌다, 순환하다, 원운동하다	동	circulate [sə́:rkjəlèit]
5	부	부점 프렌드, 단짝친구		bosom friend
6	는	언로울, 풀다, 펴다, 펼치다	동	unroll [ʌnróul]
7	바	바이드, 살다, 머무르다, 기다리다, 참다, 견디다	동	bide [baid]
8	람	암중모색하다, 찾다, 손으로 더듬다	동	grope [group]
9	서	서컴스크라이브, 제한하다, 가두다, 속박하다, ~의 경계를 정하다	동	circumscribe [sə́:rkəmskráib]
10	늘	늘다, (이자가) 불어나다, 생기다	동	accrue [əkrú:]
11	한	한결같이, 변함없이, 시종일관	부	consistently [kənsístəntli]

12	바	바이드, 살다, 머무르다, 기다리다, 참다, 견디다	(동)	bide [baid]
13	람	암중모색하다, 찾다, 손으로 더듬다	(동)	grope [group]
14	그	그라울, 으르렁거리다, 고함치다, 투덜거리다	(동)	growl [graul]
15	바	바이드, 살다, 머무르다, 기다리다, 참다, 견디다	(동)	bide [baid]
16	람	암중모색하다, 찾다, 손으로 더듬다	(동)	grope [group]
17	은	언윌링리, 하는 수 없이, 어쩔 수 없이, 내키지 않게	(부)	unwillingly [ʌnwílinli]
18	종	좋게 지내다, 사이좋게 지내다		be on good terms with ~
19	은	언이일딩, 강경한, 굽히지 않는, 단호한, 고집이 센	(형)	unyielding [ʌnjíːldin]
20	바	바이드, 살다, 머무르다, 기다리다, 참다, 견디다	(동)	bide [baid]
21	람	암중모색하다, 찾다, 손으로 더듬다	(동)	grope [group]
22	고	고대의, 구식의, 시대에 뒤진	(형)	antique [æntíːk]
23	마	마이그레이트, 이동하다, 이주하다	(동)	migrate [máigreit]

24	운	운반, 운송, 수송, 육로운반	명	portage [pɔ́:rtidʒ]
25	바	바이드, 살다, 머무르다, 기다리다	동	bide [baid]
26	람	암중모색하다, 찾다, 손으로 더듬다	동	grope [group]
27	여	여단(旅團) ; (군대식 편성의) 대(隊), 조(組)	명	brigade [brigéid]
28	름	음탕한, 행실이 나쁜, 부정한, 상스러운	형	unchaste [ʌntʃéist]
29	에	에쁠루언트, 유출하는, 방출하는 ; 유출물, 배출물, 폐수	형	effluent [éfluənt]
30	나	나크, 경찰의 앞잡이, 밀정 ; 밀고하다	명	nark [nɑ:rk]
31	무	무디, 변덕스러운, 언짢은, 우울한	형	moody [mú:di]
32	꾼	군데군데, 여기저기, 드문드문, 산발적으로	부	sporadically [spərǽdikəli]
33	이	이머전트, 긴급한, 응급의, 초기발달 단계의	형	emergent [imə́:rdʒənt]
34	나	나가다, 출마하다		run for ~
35	무	무비덤, 은막계, 영화계	명	moviedom [mú:vidəm]

36	를	얼루링, 유혹하는, 매혹적인	형	alluring [əlú(:)riŋ]
37	할	할로우, 우묵한, 움푹 꺼진, 속이 빈	형	hollow [hálou]
38	때	때 묻지 않은, 순결한, 결백한, 무죄의	형	innocent [ínəsnt]
39	이	이미그레이션, 이민, 입국, 이주	명	immigration [ìməgréiʃən]
40	마	마이크로카즘, 소우주, 소세계, (우주의 축도로서의) 인간(사회)	명	microcosm [máikroukàzəm]
41	에	에보니, 흑단(黑檀) ; 흑단색의, 칠흑의	형	ebony [ébəni]
42	흐	흐트러뜨리다, 쫓아버리다, 일소하다	동	dispel [dispél]
43	른	언더커런트, 하층류, 내면적 의향, 저의, 저류	명	undercurrent [ʌ́ndərkə̀:rənt]
44	땀	땀, 노력, 발한(작용)	명	perspiration [pə̀:rspəréiʃən]
45	을	얼랏, 할당하다, 분배하다, 맞추다	동	allot [əlát / əlɔ́t]
46	씻	씻어내다, 문질러 닦다, 비벼 빨다	동	scour [skauə:r]

47	어	어슈어, 다짐하다, 보증하다, 확실하게 하다	동	assure [əʃúər]
48	준	준말, 생략, 생략형 약어	명	abbreviation [əbrì:viéiʃən]
49	대	대처하다, 극복하다, 대항하다, 맞서다		cope with
50	요	요람, 소아용 침대	명	cradle [kréidl]

40 앞으로

1	앞	앞서가다, 선행하다, 먼저가다, 선도하다	동 precede [prisí:d]
2	으	어포인트, 지명하다, 임명하다, 지시하다, 정하다	동 appoint [əpɔ́int]
3	로	로우브, 배회하다, 헤매다, 유랑하다	동 rove [rouv]
4	앞	앞서가다, 선행하다, 먼저가다, 선도하다	동 precede [prisí:d]
5	으	어포인트, 지명하다, 임명하다, 지시하다, 정하다	동 appoint [əpɔ́int]
6	루	로우브, 배회하다, 헤매다, 유팅하다	동 rove [rouv]
7	앞	앞서가다, 선행하다, 먼저가다, 선도하다	동 precede [prisí:d]
8	으	어포인트, 지명하다, 임명하다, 지시하다, 정하다	동 appoint [əpɔ́int]
9	로	로우브, 배회하다, 헤매다, 유랑하다	동 rove [rouv]
10	앞	앞서가다, 선행하다, 먼저가다, 선도하다	동 precede [prisí:d]
11	으	어포인트, 지명하다, 임명하다, 지시하다, 정하다	동 appoint [əpɔ́int]

12	로	로우브, 배회하다, 헤매다, 유랑하다	동	**rove** [rouv]
13	지	(불을) 지피다, ~에 불을 붙이다, 태우다, 밝게 하다, 빛내다	동	**kindle** [kíndl]
14	구	구금, 구류, 보호관리	명	**custody** [kʌ́stədi]
15	는	언윌링, 내키지 않는, 마지못해 하는, 본의가 아닌	형	**unwilling** [ʌnwíliŋ]
16	둥	둥근, 원형의, 순환의, 빙글빙글 도는, 회람의	형	**circular** [sə́ːrkjələr]
17	그	그리디, 욕심 많은, 탐욕스러운, 갈망하는	형	**greedy** [gríːdi]
18	니	니트, 뜨개질 ; 뜨다, 짜다	명	**knit** [nit]
19	까	까발리다, 폭로하다, 나타내다, 드러내다, 들추어내다, 적발하다	동	**disclose** [disklóuz]
20	자	자기이익을 도모하는	형	**self-serving** [self-sə́ːrviŋ]
21	꾸	꾸며내다, 조작하다, 화장하다, 가장하다		**make up**
22	걸	걸프, 꿀꺽 삼키다, 삼켜버리다	동	**gulp** [gʌlp]
23	어	어스빠이어, 바라다, 열망하다	동	**aspire** [əspáiər]

24	나	나우 앤 덴, 이따금, 때때로		now and them =now and again
25	가	가이든스, 안내, 인도, 지도, 지휘	명	guidance [gáidns]
26	면	면밀한, 정확한, 정밀한, 빈틈없는	형	accurate [ǽkjərit]
27	온	온 더 스빳, 현장에서, 즉석에서		on the spot
28	세	세퍼레이들리, 따로따로, 단독으로, 헤어져서	부	separately [sépərèitli]
29	상	상호관계, 상관, 대비, 상호의존	명	correlation [kɔ̀:rəléiʃən]
30	이	이세스먼트, 판단, 평가, 부과	명	assessment [əsésmənt]
31	린	린스, 헹구다, 씻어내다, 가시다	동	rinse [rins]
32	이	이벤츄얼리, 드디어, 결국, 언젠가	부	eventually [ivéntʃuəli]
33	들	얼떨떨하게 하다, 당황케 하다, 현혹시키다, 어리둥절하게 하다	동	bewilder [biwíldər]
34	다	다이그레션, 여담, 탈선, 지엽적인 흐름	명	digression [daigréʃən]
35	만	만능의, 전능한, 무엇이든 할 수 있는, 절대력을 가진	형	omnipotent [ɑmnípətənt]

Part IV 국민 애창동요 ②

36	나	나무라다, 꾸짖다, 비난하다	동	**reprove** [riprúːv]
37	고	고발, 탄핵, (조약 등의) 폐기통고, 위협	명	**denunciation** [dinʌnsiéiʃən]
38	오	오그먼트, 늘리다, 증대시키다, 증가시키다	동	**augment** [ɔːgmént]
39	겟	겟 얼롱, 사이좋게 지내다 ; He is getting along with her. 그는 그녀와 사이좋게 지낸다.		**get along**
40	네	네글리저블, 무시해도 좋은, 하찮은	형	**negligible** [néglidʒəbəl]
41	온	온 앤 오쁘, 이따금, 단속적으로		**on and off**
42	세	세그리게이트, 분리하다, 격리하다	동	**segregate** [ségrigèit]
43	상	상념, 생각, 구상, 개념, 이해	명	**conception** [kənsépʃən]
44	어	어바운드, 많이 있다, 그득하다, 풍부하다	동	**abound** [əbáund]
45	린	린넨, 아마포, 린네르 제품	명	**linen** [línin]
46	이	이무버블, 꿈쩍하지 않는, 부동의, 확고한	형	**immovable** [imúːvəbəl]
47	가	가디언, 감시인, 보호자,	명	**guardian** [gáːrdiən]

48	하	하니스, (바람 · 하천 등을) 이용하다 ; 마구, 갑옷,	동	harness [háːrnis]
49	하	하니스, (바람 · 하천 등을) 이용하다 ; 마구, 갑옷,	동	harness [háːrnis]
50	하	하니스, (바람 · 하천 등을) 이용하다 ; 마구, 갑옷,	동	harness [háːrnis]
51	하	하니스, (바람 · 하천 등을) 이용하다 ; 마구, 갑옷,	동	harness [háːrnis]
52	웃	웃다, 조소하다, 비웃다, 조롱하다	동	deride [diráid]
53	으	어프로우프리에이트, 마땅한, 적합한, 어울리는	형	appropriate [əpróuprièit]
54	면	면세	명	duty-free [djúː·tifríː]
55	그	그레이셔스, 호의적인, 정중한, 우아한, 친절한, 자비로우신	형	gracious [gréiʃəs]
56	소	소–디드, 누추한, 지저분한, 더러운	형	sordid [sɔ́ːrdid]
57	리	리–어수–움, 되찾다, 다시 인수하다, 다시 취하다	동	reassume [rìːəsúːm]
58	들	들끓게 하다, 소란스럽게 하다 ; 효소	동	ferment [fɔ́ːrment]
59	리	리스틀리스, ~할 마음이 없는, 열의 없는, 무기력한, 무관심한	형	listless [lístlis]

60	겠	겠 리드 오브, ~를 처리하다, 없애다 ; get rid of cough 기침이 멎다.		get rid of ~
61	네	네글리전스, 태만, 등한, 부주의, 무관심	명	negligence [néglidʒəns]
62	달	달가닥 거리다, 덜걱덜걱 소리 나다	동	rattle [rǽtl]
63	나	나무람, 꾸지람, 비난, 질책, 책망	명	reproof [riprúːf]
64	라	라지컬리, 논리상, 논리적으로	부	logically [ládʒikəli]
65	까	까다, 껍질을 벗기다, 깎다, 잘라내다	동	pare [pɛər]
66	지	지속적인, 일치하는, 조화하는, 양립하는, 불변한	형	consistent [kənsístənt]

41 아기염소

| 1 | 파 | 파티서페이트, 나가다, 참가하다 | 동 | participate [pɑːrtísəpèit] |

| 2 | 란 | 란제버티, 장수, 수명, 장기근속 | 명 | longevity [lɑndʒévəti] |

| 3 | 하 | 하이드, 짐승의 가죽, 피부 | 명 | hide [haid] |

| 4 | 늘 | 늘어나는, 늘일 수 있는, 연장할 수 있는, 넓힐 수 있는 | 형 | extensible [iksténsəbəl] |

| 5 | 파 | 파티서페이트, 나가다, 참가하다 | 동 | participate [pɑːrtísəpèit] |

| 6 | 란 | 란제버티, 장수, 수명, 장기근속 | 명 | longevity [lʌndʒévəti] |

| 7 | 하 | 하이드, 짐승의 가죽, 피부 | 명 | hide [haid] |

| 8 | 늘 | 늘어나는, 늘일 수 있는, 연장할 수 있는, 넓힐 수 있는 | 형 | extensible [iksténsəbəl] |

| 9 | 꿈 | 꿈자리가 사나운, 불길한, 전조의 | 형 | portentous [pɔːrténtəs] |

| 10 | 이 | 이로우드, 좀먹다, 부식하다, 침식하다 | 동 | erode [iróud] |

| 11 | 드 | 드라우지, 나른한, 졸음이 오는, 졸리는 | 형 | drowsy [dráuzi] |

12	리	리콜, 취소하다, 상기시키다, 생각나게 하다	동	recall [rikɔ́:l]
13	운	운동 에너지		kinetic energy
14	푸	푸(풋) ~투 유스, 활용하다, 이용하다		put ~ to use
15	른	언다우티들리, 당연히, 어련히	부	undoubtedly [ʌndáutidli]
16	언	언더프리빌리지드, 혜택을 받지 못하는, 특권이 적은	형	underprivileged [ʌ̀ndərprívəlidʒd]
17	덕	덕, 물속에 잠기다, (머리를) 잠깐 물속에 넣다 ; 오리	동	duck [dʌk]
18	에	에더삐스, 건축물, 건물, 전당, 조직, 체계	명	edifice [édəfis]
19	아	아웃스땐딩, 굴지의, 걸출한, 눈에 띄는, 현저한	형	outstanding [àutstǽndiŋ]
20	기	기능, 작용, 직무, 역할	명	function [fʌ́ŋkʃən]
21	염	염세적인, 비관적인, 염세론의	형	pessimistic [pèsəmístik]
22	소	소울리, 오로지, 단지, 혼자서	부	solely [sóulli]
23	여	여과하다, 걸러내다	동	filtrate [fíltərit]

24	럿	럿, 바퀴자국, 홈	명	rut [rʌt]
25	이	이러터블, 성미 급한, 신경과민의	형	irritable [írətəbəl]
26	풀	풀 완셀쁘 터게더, (병에서) 회복되다 , 기운[정신]을 (다시) 차리다		pull oneself together
27	을	얼리비에이트, (심신의 고통을) 덜다, 완화하다	동	alleviate [əlí:vièit]
28	뜯	뜯다, (깃털을) 잡아 뽑다, 뜯어내다, 강탈하다	동	pluck [plʌk]
29	고	고뇌, 고민, 비탄, 심통, 걱정	명	distress [distrés]
30	놀	놀랍게도		to one's surprise
31	아	아이템, 조목, 항목, 품목, 물건	명	item [áitəm]
32	요	요란, 소란, 소요, 동요, 흥분, 폭동	명	commotion [kəmóuʃən]
33	해	해쁘–히티드, 마음이 내키지 않는, 할 마음이 없는, 냉담한	형	half-heated [hæf-hí:tid]
34	처	처리, 처분, 양도, 매각	명	disposal [dispóuzəl]
35	럼	럼버잭, 벌목공	명	lumberjack [lʌ́mbərdʒæ̀k]

36	밝	밝게 하다, 빛내다, 밝아지다	동	brighten [bráitn]
37	은	언어퀘인티드, 모르는, 낯선, 생소한	형	unacquainted [ʌnəkwéintid]
38	얼	얼터레이션, 교대, 교체, 하나씩 거름, 교류	명	alteration [ɔ̀:ltəréiʃən]
39	굴	굴욕, 창피줌, 수치, 굴종, 면목 없음	명	humiliation [hju:mìliéiʃən]
40	로	로쁘티, 높은, 치솟은, 고상한	형	lofty [lɔ́:fti / lɔ́fti]
41	빗	빗(비)터니스, 쓰라림, 쓴맛, 씀, 신랄함	명	bitterness [bítərnis]
42	방	방대한, 막대한, 거대한, 대담한	형	vast [væst]
43	울	울리다, 울려 퍼지다, 울다	동	resound [rizáund]
44	이	이니셔티브, 시작, 개시, 기선, 주도권	명	initiative [iníʃətiv]
45	뚝	뚝심, 인내심, 참을성, 용기, 불굴의 의지	명	fortitude [fɔ́:rtətʃù:d]
46	뚝	뚝심, 인내심, 참을성, 용기, 불굴의 의지	명	fortitude [fɔ́:rtətʃù:d]
47	뚝	뚝심, 인내심, 참을성, 용기, 불굴의 의지	명	fortitude [fɔ́:rtətʃù:d]

48	떨	떨쳐버리다, 떠나게 하다, 해고하다	(동)	dismiss [dismís]
49	어	어제이슨트, 접근한, 인접한, 부근의	(형)	adjacent [ədʒéisənt]
50	지	지노움, 게놈	(명)	genome, -nom [dʒí:noum], [-nɑm]
51	는	언듀, 어울리지 않는, 지나친, 과도한, 심한	(형)	undue [ʌndjú:]
52	날	날강도, 협박꾼, 공갈단	(명)	racketeer [rækitíə:r]
53	에	에뻐트, 노력, 수고, 진력	(명)	effort [éfərt]
54	느	어워디, 가치 없는, 하잘 것 없는	(형)	unworthy [ʌnwə́:rði]
55	잔	잔류물, 찌꺼기, 나머지	(명)	residue [rézidjù:]
56	뜩	뜨로웃, 목구멍, 인후, 숨통	(명)	throat [θrout]
57	찡	찡그리다, 눈살을 찌푸리다	(동)	frown [fraun]
58	그	그래터튜드, 은혜, 감사, 사의, 보은의 마음	(명)	gratitude [grǽtətjù:d]
59	린	린, 리-인, 야윈, 깡마른, 가느다란	(형)	lean [li:n]

Part IV 국민 예청용료 ②

60	얼	얼라우드, 큰 소리로, 소리 내어	부	**aloud** [əláud]
61	굴	굴레, 속박, 구속, 제지, 금지, 억제	명	**restraint** [ristréint]
62	로	로이터, 빈둥거리다, 지체하다, 늑장부리다	동	**loiter** [lɔ́itər]
63	엄	엄청난, 굉장한, 무서운, 어이없는	형	**tremendous** [triméndəs]
64	마	마린, 머린, 해양의, 해상의	형	**marine** [mərí:n]
65	찾	찾다, 발견하다, 간파하다, 탐지하다, 알아내다	동	**detect** [ditékt]
66	아	아키텍, 건축가, 설계사, 건축기사	명	**architect** [á:rkitèkt]
67	음	음료, 마실 것	명	**beverage** [bévəridʒ]
68	매	매스터피스, 걸작, 명작	명	**masterpiece** [mǽstə:rpì:s]
69	아	아웃스뜨레치트, 펼친, 편, 뻗친 ; with outstretched arms 양팔을 쭉 뻗쳐	형	**outstretched** [àutstrétʃt]
70	빠	빠이낸셜, 재정상의, 재무의, 재계의, 금융상의	형	**financial** [finǽnʃəl, fai-]
71	찾	(사전 · 지도 따위를) 찾아보다 ; look up a word in a dictionary 사전에서 낱말을 찾다		**look up**

72	아	아케익, 옛풍의 고풍의, 낡은	형	archaic [ɑːrkéiik]
73	음	음료, 마실 것	명	beverage [bévəridʒ]
74	매	매스터피스, 걸작, 명작	명	masterpiece [mǽstəːrpìːs]
75	울	울트라사운드, 초음파	명	ultrasound [ʌ́ltrəsàund]
76	상	상당한, 모양새 좋은, 훌륭한	형	respectable [rispéktəb-əl]
77	을	얼로쁘트, 위에, 높이	부	aloft [əló(ː)ft / -lá-]
78	짓	짓밟디, 유린히디, 밟이 뭉개다	동	trample [trǽmpəl]
79	다	다이어그러매딕, 도표의, 개략의, 윤곽만의	형	diagrammatic [dàiəgrəmǽtik]
80	가	가드, 지키다, 보호하다, 수호하다	동	guard [gɑːrd]
81	해	해브 온리 투 두, ~하기만 하면 되다		have only to do
82	가	가이즈, 외관, 외양, 겉치레, 변장, 가장	명	guise [gaiz]
83	반	반드, 채권, 증서, 묶은 것, 유대,	명	bond [bɑnd / bɔnd]

84	짝	짝 맞추다, 조화시키다, 어울리다	동	match [mætʃ]
85	곱	곱슬곱슬한, 오그라드는, 꼬부라진	형	curly [kə́ːrli]
86	게	게릴라, 비정규병, 유격병, 유격대원, 별동대	명	guerrilla / guerilla [gərílə]
87	피	피어스, (고통 따위가) 스며들다, 관통하다	동	pierce [piərs]
88	어	어서트, 우기다, 주장하다, 단언하다	동	assert [əsə́ːrt]
89	나	나타내다, 묘사하다, 그리다, 기술하다, 표현하다	동	represent [rèprizént]
90	면	면직하다 퇴위시키다, 해임하다	동	depose [dipóuz]
91	너	너처, 기르다, 양육하다, 교육하다	동	nurture [nə́ːrtʃəːr]
92	무	무경험, 미숙련, 서투름, 미숙	명	inexperience [ìnikspíəriəns]
93	나	나타내다, 드러내다, 알리다, 누설하다	동	reveal [rivíːl]
94	기	기준선 ; 기준선을 마련하다	명	baseline [béislàin]
95	다	다이어베틱, 당뇨병의	형	diabetic [dàiəbétik]

96	렸	엿보다, 슬쩍 들여다 보다	동	peep [piːp]
97	나	나씽 벗, 오직 ~ 뿐, 단지 ~일 뿐		nothing but
98	봐	봐이시-버스, 바이시-버스, 반대로, 거꾸로, 역(逆)도 또한 같음		vice versa [váisi-və́ːrsə]
99	폴	폴리시, 닦다, 윤을 내다, 광을 내다, 문지르다	동	polish [pɔ́liʃ / pál-]
100	짝	짝이 없는, 어울리지 않는, 조화롭지 못한, 일치하지 않는	형	incongruous [inkáŋgruəs]
101	폴	폴리시, 닦다, 윤을 내다, 광을 내다, 문지르다	동	polish [pɔ́liʃ / pál-]
102	짝	짝이 없는, 어울리지 않는, 조화롭지 못한, 일치하지 않는	형	incongruous [inkáŋgruəs]
103	콩	콩그리게이트, 캉그리게이트, 모으다, 집합시키다, 모이다, 집합하다	동	congregate [kɔ́ŋgrigèit, káŋ]
104	콩	콩그리게이트, 캉그리게이트, 모으다, 집합시키다, 모이다, 집합하다	동	congregate [kɔ́ŋgrigèit, káŋ]
105	콩	콩그리게이트, 캉그리게이트, 모으다, 집합시키다, 모이다, 집합하다	동	congregate [kɔ́ŋgrigèit, káŋ]
106	흔	흔들리는, 비틀비틀하는, 위태위태한, 불확실한, 불안정한	형	shaky [ʃéiki]
107	들	들먹이다, (마음을) 내키게 하다, 마음을 생기게 하다, 자극하다 ; 경사	동	incline [inkláin]

108	흔	흔들리는, 비틀비틀하는, 위태위태한, 불확실한, 불안정한	형	shaky [ʃéiki]
109	들	들먹이다, (마음을) 내키게 하다, 마음을 생기게 하다, 자극하다 ; 경사	동	incline [inkláin]
110	콩	콩그리게이트, 캉그리게이트, 모으다, 집합시키다, 모이다, 집합하다	동	congregate [kóŋgrigèit, káŋ]
111	콩	콩그리게이트, 캉그리게이트, 모으다, 집합시키다, 모이다, 집합하다	동	congregate [kóŋgrigèit, káŋ]
112	콩	콩그리게이트, 캉그리게이트, 모으다, 집합시키다, 모이다, 집합하다	동	congregate [kóŋgrigèit, káŋ]
113	신	신드롬, 증후군, 일련의 징후, 일정한 행동양식	명	syndrome [síndroum]
114	나	나무라다, 비판하다, 비평하다, 비난하다, 흠을 찾다	동	criticize [krítisàiz]
115	는	넌프라삣. 비영리적인, 자본주의에 의하지 않는	형	nonprofit [nɑnpráfit]
116	아	아더, 열정, 열의, 열성, 충성 ; with ardor 열심히	명	ardor [ά:rdər]
117	기	기기묘묘한, 믿을 수 없는, 터무니없는, 전설적인	형	fabulous [fǽbjələs]
118	염	염증을 일으키게 하다, 충혈시키다 ; 불붙이다, 선동하다, 자극하다	동	inflame [infléim]
119	소	소우시알러지, 사회학, 군집 생태학	명	sociology [sòusiáləʤi]
120	들	들어맞다, 유효하다, 여전히 사실이다		hold true

㊷ 퐁당퐁당 돌을 던지자.

1	퐁	퐁당(풍덩) 물 따위를 튀기다, 튀겨 더럽히다	동	splash [splæʃ]
2	당	당기다, 끌어당기다, 끌고 가다	동	drag [dræg]
3	퐁	퐁당(풍덩) 물 따위를 튀기다, 튀겨 더럽히다	동	splash [splæʃ]
4	당	당기다, 끌어당기다, 끌고 가다	동	drag [dræg]
5	돌	돌진하다, 쇄도하다	동	rush [rʌʃ]
6	을	얼머낵, 달력, 연감, 역서	명	almanac [ɔ́ːlmənæ̀k]
7	던	던스, 열등생, 저능아, 바보	명	dunce [dʌns]
8	지	지치는, 지루한, 싫증나는, 성가신, 귀찮은	형	tiresome [táiəːrsəm]
9	자	자치, 자치권, 자치단체	명	autonomy [ɔːtánəmi]
10	누	누추한, 변변찮은, 작은, 천한, 비천한, 겸손한, 겸허한	형	humble [hʌ́mbəl]
11	나	나이트러전, 질소	명	nitrogen [náitrədʒən]

12	몰	몰레큘러, 분자의, 분자로 된	형	molecular [moulékjulər]
13	래	래터럴, 옆의, 측면의, 바깥쪽의	형	lateral [lǽtərəl]
14	돌	돌풍, 질풍, (비나 눈을 동반한) 스콜, 돌발적인 소동	명	squall [skwɔ:l]
15	을	얼롱사이드, 나란히, 곁에	전	alongside [əlɔ:ŋsáid]
16	던	던지다, 바치다, 전념하다, 몰두하다		devote oneself to ~
17	지	지-녈, 지니얼, 친절한, 정다운, 상냥한	형	genial [dʒí:njəl]
18	자	자극성의, 매운, 얼얼한, 날카로운	형	pungent [pʌ́ndʒənt]
19	냇	냇처럴리, 자연히, 있는 그대로, 당연히	부	naturally [nǽtʃərəli]
20	물	물려주다, 전하다		hand down
21	아	아머, 갑옷과 투구, 갑주	명	armor [á:rmər]
22	퍼	퍼셉츄얼, 지각 있는, 지각의	형	perceptual [pərséptʃuəl]
23	져	져스트삐케이션, 정당화, 변명, 변호	명	justification [dʒʌ̀stəfikéiʃən]

24	라	라이슨스, 면허, 인가, 허가증, 인가증	명	license [láis-əns]
25	멀	멀티래트럴, 다변의, 다각적	형	multilateral [mʌ̀ltilǽtərəl]
26	리	리트럴리, 말 그대로, 문자 그대로	부	literally [lítərəli]
27	멀	멀티튜드, 다수, 대량, 군중, 대중	명	multitude [mʌ́ltitʃùːd]
28	리	리퀴드, 액체 ; 액체의, 유동하는	명	liquid [líkwid]
29	퍼	퍼머넌트, 영구적인, 불변의, 내구성의	형	permanent [pə́ːrmənənt]
30	저	저스티스, 정의, 공정, 공평, 정당	명	justice [dʒʌ́stis]
31	라	라이틀리, 가볍게, 살짝, 가만히, 날래게, 민첩하게	부	lightly [láitli]
32	건	건너뛰다, 빠뜨리다, 가볍게 뛰다	동	skip [skip]
33	너	너슬리, 육아실, 아이 방, 보육원	명	nursery [nə́ːrsəri]
34	편	편견, 선입관, 치우친 생각, 편애	명	prejudice [prédʒudis]
35	에	에버네슨트, 한순간의, 덧없는, 사라지는	형	evanescent [èvənésənt]

36	앉	앉다(=be seated) ; Please seat yourself in a chair. 의자에 좀 앉아 주세요.		seat oneself
37	아	아이덴터빠이, 확인하다, 동일시하다	동	identify [aidéntəfài]
38	서	서보-드니트, 종속된, 예속된	형	subordinate [səbɔ́:rdənit]
39	나	나오다, 모습을 나타내다, 불쑥 나타나다		turn up
40	물	물자, 공급품, 배급 ; 공급하다	명	supply [səplái]
41	를	얼라이크니스, 똑 같음, 동일성	명	alikeness [əláiknis]
42	씻	씻을 수 없는, 지울 수 없는, 잊을 수 없는	형	indelible [indéləbəl]
43	는	언라이클리, 있음직하지 않은, 정말 같지 않은, 가망 없는	형	unlikely [ʌnláikli]
44	우	우먼리, 여자다운, 여성에게 어울리는	형	womanly [wúmənli]
45	리	리거러스, 엄밀한, 엄격한, 매우 혹독한, 정밀한	형	rigorous [rígərəs]
46	누	누설하다, 밝히다, 폭로하다, 공표하다	동	divulge [divʌ́ldʒ]
47	나	나이트후드, 기사도, 기사의 신분, 나이트 작위	명	knighthood [náithùd]

48	손	손목, 움켜 쥠, 파악	몡	fist [fist]
49	등	등사하다, 형판을 대고 찍다	동	stencil [sténsil]
50	을	얼-아웃, 전력을 다한, 전면적인, 철저한	혱	all-out [əl-aut]
51	간	간격, 거리, 틈, 사이, 막간, 휴식시간	몡	interval [íntərvəl]
52	지	지겨운, 지루한, 싫증나는, 장황한	혱	tedious [tí:diəs]
53	러	러디, 붉은, 불그스름한, 혈색이 좋은, 건장한	혱	ruddy [rʌ́di]
54	주	주블리, 희년(禧年), 선년, 50년제	몡	jubilee [dʒú:bəli]
55	어	어버트, 피하다, 막다, (눈 · 얼굴 따위를) 돌리다	동	avert [əvə́:rt]
56	라	라쁠리, 거칠게, 마구, 대충, 대략	부	roughly [rʌ́fli]

43 한겨울에 밀짚모자 꼬마 눈사람

1	한	한 아름(의 분량)	명	**armful** [ά:rmfùl]
2	겨	겨레, 동포, 형제, 동일 조합원	명	**brethren** [bréðrən]
3	울	울화, 원한, 적의, 악의, 유감	명	**grudge** [grʌdʒ]
4	에	에그지스뗀셜, 존재에 관한, 실존의, 존재상의	형	**existential** [ègzisténʃəl]
5	밀	밀련에어, 갑부, 백만장자, 대부호	명	**million(n)aire** [mìljənéər]
6	짚	짚시, 방랑자, 자기트럭으로 무허가 영업하는 운수업자	명	**Gypsy** [dʒípsi]
7	모	모랠, 사기, 의욕, 풍기, 도덕	명	**morale** [mouræl]
8	자	자루, 포대, 마대, 부대	명	**sack** [sæk]
9	꼬	꼬박꼬박, 성실히, 충실히, 정확히	부	**faithfully** [féiəfəli]
10	마	마더후드, 모성애, 어머니임, 어머니 구실, 모권	명	**motherhood** [mʌðəːrhùd]
11	눈	눈에 띄는, 특징적인, 똑똑히 보이는	형	**conspicuous** [kənspíkjuəs]

12	사	사브, 소브, 흐느끼다, 흐느껴 울다	동 sob [sɑb / sɔb]
13	람	암기하다, 외우다	learn ~ by heart
14	눈	눈을 가리다, 눈을 속이다, 보이지 않게 하다	동 blindfold [bláindfòuld]
15	썹	썹트랙, 빼다, 감하다, 공제하다, 뺄셈을 하다, 일부를 제외하다	동 subtract [səbtrǽkt]
16	이	이그저트, (힘을) 쓰다, 행사하다, 발휘하다	동 exert [igzə́ːrt]
17	우	우발적으로, 우연히, 뜻밖에, 고의적으로	부 accidentally [æ̀ksidéntli]
18	습	습관적인, 상습적인, 버릇대로, 버릇의, 습성적인	형 habitual [həbítʃuəl]
19	구	구금하다, 구류하다, 붙들다	동 detain [ditéin]
20	나	(살림살이가 · 형편이) 나아지다, 전보다 잘 지내다	get better off ~
21	코	코웍스, 알랑거리다, 감언으로 설득하다, 달래다, 꾀다	동 coax [kouks]
22	도	도우스, (약의) 1회분 복용량	명 dose [dous]
23	삐	삐스클, 국고의, 재정의, 회계의	형 fiscal [fískəl]

24	뚤	뚫다, 구멍을 뚫다, 도려내다, 시굴하다, 밀치고 나아가다	동	**bore** [bɔːr]
25	고	고객, 의뢰인, 소송 의뢰인	명	**client** [kláiənt]
26	거	거글, (물 따위가) 콸콸 흐르다	동	**gurgle** [gə́ːrgəl]
27	울	울런, 양털의, 양털로 만든	형	**woolen** [wúlən]
28	을	얼루시브, 빗대는, 넌지시 비친	형	**allusive** [əlúːsiv]
29	보	보이언트, 부력의, 뜨기 쉬운	형	**buoyant** [bɔ́iənt / búːjənt]
30	여	여러 해 계속하는, 영원한, 다년생의, 사시사철의	형	**perennial** [pəréniəl]
31	줄	줄이다, 생략하다, 간략하게 하다	동	**curtail** [kəːrtéil]
32	까	까다롭게 고르는, 선택성의, 선택력 있는	형	**selective** [siléktiv]
33	꼬	꼬리표, 딱지, 쪽지, 분류표시	명	**label** [léibəl]
34	마	마더레이트, 삼가는, 절제하는, 알맞은	형	**moderate** [mádərèit]
35	눈	눈송이, 얇은 조각, 박편, 불꽃	명	**flake** [fleik]
36	사	사이킥, 마음의, 심적인, 영혼의	형	**psychic** [sáikik]
37	람	남부끄러운, 철면피의, 뻔뻔스러운, 놋쇠로 만든	형	**brazen** [bréizən]

44 코끼리 아저씨는 코가 손이래

1	코	코우히런트, 일관성 있는, 분명히 말할 수 있는	형	coherent [kouhíərənt]
2	끼	끼워 넣다, 묻다, (마음 · 기억 등에) 깊이 새겨 두다	동	embed [imbéd]
3	리	리세스, 쉼, 휴식, 휴회, 휴정	명	recess [ríːses / risés]
4	아	아블러게이션, 도리, 의무, 책임	명	obligation [àbləgéiʃən]
5	저	저머네이트, 싹트다, 발아하다, 커지다	동	germinate [dʒə́ːrmənèit]
6	씨	씨줄, 위도(緯度), 위선(緯線)	명	latitude [lǽtətjùːd]
7	는	언더두, 설익히다, 설굽다, 불충분하게 하다	동	underdo [ʌ̀ndərdúː]
8	코	코디얼, 다정한, 친절한, 따뜻한	형	cordial [kɔ́ːrdʒəl]
9	가	가금(家禽), 새고기, 닭고기	명	poultry [póultri]
10	손	손작업, 수세공, 수공예, 손일	명	handicraft [hǽndikræ̀f]
11	이	이리트러시, 문맹, 무학, 무식	명	illiteracy [ilítərəsi]

12	래	래디컬, 근본적인, 기본적인, 과격한, 급진적인	형	radical [rǽdikəl]
13	과	과로하다, 무리하다, 지나치게 쓰다	동	overexert [òuvəregzə́:rt]
14	자	자격(권한)을 주다, 적격하게 하다, 권한을 주다	동	qualify [kwάləfài]
15	를	얼다, 동결하다, 빙결하다, 얼어붙다	동	freeze [fri:z]
16	주	주거(지), 주택, 집, 주소	명	dwelling [dwéliŋ]
17	면	면제해주다, 석방하다, 무죄로 하다	동	acquit [əkwít]
18	은	언뻬이브러블, 형편이 나쁜, 불리한, 거슬리는(to)	형	unfavorable [ʌnféivərəbəl]
19	코	코오스, 거친, 조잡한, 열등한	형	coarse [kɔ:rs]
20	로	로터리, 회전하는, 선회하는	형	rotary [róutəri]
21	받	받아쓰게 하다, 구술하다, 명령하다, 지시하다	동	dictate [díkteit]
22	지	지국, 지부, 지점, 분과	명	branch [bræntʃ]
23	요	요건, 필요조건, 필수품, 필요물	명	requisite [rékwəzit]

24	코	코우히런트, 일관성 있는, 이치가 닿는, 시종 일관된	형	coherent [kouhíərənt]
25	끼	끼워 넣다, 묻다, (마음·기억에) 깊이 새겨두다	동	embed [imbéd]
26	리	리세스, 쉼, 휴식, 휴가, 휴식시간	명	recess [rí:ses / risés]
27	아	아블러게이션, 도리, 의무, 책임	명	obligation [àbləgéiʃən]
28	저	저머네이트, 싹트다, 발아하다, 커지다	동	germinate [dʒə́ːrmənèit]
29	씨	씨줄, 위도(緯度), 위선(緯線)	명	latitude [lǽtətʃùːd]
30	는	언쿠뜨, 매우 수수한, 거실고 천한, 거친, 난폭한	형	uncouth [ʌnkúːθ]
31	소	소우, (씨를) 뿌리다, (소문·해독 등을) 뿌리다, 퍼뜨리다, 유포하다	동	sow [sou]
32	방	방관자, 구경꾼, 국외자	명	bystander [báistændər]
33	소	소스, 수원, 원천, 근원, 출처	명	source [sɔːrs]
34	래	래시, 경솔한, 성급한, 분별없는	형	rash [ræʃ]
35	요	요동치다, 흔들리다, 흔들다, 진동하다, 떨다	동	quake [kweik]

36	불	불복종, 불순종, 불효, 위반, 반칙	명	disobedience [dìsəbí:diəns]
37	나	나르시시즘, 나시시즘, 자기애, 자아도취증	명	narcissism [ná:rsisìzəm]
38	면	면밀한, 세밀한, 상세한, 자세한	형	detailed [dí:teild]
39	빨	빨아먹다, 착취하다, 이용하다, 미끼삼다	동	exploit [iksplɔ́it]
40	리	리이브 얼론, 홀로 놔두다, 그냥 내버려 두다 ; Leave me alone. 나를 혼자 내버려 둬.		leave alone =let it be
41	와	와인, (애처롭게) 울다, 흐느껴 울다, 우는 소리를 하다	동	whine [hwain]
42	모	모노토니, 머나토니, 단조로움, 천편일률, 무미건조, 지루함	명	monotony [mənátəni]
43	셔	셔러그, 으쓱하다, 무시해버리다	동	shrug [ʃrʌg]
44	가	가치를 손상시키다, 줄이다, 떨어뜨리다	동	detract [ditrǽkt]
45	지	지껄이다, 쓸데없는 말을 하다	동	babble [bǽbəl]
46	요	요원, 대초원, 목장, 대목초지	명	prairie [prɛ́əri]

45 둥근 해가 떴습니다.

1	둥	둥근, 공 모양의, 세계적인	형	globular [glʌ́bjələr / glɔ́b-]
2	근	근거, 전제	명	premise [prémis]
3	해	해브 어 포인트, 일리 있다, 일가견을 가지고 있다		have a point
4	가	가판대, 노점	명	stall [stɔ:l]
5	떴	떳떳한, 정정당당한, 정당한	형	fair [fɛər]
6	습	습관적인, 재래의, 통례의, 관례적인	형	customary [kʌ́stəmèri / -məri]
7	니	니거드, 인색한 사람, 구두쇠	명	niggard [nígə:rd]
8	다	다큐멘터리, 문서의, 서류의 사실을 기록한, 기록적인	형	documentary [dàkjəméntəri]
9	자	자극, 격려, 고무, 자극제, 흥분제	명	stimulus [stímjələs]
10	리	리뻔드, 상환하다, 반환하다, 환불하다	동	refund [rí:fʌnd]
11	에	에스떼딕, 미의, 미술의, 미학의, 심미적인	형	aesthetic [esθétik]

12	서	서버브, 근교, 교외, 부근, 주변	명	**suburb** [sʌ́bəːrb]
13	일	일탈, 벗어남, 탈선, 편향, 항로변경	명	**deviation** [dìːviéiʃən]
14	어	어캄퍼니드 바이 ~을 동반한 ; I was accompanied by my dog. 나는 개를 데리고 있었다.		**accompanied by ~**
15	나	나이트메어, 나쁜 꿈, 악몽	명	**nightmare** [náitmɛ̀əːr]
16	서	서먼, 소환하다, 호출하다, 소집하다	동	**summon** [sʌ́mən]
17	제	제너러스, 관대한, 아량 있는, 푸짐한	형	**generous** [dʒénərəs]
18	일	일리싯, 비합법의, 불법의, 부정한	형	**illicit** [illísit]
19	먼	먼(머)나터너스, 단조로운, 변화 없는, 지루한	형	**monotonous** [mənɑ́tənəs / -nɔ́t-]
20	저	저글, 요술을 부리다, 곡예를 하다	동	**juggle** [dʒʌ́gəl]
21	이	이머지, 나타나다, 나오다, 벗어나다	동	**emerge** [imə́ːrdʒ]
22	를	얼리비에이토리, 경감하는, 완화시키는	형	**alleviatory** [əlíːvieitɑ̀ri / -təri]
23	닦	닦다, 갈다, 광내다, 빛나게 하다, 광내다	동	**burnish** [bə́ːrniʃ]

24	자	자세, 자태, 태도, 마음가짐	몡	posture [pástʃər]
25	윗	윗틀리스, 어리석은, 지혜 없는	혱	witless [wítlis]
26	니	니어바이, 가까운, 근처의	혱	nearby [níərbái]
27	아	아우크라이, 아우성, 부르짖음, 고함소리	몡	outcry [áutkrài]
28	랫	랫러, 후자(의), 요즈음의	혱	latter [lǽtəːr]
29	니	니드뻘, 없어서는 안 될, 반드시 필요한, 가난한	혱	needful [níːdfəl]
30	닦	닦디, 문지르디, 미할히디, 비비디	동	rub [rʌb]
31	자	자동판매기		vending machine
32	세	세리쁘, 보안관	몡	sheriff [ʃérif]
33	수	수퍼린텐든트, 감독자, 지휘자, 소장	몡	superintendent [sùːpərinténdənt]
34	할	할부, 월부, 납입금(월부 등의 1회분)	몡	installment [instɔ́ːlmənt]
35	때	때 묻은, 더러워진	혱	stained [steind]

36	는	언더테익, 떠맡다, ~의 책임을 지다	동	undertake [ʌndərtéik]
37	깨	깨어나다, 소생하다, 회복하다, 제정신이 들다		come to life
38	끗	끄다, 진화하다, 소화시키다, 소멸시키다	동	extinguish [ikstíŋgwiʃ]
39	이	이미그런트, 이주자, 이민자, 이민 ; 이주하는	명	immigrant [ímigrənt]
40	이	이미테이트, 모방하다, 흉내내다, 위조하다, 답습하다	동	imitate [ímitèit]
41	쪽	족장, 가장	명	patriarch [péitrià:rk]
42	저	저머사이들, 살균성의, 살균력이 있는	형	germicidal [dʒə̀:rməsáidl]
43	쪽	족, 족속, 친족, 친척, 일가	명	kin [kin]
44	목	목가, 전원시 ; 목자의	명	pastoral [pǽstərəl]
45	닦	닦다, 청소하다, 닦아내다, 씻다	동	mop [mɑp]
46	고	고된 일, 단조롭고 고된 일	명	drudgery [drʌ́dʒəri]
47	머	머지, 합병하다, 합체시키다, 어우러지다, 합치다	동	merge [mə:rdʒ]

48	리	리벨련, 반란, 모반, 폭동	명	rebellion [ribéljən]
49	빗	빗 어라운드 더 부시, 에둘러 말하다, 변죽을 울리다		beat around the bush
50	고	고급의, 호화로운, 사치의	형	deluxe [dəlúks]
51	옷	옷깃, (양복의) 접은 옷깃	명	lapel [ləpél]
52	을	얼레그로우, 빠른, 경쾌한 ; 빠르게, 경쾌하게	형	allegro [əléígrou].
53	입	입(이)뻬이스, 지우다, 훔쳐내다, 말살하다	동	efface [iféis]
54	고	고귀힌, 귀힌, 드문, 진기한	형	rare [rɛəːr]
55	거	거스트, 돌풍, 질풍, 일진의 바람	명	gust [gʌst]
56	울	울적, 우울증, 불경기, 불황	명	depression [dipréʃən]
57	을	얼라이드, 동맹한, 연합한, 연합국의	형	allied [əláid, ǽlaid]
58	뽑	보고, 요약보고, 상황설명	명	briefing [bríːfiŋ]
59	니	니고시에이션, 교섭, 협상, 유통	명	negotiation [nigòuʃiéiʃən]

60	다	다이버전, 전환, 다른 곳으로 돌림, 유용, 기분전환	명	diversion [daivə́:rʒən]
61	꼭	꼭 맞는, 어울리는, 알맞은, 건강에 좋은	형	fit [fit]
62	꼭	꼭두각시, 작은 인형	명	puppet [pʌ́pit]
63	씹	(음식을) 씹다, 저작(咀嚼)하다, 분쇄하다	동	masticate [mǽstəkèit]
64	어	어슈움, 가정하다, 취하다, 떠맡다	동	assume [əsjú:m]
65	밥	밥, 홱 움직임 ; 까불까불 움직이다, 홱 움직이다	명	bob [bɑb]
66	을	얼루드, 언급하다, 비추다, 암시하다	동	allude [əlú:d]
67	먹	먹, 거름, 퇴비, 쓰레기	명	muck [mʌk]
68	고	고립되다, 고립되어 있다, 비길 데 없다		stand alone
69	가	가혹하게, 호되게, 격심하게, 엄격하게	부	severely [sivíə:rli]
70	방	방송하다, 방영하다, 퍼뜨리다	동	broadcast [brɔ́:dkæst]
71	메	메더테이트, 생각하다, 명상하다, 숙고하다, 묵상하다	동	meditate [médətèit]

72	고	고갈시키다, 소모시키다, 다 써버리다	동	deplete [diplíːt]
73	인	인 얼 코스츠, 어떤 비용이 들더라도		in all costs
74	사	사캐스딕, 비꼬는, 빈정대는, 풍자의	형	sarcastic [sɑːrkǽstik]
75	하	하우스호울드, 가족, 세대, 한 집안	명	household [hauśhòuld] .
76	고	고개를 숙이다, 머리를 숙이다, 절하다	동	bow [bau]
77	유	유시지, 사용법, 용법, 취급	명	usage [júːsidʒ]
78	치	치프, 칩, 토막, 깍아 낸 부스러기, 시서깨비, 얇은 소각	명	chip [tʃip]
79	원	원드러스, 놀랄만한, 이상한, 불가사의한	형	wondrous [wʌ́ndrəs]
80	에	에버-프레즌트, 늘 존재하는, 상존하는	형	ever-present [évərprèzənt]
81	갑	갑절의, 이중의, 두 배의, 두 개의 부분을 가진	형	twofold [túːfòuld]
82	니	니세시에이트, 필요로 하다, 요하다	동	necessitate [nisésətèit]
83	다	다트, 닷, 도트, 점, 작은 점	명	dot [dɑt / dɔt]

84	씩	씩씩한, 용감한, 호협한, 당당한	형	gallant [gǽlənt]
85	씩	씩씩한, 용감한, 호협한, 당당한	형	gallant [gǽlənt]
86	하	하이라이트, 부각시키다, 강조하다	동	highlight [háilàit]
87	게	게걸스러운, 만족할 줄 모르는, 탐욕스러운	형	insatiable [inséiʃəbəl]
88	갑	갑판, 부두, 바닥, 납작한 지붕	명	deck [dek]
89	니	니세서티, 물건, 필수품, 필연성, 필요	명	necessity [nisésəti]
90	다	다다이즘, 허무적 예술주의	명	dada(ism) [dá:dɑ:(ìzəm), dá:də(-)]

46 개울가에 올챙이 한 마리

1	개	개짓, 가젯, 간단한 장치, 도구, 부속품	명	**gadget** [gǽdʒit]
2	울	울림, 진동, 동요, 흔들림	명	**vibration** [vaibréiʃən]
3	가	가증스러운, 원한을 품은, 악의가 있는	형	**spiteful** [spáitfəl]
4	에	에머그레이트, 이민가다, 이주하다	동	**emigrate** [éməgrèit]
5	올	올드타이머, 고참자, 은퇴선수	명	**old-timer** [óuldtáimər]
6	챙	챙기다, 모으다, 잘 정리하다		**get together**
7	이	이크나미클, 경제적인, 절약하는	형	**economical** [ì:kənámikəl]
8	한	한정된, 배타적인, 독점적인	형	**exclusive** [iksklú:siv]
9	마	마더삐케이션, 수정, 변경, 개량,	명	**modification** [màdəfikéiʃ-ən]
10	리	리콜렉트, 생각해 내다, 회상하다	동	**recollect** [rèkəlékt]
11	꼬	꼬다, 뒤틀다, 얽히게 하다, 왜곡시키다	동	**twist** [twist]

12	물	물집, 수포, 부풀음, 기포, 발진	명	**blister** [blístər]
13	꼬	꼬다, 뒤틀다, 얽히게 하다, 왜곡시키다	동	**twist** [twist]
14	물	물집, 수포, 부풀음, 기포, 발진	명	**blister** [blístər]
15	헤	헤미스삐어, 반구, 반구체, 범위	명	**hemisphere** [hémisfiər]
16	엄	엄파이어, 심판(자), 중재자 ; 심판하다, 중재하다	명	**umpire** [ʌ́mpaiər]
17	치	치-쁠리, 주로, 흔히, 대개	부	**chiefly** [tʃíːfli]
18	다	다크호스, (선거 · 경주 등에서 뜻밖의) 유력 경쟁자		**dárk hórse**
19	뒷	뒷바라지 하다, 돌보다		**look after**
20	다	다운드래쁘트, 하강기류, 감퇴	명	**downdraft** [dάun-ræft]
21	리	리빠인, 세련되게 하다, 정제하다	동	**refine** [rifáin]
22	가	가엾은, 불쌍한, 비참한, 가련한	형	**miserable** [mízərəbəl]
23	쑤	쑤디, 그을린, 거무스름한	형	**sooty** [súti, súːti]

24	욱	욱신욱신 쑤시다, 가슴이 고동치다	동	throb [θrɑb / θrɔb]
25	앞	앞장서다, 선도하다		take the lead
26	다	다이퍼, 마름모꼴 무늬, 기저귀	명	diaper [dáiəpər]
27	리	리쁠렉트, 곰곰이 생각하다, 반성하다, 반사하다, 반영하다	동	reflect [riflékt]
28	가	가만히 서 있다, 가만히 멈춰 서다		stand still
29	쑤	쑤디, 그을린, 거무스름한	형	sooty [súti, súːti]
30	욱	욱신욱신 쑤시디, 기슴이 고동치다	동	throb [θrɑb / θrɔb]
31	팔	팔러먼트, 의회, 국회	명	parliament [páːrləmənt]
32	딱	딱한, 가엾은, 인정 많은, 가엾은	형	pitiful [pítifəl]
33	팔	팔러먼트, 의회, 국회	명	parliament [páːrləmənt]
34	딱	딱한, 가엾은, 인정 많은, 가엾은	형	pitiful [pítifəl]
35	개	개다, 개키다, 접다, 접어 포개다, (소매 등을) 걷어 올리다	동	fold [fould]

36	구	구경거리, 광경, 장관	명	spectacle [spéktəkəl]
37	리	리테일, 소매(小賣) ; 소매하다(↔wholesale)	명	retail [rí:teil]
38	됐	돼지, 야비한 녀석	명	swine [swain]
39	네	네이티브디, 너티브디, 출생, 탄생	명	nativity [nətívəti]

47 곰 세 마리가

1	곰	곰팡이, 곰팡내가 남	명	must [mʌst]
2	세	세이버, 음미하다, 맛보다	동	savor [séivəːr]
3	마	마일스또운, 이정표, (인생 · 역사 따위의) 중대시점, 획기적 사건	명	milestone [máilstòun]
4	리	리모우트, 멀리 떨어진, 먼, 외딴의	형	remote [rimóut]
5	가	가증스러운, 혐오스러운, 몹시 싫은	형	detestable [ditéstəbəl]
6	한	한계글 넘다, 초월하다, 능가히디	동	transcend [trænsénd]
7	집	집중하다, (힘 따위를) 미치다, 발휘하다		bring to bear
8	에	에컬라직, 생태학의, 생태학적인	형	ecologic [èːkəládʒik]
9	있	있(이)스떼블리시, 확립하다, 설립하다, 수립하다	동	establish [istǽbliʃ]
10	어	어스뜨리즌트, 수렴성의, 수축시키는	형	astringent [əstríndʒənt]
11	아	아우트레이저스, 난폭한, 포악한, 무법한	형	outrageous [autréidʒəs]

12	빠	빠슨, 묶다, 동이다, 죄다, 잠그다	동	**fasten** [fǽsn, fáːsn]
13	곰	곰곰이 생각에 잠긴, 묵상의, 명상적인	형	**meditative** [médətèitiv]
14	엄	엄청난, 굉장한, 거대한	형	**stupendous** [stʃuːpéndəs]
15	마	마일드-템퍼드, 온화한, 상냥한, 친절한	형	**mild-tempered** [maildtémpəːrd]
16	곰	곰곰이 생각에 잠긴, 묵상의, 명상적인	형	**meditative** [médətèitiv]
17	애	애더버스, 역의, 반대의, 거스르는	형	**adverse** [ædvə́ːrs]
18	기	기운이 없어지다, 쇠약해지다, 시들다 ; 동경하다	동	**languish** [lǽŋgwiʃ]
19	곰	곰곰이 생각에 잠긴, 묵상의, 명상적인	형	**meditative** [médətèitiv]
20	아	아우트레이저스, 난폭한, 포악한, 무법한	형	**outrageous** [autréidʒəs]
21	빠	빠슨, 묶다, 동이다, 죄다, 잠그다	동	**fasten** [fǽsn, fáːsn]
22	곰	곰곰이 생각에 잠긴, 묵상의, 명상적인	형	**meditative** [médətèitiv]
23	은	언세틀드, 변하기 쉬운, 일정치 않은, 동요하는, 불안정한	형	**unsettled** [ʌnsétld]

| 24 | 뚱 | 뚱뚱함, 비만, 비대 | 명 | obesity [oubí:səti] |

| 25 | 뚱 | 뚱뚱함, 비만, 비대 | 명 | obesity [oubí:səti] |

| 26 | 해 | 해브 더 어퍼 핸드, ~을 이기다, ~보다 우세하다 | | have the upper hand |

| 27 | 엄 | 엄청난, 굉장한, 거대한 | 형 | stupendous [stʃu:péndəs] |

| 28 | 마 | 마이노러디, 소수, 소수자의 무리, 소수당, 소수민족 | 명 | minority [minɔ́:rəti] |

| 29 | 곰 | 곰곰이 생각에 잠긴, 묵상의, 명상적인 | 형 | meditative [médətèitiv] |

| 30 | 은 | 언카먼, 남다른, 흔하지 않은, 비범한 | 형 | uncommon [ʌnkámən] |

| 31 | 날 | 날다, 훨훨 날다, (새 따위가) 훌쩍 날다, 휙 지나가다 | 동 | flit [flit] |

| 32 | 씬 | 씬익, 경치의, 경치가 좋은, 무대의 | 형 | scenic [síːnik, sén-] |

| 33 | 해 | 해브 노 초이스 벗 투 ~, ~않을 수 없다 | | have no choice but to do |

| 34 | 애 | 애닉도우트, 일화, 일사(逸事), 기담(奇談). 비사, 비화 | 명 | anecdote [ǽnikdòut] |

| 35 | 기 | 기운이 없어지다, 쇠약해지다, 시들다 ; 동경하다 | 동 | languish [lǽŋgwiʃ] |

36	곰	곰곰이 생각에 잠긴, 묵상의, 명상적인	형	meditative [médətèitiv]
37	은	언토울드, 말로 다할 수 없는, 셀 수 없는	형	untold [ʌntóuld]
38	너	너브스, 신경성의, 신경 과민한, 불안한, 겁 많은	형	nervous [nə́:rvəs]
39	무	무시하다, 경시하다, 문제시하지 않다	동	disregard [dìsrigá:rd]
40	귀	귀찮은, 골치 아픈, 다루기 힘든	형	troublesome [trʌ́blsəm]
41	여	여기저기, 이리저리(로), 앞뒤로		to and fro
42	워	워드로우브, 옷장, 의류, 무대 의상	명	wardrobe [wɔ́:rdròub]
43	으	어큐우즈, 고소하다, 고발하다, 비난하다	동	accuse [əkjú:z]
44	쓱	쓱쓱 비비다, 북북 문지르다	동	scrub [skrʌb]
45	으	어큐우즈, 고소하다, 고발하다, 비난하다	동	accuse [əkjú:z]
46	쓱	쓱쓱 비비다, 북북 문지르다	동	scrub [skrʌb]
47	잘	잘 받아들이는, 감수성이 예민한, 이해력이 빠른	형	receptive [riséptiv]

| 48 | 한 | 한풀 죽은, 기운 없는, 낙담한, 낙심한(depressed) | 형 | dejected [didʒéktid] |
| 49 | 다 | 다머네이션, 지배, 권세, 우월 | 명 | domination [dàmənéiʃən / dɔ̀m-] |

Part V

노래가사 첫말잇기로 자동암기

국민 애송시 · 시조

순 서

48 진달래꽃

1	나	나쁜 행동, 무례, 부정, 비행	명	misbehavior [mìsbihéivjər]
2	보	보레이셔스, 게걸스레 먹는, 폭식하는	형	voracious [vouréiʃəs]
3	기	기브 오버, 넘겨주다, 양도하다, 맡기다 ; Give it over to me. 그것을 나에게 넘[맡]겨.		give over
4	가	가십, 잡담, 한담, 세상 이야기	명	gossip [gásip / gɔ́s-]
5	역	역겨워하다, 싫증내다 ; 혐오, 구역질	동	disgust [disgʌ́st]
6	겨	겨우, 단지 ; I have no more than two dollars. 단지 2달러밖에 없다.		no more than
7	워	워-디, 존경할만한, 훌륭한, 가치 있는, 유덕한, (~에) 어울리는	형	worthy [wə́:rði]
8	가	가소로운, 우스꽝스러운, 불합리한, 부조리한, 터무니 없는	형	absurd [æbsə́:rd]
9	실	실, 날인하다, 사인하다, 봉인하다, 밀봉하다	동	seal [si:l]
10	때	때 묻은, 더렵혀진, 썩은, 부패한	형	tainted [téintid]
11	에	에쥬케잇, 교육하다, 훈육하다, 육성하다, 견문을 넓히다	동	educate [édʒukèit]

12	는	넌 벗, ~외에는 아무도...않다 ; None but fools have ever believed it. 바보 이외에는 아무도 그것을 믿지 않았다.		none but ~
13	말	말씨, 어법, 용어의 선택	명	diction [díkʃən]
14	없	없스뜨럭스, 막다, 차단하다, 방해하다	동	obstruct [əbstrʎkt]
15	이	이그저트, 열심히 타이르다, 권하다, 권고하다	동	exhort [igzɔ́ːrt]
16	고	고요한, 평온한, 조용한, 차분한	형	tranquil [trǽŋkwil]
17	이	이베이시브, 회피하는, 둘러대는, 분명치 않은	형	evasive [ivéisiv]
18	노	노우스뜨쁠, 으스내는, 사링하는	형	boastful [bóustfəl]
19	내	내츄럴라이즈, 귀화시키다, 받아들이다	동	naturalize [nǽtʃərəlàiz]
20	드	드라운, 익사시키다, 물에 빠뜨리다	동	drown [draun]
21	리	리글, 법률상의, 법적인, 합법의	형	legal [líɡəl]
22	우	우세한, 주요한, 유력한, 널리 보급되어 있는	형	prevailing [privéiliŋ]
23	리	리트릿, 물러가다, 퇴각하다	동	retreat [riːtríːt]

24	다	다머사일, 주소, 주거, 거주지	명	domicile [dáməsàil]
25	영	영감, 기발한 생각, 고무, 고취	명	inspiration [ìnspəréiʃən]
26	변	변호사, 법률가, 법률학자	명	lawyer [lɔ́:jər]
27	에	에네이블, 가능하게 하다, 용이하게 하다, ~에게 가능성을 주다	동	enable [enéibəl]
28	약	약물치료, 투약법, 약물	명	medication [mèdəkéiʃən]
29	산	산산이 부수다, 박살내다	동	shatter [ʃǽtər]
30	진	진범, 죄인, 범죄자, 피의자	명	culprit [kʌ́lprit]
31	달	달변의, 능변의, 웅변의, 설득력 있는, 감동적인	형	eloquent [éləkwənt]
32	래	래비시, 강탈하다, 성폭행하다	동	ravish [rǽviʃ]
33	꽃	꽃 같은, 꽃이 많은, 화려한	형	flowery [fláuəri]
34	아	아리스토크라시, 애러스타크러시, 귀족정치, 귀족, 귀족사회	명	aristocracy [ærəstákrəsi]
35	름	음욕의, 관능적인, 호색의, 육감적인	형	sensual [sénʃuəl]

36	따	따르다, 순응시키다, 적합시키다, 따르게 하다, 순응하다	동	**conform** [kənfɔ́:rm]
37	다	다운뽀-올, 낙하, 추락, 몰락	명	**downfall** [daunfɔ́:l]
38	가	가칭의, 일시적인(temporary), 잠정적인, 임시의,	형	**provisional** [prəvíʒənəl]
39	실	실증하다, (소신 · 진술 등을) 확실히 하다, 확증하다, 확인하다	동	**corroborate** [kərábərèit]
40	길	길든, 유순한, 온순한	형	**tamed** [teimd]
41	에	에리얼, 공기의, 공기와 같은, 덧없는, 공허한	형	**aerial** [ɛ́əriəl]
42	뿌	뿌리다, 뿔지나, 펴나, 선개하다	동	**spread** [spred]
43	리	리졸브, 결심하다, 결단하다, 분해하다	동	**resolve** [rizálv / -zɔ́lv]
44	우	우려, 염려 ; 관계하다	명	**concern** [kənsə́:rn]
45	리	리지스트, 저항하다, 격퇴하다, 견디다	동	**resist** [rizíst]
46	다	다이레이트, 넓히다, 팽창시키다	동	**dilate** [dailéit]
47	가	가브, 복장, 옷차림 ; ~을 입다	명	**garb** [gɑ:rb]

Part V 국민 애송 시 · 시조

48	시	시메스터, 학기, 한 학기, 반 학년	명	semester [siméstər]
49	는	언그라운디드, 근거 없는, 사실무근의, 무지한,	형	ungrounded [ʌngráundid]
50	걸	걸맞다, 어울리다, 적합하다	동	befit [bifít]
51	음	음모, 줄거리, 계획, 책략	명	plot [plɑt / plɔt]
52	걸	걸림돌, 장애(물), 장애, 신체 장애, 언어장애	명	impediment [impédəmənt]
53	음	음란한, 호색의, 외설한, 추잡한	형	salacious [səléiʃəs]
54	놓	놓아주다, 해방하다, 석방하다		set free
55	인	인스빠이어, 고취하다, 불러일으키다	동	inspire [inspáiər]
56	그	그래터빠이, 만족시키다, 기쁘게 하다	동	gratify [grǽtəfài]
57	꽃	꽃, 활짝 핌, 만발 ; 개화하다	명	bloom [blu:m]
58	을	얼라우 완셀쁘 인, ～에 몰두하다, 전념하다, ～에 빠지다		allow oneself in ~
59	사	사이카이어츠리스트, 정신과의사	명	psychiatrist [saikáiətrist]

60	뿐	뻔더멘틀, 기초의, 기본의, 근본적인, 중요한	형	fundamental [fʌndəméntl]
61	히	히치, (말 따위를) 매다, 걸다, 얽히게 하다	동	hitch [hitʃ]
62	즈	즈리다, 누르다, 밀어 붙이다		press down
63	려	(〜의) 여유가 있다, 〜할 여유가 있다	동	afford [əfɔ́ːrd]
64	밟	밟다, 걷다, 가다, 지나다	동	tread [tred]
65	고	고집 센, 완고한, 강퍅한, 끈질긴	형	obstinate [ábstəneit]
66	가	가비지, 오물, 쓰레기, 음식찌꺼기	명	garbage [gáːrbidʒ]
67	시	시비어, 가혹한, 엄한, 호된, 모진	형	severe [sivíəːr]
68	옵	옵셔널, 자발적인, 임의의, 선택의	형	optional [ápʃənəl / óp-]
69	소	소독하다, 살균하다	동	disinfect [dìsinfékt]
70	서	서밋, 산꼭대기, 정상, 꼭대기, 절정	명	summit [sʌ́mit]
71	나	나다, 일어나다, 발생하다, 생기다 ; The accident took place midnight.		take place

72	보	보더, 괴롭히다, 귀찮게 하다	동	bother [bɔ́/áðə:r]
73	기	기관, 장치, 기계, 기구	명	apparatus [æpəréitəs]
74	가	가글, 고글, 보호안경, 보안경	명	goggle [gágəl]
75	역	역모, 모반, 반역, 배신, 배반	명	treason [trí:z-ən]
76	겨	겨누다, 겨냥하다, 표적으로 삼다		take aim at
77	워	워어삐어, 교전상태, 전쟁행위	명	warfare [wɔ́:rfɛ̀ə:r]
78	가	가븐, 통치하다, 다스리다	동	govern [gʌ́vərn]
79	실	실리, 어리석은, 분별없는, 바보 같은	형	silly [síli]
80	때	때우다, 땜질하다 ; 땜장이, 만물 수선인	동	tinker [tíŋkə:r]
81	에	에틱스, 윤리학, 도덕론, 도의, 윤리, 도덕	명	ethics [éθiks]
82	는	년 아더 댄, 다름 아닌 ~, 바로 ~ : The visitor was none other than the king. 방문자는 다름 아닌 국왕 그 분이었다.		none other than~

83	죽	죽다, 사망하다		pass away
84	어	어스크라이브, ~에 돌리다, ~에 기인하는 것으로 하다	동	ascribe [əskráib]
85	도	도랑, 참호, 해자, 참호진지	명	trench [trentʃ]
86	아	아웃스꺼츠, 변두리, 교외	명	outskirts [áutskə:rts]
87	니	니일, 무릎을 꿇다, 굴복하다, 간원하다	동	kneel [ni:l].
88	눈	눈사태, (질문·편지 등의) 쇄도	명	avalanche [ǽvəlæntʃ]
89	물	물자, 일용품, 필수품, 싱품	명	commodity [kəmádəti]
90	흘	흘겨보다, 노려보다, 얼굴을 찌푸리다	동	scowl [skaul]
91	리	리브 나씽 투 비 디자이어드, 더 이상 바랄 것이 없다, 조금도 아쉬운 점이 없다		leave nothing to be desired
92	우	우세하다, 뛰어나다, 걸출하다, 탁월하다	동	predominate [pridámənèit]
93	리	리미트, 용서하다, 면제하다, 감면하다	동	remit [rimít]
94	다	다이, 너의, 그대의, your의 고어형	대	thy [ðai]

49 강나루 건너서 밀밭 길을

1	강	강렬한, 격렬한, 심한, 맹렬한	형	**intense** [inténs]
2	나	나누다, 배포하다, 분배하다, 분류하다, 살포하다	동	**distribute** [distríbjuːt]
3	루	루이너스, 파멸적인, 황폐한, 파괴적인, 폐허의	형	**ruinous** [rúːinəs]
4	건	건망증이 심한, 부재의, 방심상태의	형	**absent-minded** [ǽbsənt-máindid]
5	너	너버슬리, 신경질적으로, 과민하게	부	**nervously** [nə́ːrvəsli]
6	서	서바이브, 살아남다, 생존하다, 헤어나다, 면하다	동	**survive** [sərváiv]
7	밀	밀리턴트, 교전하고 있는, 호전적인, 투쟁적인	형	**militant** [mílətənt]
8	밭	밭갈이하다, 경작하다, 쟁기질하다, 갈다	동	**plow** [plau]
9	길	길로틴, 단두대 ; 단두대로 목을 자르다	명	**guillotine** [gílətiːn]
10	을	얼-퍼포스, 만능의, 다재다능의, 어떤 목적에도 알맞은	형	**all-purpose** [əl-pə́ːrpəs]
11	구	구조, 구출, 구제 ; 구조하다, 구하다	명	**rescue** [réskjuː]

12	름	음란한, 외설한, 추잡한, 역겨운	형	**obscene** [əbsíːn]
13	에	에피소드, 일화, 삽화, 경험적 사건	명	**episode** [épəsòud]
14	달	달라붙는, 끈적끈적한, 점착성의, 귀찮은	형	**sticky** [stíki]
15	가	가금, 닭, 닭고기, 새고기	명	**fowl** [faul]
16	듯	드레인, 배수하다, 물을 빼다, 배출하다	동	**drain** [drein]
17	이	이혼, 별거, 절연, 분열, 분리	명	**divorce** [divɔ́ːrs]
18	가	가모지르다, 교치히디, 엇갈리디	동	**intersect** [ìntərsékt]
19	는	언임페어드, 손상되지 않은, 줄지 않은	형	**unimpaired** [ʌnimpέərd]
20	나	나블리스트, 노블리스트, 소설가, 작가	명	**novelist** [návəlist / nɔ́v-]
21	그	그라인딩, (맷돌로) 가는, 삐걱거리는, 힘이 드는, 괴롭히는	형	**grinding** [gráindiŋ]
22	네	네이키들리, 벌거숭이로, 적나라하게	부	**nakedly** [néikidli]
23	길	길드, 도금하다, 치장하다, 겉치레하다	동	**gild** [gild]

24	은	언짢은, 불길한, 나쁜 징조의, 전조의, 흉조의	형	**ominous** [ámənəs]
25	외	외(웨)어러블, 착용할 수 있는, 착용에 적합한	형	**wearable** [wέərəb-əl]
26	줄	줄무늬, 줄, 선조, 줄 무늬 있는 천	명	**stripe** [straip]
27	기	기만하는, 현혹시키는, 거짓의, 사기의, 믿지 못할	형	**deceptive** [diséptiv]
28	남	남김없이, 예외 없이		**without exception**
29	도	도깨비, 환영, 환각, 유령, 망상, 착각	명	**phantom** [fǽntəm]
30	삼	삼, 찬송가, 성가, 시편	명	**psalm** [sɑːm]
31	백	백과사전, 전문사전	명	**encyclopedia** [ensàikloupíːdiə]
32	리	**리지터미트**, 정당한, 합법의, 적법한 ; 정당화하다	형	**legitimate** [lidʒítəmit]
33	술	술렁이게 하다, 혼란시키다, 휘젓다, 방해하다, 불안하게 하다	동	**disturb** [distə́ːrb]
34	익	**익센트릭**, 괴상한, 보통과 다른, 상도를 벗어난, 괴짜인	형	**eccentric** [ikséntrik]
35	는	**언듈리**, 과도하게, 심하게, 부적당하게, 불법으로	부	**unduly** [ʌndjúːli]

36	마	마아셜, 나열하다, 배열하다, 정렬시키다	동	marshal [máːrʃəl]
37	을	얼-임브레이싱, 포괄적인, 남김 없는, 모든 것을 포함하는	형	all-embracing [əl-imbréisiŋ]
38	마	마이그러토리, 이동하는 방랑성의, 표류하는	형	migratory [máigrətɔ̀ːri]
39	다	다죄다, 단단히 매다, 고정시키다, 팽팽히 매다 ; 버팀대, 지주	동	brace [breis]
40	타	타아디, 지각하는, 느린, 늦은, 더딘, 완만한	형	tardy [táːrdi]
41	는	언디비에이팅, 정도를 벗어나지 않은, 탈선하지 않은	형	undeviating [ʌndíːvièitiŋ]
42	저	저미사이드, 살균제	명	germicide [dʒə́ːrməsàid]
43	녁	역자, 번역자, 통역, 번역기	명	translator [trænsléitəːr]
44	놀	놀라다, 깜짝 놀라다, 놀라게 하다, 펄쩍 뛰게 하다	동	startle [stáːrtl]
45	구	구성요소, 성분, 부품 ; 구성하고 있는, 성분을 이루는	명	component [kəmpóunənt]
46	름	음모, 배반, 반역, 변절, 반역행위	명	treachery [trétʃ-əri]
47	에	에띠클, 윤리적인, 도덕상의, 직업상의	형	ethical [éθikəl]

48	달	달아나다, 도망하다, 내빼다, 피하다, 질주하다	동	flee [fliː]
49	가	가공할만한, 무서운, 무시무시한	형	fearsome [fíərsəm]
50	듯	드래머타이즈, 극화하다, 극적으로 표현하다, 과장하다	동	dramatize [drǽmətàiz]
51	이	이메저러블, 한량없는, 헤아릴 수 없는, 광대한	형	immeasurable [iméʒərəbəl]
52	가	가파른, 깎아지른 듯한, 급경사진	형	steep [stiːp]
53	는	언더레스티메이트, 과소평가하다, 싸게 어림하다	동	underestimate [ʌ̀ndəréstəmèit]
54	나	나블리스틱, 소설의, 허구의	형	novelistic [nàvəlístik / nòv-]
55	그	그레이스, 은총, 우아, 우미, 품위	명	grace [greis]
56	네	네슬, 기분 좋게 드러눕다, 편안하게 자리 잡다	동	nestle [nésəl]

50 한산섬 달 밝은 밤에

1	한	한때의, 일시적인, 순간적인, 덧없는, 무상한	형	**transient** [trǽnʃənt, -ziənt]
2	산	산수의, 계산의 ; 산수, 계산, 셈	형	**arithmetic** [ǽriəmétik]
3	섬	섬머 살스티스, 하지		**summer solstice**
4	달	달랑거리다, 딸랑거리다, 알리다	동	**tinkle** [tíŋk-əl]
5	밝	밝히다, (비밀 · 마음 등을) 털어놓다, 폭로하다 ; 벌거벗은, 알몸의	동	**bare** [bɛər]
6	은	언사이틀리, 꼴불견스러운, 꼴사나운	형	**unsightly** [ʌnsáitli]
7	밤	밤, 폭탄, 수류탄	명	**bomb** [bɑm / bɔm]
8	에	에퓨우시블리, 심정을 토로하면서, 격정적으로, 감정이 넘쳐나는 듯이	부	**effusively** [efjúːsivli]
9	수	수프레머시, 지고(至高), 최고, 최상위, 주권	명	**supremacy** [səpréməsi, su(ː)-]
10	루	루드, 음란한, 추잡한, 외설의	형	**lewd** [luːd]
11	에	에뜨니서티, 민족성, 인종	명	**ethnicity** [eθnísətiː]

12	혼	혼돈, 혼란, 무질서, 대혼란	명	chaos [kéiɑs]
13	자	자이갠틱, 커다란, 거인 같은, 거대한	형	gigantic [ʤaigǽntik]
14	앉	앉히다, 안내하다, The usher seated himself in the front row. 안내원은 앞줄 좌석에 앉았다.		seat oneself
15	아	아웃소싱, 하청	명	outsourcing [àutsɔ́ːrsiŋ]
16	큰	큰 소리로 말하다, 외치다	동	exclaim [ikskléim]
17	칼	칼러나이즈, 식민지로 만들다, 이식하다, 대량서식하다	동	colonize [kálənàiz]
18	옆	옆구리, 측면, 옆구리 살	명	flank [flæŋk]
19	에	에칭, 식각법, 부식 동판술, 에칭판	명	etching [étʃiŋ]
20	차	차터, 헌장, 선언문, 특허장, 면허장	명	charter [tʃáːrtər]
21	고	고행의, 금욕의, 수도의 ; 금욕주의자	형	ascetic [əsétik]
22	깊	깊어지다, 깊게 하다, 진하게 하다	동	deepen [díːpn]
23	은	언서스떼이너블, 도달할 수 없는, 떠받칠 수 없는	형	unsustainable [ʌ̀nsəstéinəbəl]

노래가사로 자동암기 자동기억

24	시	시그니피컨트, 중대한, 중요한, 뜻있는	형	significant [signífikənt]
25	름	음성의, 음성상의, 음성학의	형	phonetic [founétik]
26	하	하이드웨이, 은신처, 숨은 곳, 잠복장소	명	hideaway [háidəwèi]
27	는	언스떼이블, 불안정한, 흔들거리는, 변하기 쉬운	형	unstable [ʌnstéibəl]
28	적	적당한, 적절한, 맞는	형	apposite [ǽpəzit]
29	에	에더블, 먹을 수 있는, 식용에 적합한, 식용의	형	edible [édəbəl]
30	어	어도어, 앙모하다, 숭배하다, 산비하나	동	adore [ədɔ́ːr]
31	디	디듀스, 연역하다, 추론하다	동	deduce [didjúːs]
32	서	서스삐셔스, 의심스러운, 미심쩍은	형	suspicious [səspíʃəs]
33	일	일러스트리어스, 뛰어난, 이름난, 저명한	형	illustrious [ilʌ́striəs]
34	성	성금, 기부금, 기부청약, 기부, 가입, 구독예약	명	subscription [səbskrípʃən]
35	호	호리, 흰색의, 회색의	형	hoary [hɔ́ːri]

36	**가**	가치 있다, 귀중하다		**be of value**
37	**는**	언라이크, 닮지 않은, 다른, 있음직하지 않은	형	**unlike** [ʌnláik]
38	**남**	남루한, 누더기의, 누덕누덕한, 거친, 텁수룩한	형	**ragged** [rǽgid]
39	**의**	의제, 목록, 안건, 의사일정, 비망록	명	**agenda** [ədʒéndə]
40	**애**	애드버서디, 역경, 불행, 불운	명	**adversity** [ædvə́ːrsəti]
41	**를**	얼리 투 베드, 얼리 투 라이즈, 일찍 자고 일찍 일어남		**early to bed, early to rise**
42	**끊**	끊임없는, 그칠 새 없는, 간단없는	형	**incessant** [insésənt]
43	**나**	나쁘게 말하다, 안 좋게 말하다		**speak ill of ~**
44	**니**	니트로전, 질소	명	**nitrogen** [náitrədʒən]

51 이 몸이 죽고 죽어

1	이	이그나이트, 흥분시키다, 가열하다, 불을 붙이다, 작열케 하다	동 **ignite** [ignáit]
2	몸	몸엔터스, 모멘터스, 중대한, 중요한	형 **momentous** [mouméntəs]
3	이	이노머스, 거대한, 막대한, 매우 큰	형 **enormous** [inɔ́ːrməs]
4	죽	죽이다, 살해하다, 학살하다, 파괴하다	동 **slay** [slei]
5	고	고우 위다웃 세잉, 물론이다, 말할 것도 없다: It goes without saying that ~. ~(임)은 말할 것도 없다.	**go without saying**
6	죽	죽다, 사망하다	동 **decease** [disíːs]
7	어	어셈블, 조립하다, 모으다	동 **assemble** [əsémbəl]
8	일	일렉트라닉, 전자의, 전자학의	형 **electronic** [ilèktránik / -trɔ́n-]
9	백	백만장자, 거부	명 **million(n)aire** [mìljənέər]
10	번	번들, 다발, 묶음, 꾸러미	명 **bundle** [bʌ́ndl]

11	고	고우 베드, 나빠지다, 상하다		go bad
12	쳐	쳐다보다, 바라보다		look up into ~
13	죽	죽은, 고(故) ; the deceased 고인	형	deceased [disí:st]
14	어	어메이즈, 놀라게 하다, 아연케 하다	동	amaze [əméiz]
15	백	백바이트, 중상하다, 뒤에서 험담하다	동	backbite [bǽkbàit]
16	골	골수, 척수, 급소, 심수, 요점, 중요 부분	명	pith [piθ]
17	이	이뮤운, 면역의, 면역성의, 면제한	형	immune [imjú:n]
18	진	진가, 평가, 감상, 감사, 인식	명	appreciation [əprì:ʃiéiʃən]
19	토	토우, 끌다, 견인하다	동	tow [tou]
20	되	되새기다, 반추하다, 곰곰이 생각하다	동	ruminate [rú:mənèit]
21	어	어보트, 유산하다, 낙태하다, 임신을 중절하다	동	abort [əbɔ́:rt]
22	넋	넋, 영혼, 정신, 마음, 신령	명	spirit [spírit]

23	이	이매지너티브, 상상의, 상상력이 풍부한	형	imaginative [imædʒənətiv, -nèitiv]
24	라	라이쁘, (나쁜 병이) 유행하는, 만연하는, 매우 많은	형	rife [raif]
25	도	도네이트, 기부하다, 기증하다	동	donate [dóuneit]
26	있	있(이)띠어리얼, 공기 같은, 가뿐한, 천상의	형	ethereal [iθíəriəl]
27	고	고수(固守)하다, 견지하다, 굳건히 지키다, 꿋꿋이 서다		stand fast
28	없	업세스, (귀신·망상 따위가) 들리다, 붙다, 괴롭히다	동	obsess [əbsés]
29	고	고스트, 유령, 망령, 요괴	명	ghost [goust]
30	임	임플로어, 울며 매달리다, 간청하다	동	implore [implɔ́ːr]
31	향	향락에 빠지다		abandon oneself to pleasure
32	한	한정하다, 제한하다, 감금하다	동	confine [kənfáin]
33	일	일-네이쳐드, 불법의, 부정한, 불의의	형	ill-natured [néitʃərd]
34	편	편의, 편의시설, 쉬움, 평의함, 용의함, 솜씨	명	facility [fəsíləti]

35	단	단, 여명, 새벽, 동틀 녘, 단서	명	dawn [dɔːn]
36	심	심벌라이즈, 나타내다, 상징하다	동	symbolize [símbəlàiz]
37	이	이네이트, 타고난, 천부의, 선천적인	형	innate [inéit]
38	야	야만인의, 미개인의 ; 야만인, 미개인	형	barbarian [bɑːrbɛ́əriən]
39	가	가변적인, 임시의, 일시적인, 잠깐 동안의, 순간의, 덧없는	형	temporary [témpərèri]
40	실	실러블, 음절, 한마디	명	syllable [síləbbəl]
41	줄	줄이다, 감소시키다, 작게 하다	동	diminish [dəmíniʃ]
42	이	이쁘 에니, 설령 있다손 치더라도, 만약 있다면 ; There is little, if any, hope. 설사 있다 하더라도 희망은 거의 없다.		if any
43	있	있스테이트, 이스테이트, 땅, 토지, 재산	명	estate [istéit]
44	으	어태치, 달다, 붙이다, 바르다	동	attach [ətǽtʃ]
45	랴	야멸스럽게, 단호하게, 매정하게	부	flatly [flǽtli]

52 이런들 어떠하리 저런들 어떠하리

1	이	이매저네리, 가상의, 상상의	형	imaginary [imǽdʒənèri]
2	런	런다운, 감원, 축소 (야구)협살	명	rundown [rʌ́ndàun]
3	들	들어오는 ; 들어옴, 도래, 수입	형	incoming [ínkʌ̀miŋ]
4	어	어라우즈, 일깨우다, 자극하다, 야기시키다	동	arouse [əráuz]
5	떠	떠마미터, 온도계, 체온계	명	thermometer [θəːrmámitəːr]
6	하	하드십, 가난, 역경, 고추, 곤란	명	hardship [háːrdʃip]
7	리	리펜트, 뉘우치다, 회개하다, 후회하다	동	repent [ripént]
8	저	저스트빠이, 정당화 하다, 옳다고 하다	동	justify [dʒʌ́stəfài]
9	런	런 아웃 오브, 다하다, 고갈되다		run out of ~
10	들	들끓다, 만연하다, 창궐하다	동	infest [infést]
11	어	어라우즈, 일깨우다, 자극하다, 야기시키다	동	arouse [əráuz]

12	떠	떠마미터, 온도계, 체온계	명 thermometer [θəːrmámitəːr]
13	하	하드십, 고난, 역경, 곤란, 고초	명 hardship [háːrdʃìp]
14	리	리펜트, 뉘우치다, 회개하다, 후회하다	동 repent [ripént]
15	만	만남, 조우, 충돌 ; 우연히 만나다, 마주치다	명 encounter [enkáuntər]
16	수	수퍼림 코트, 연방 대법원	Supréme Córt
17	산	산란시키다, 분산시키다, 흩뜨리다	동 disperse [dispə́ːrs]
18	드	드라우트, 가뭄, 한발, 부족, 결핍	명 drought [draut]
19	렁	렁, 폐, 허파	명 lung [lʌŋ]
20	칙	칙령의, 명령의, 의무적인, 강제적인	형 mandatory [mǽndətɔ̀ːri / -t-əri]
21	이	이븐리, 평평하게, 평탄하게, 고르게	부 evenly [íːvənli]
22	얽	얽매다, 구속하다, 속박하다, 쇠고랑을 채우다	동 shackle [ʃǽk-əl]
23	혀	혀를 조심하다, 말을 조심해서 하다, 말 조심하다	watch one's tongue

24	진	진기한, 이상한, 기묘한, 괴상한, 야릇한	형	queer [kwiər]
25	들	들부수다, 쳐부수다, 꺾다, 헛되게 하다, 실패하게 하다	동	frustrate [frʌ́streit]
26	어	어라우즈, 일깨우다, 자극하다, 야기하다	동	arouse [əráuz]
27	떠	떠마미터, 온도계, 체온계	명	thermometer [θəːrmámitər]
28	하	하드십, 고난, 역경, 고초, 곤란, 곤궁	명	hardship [háːrdʃip]
29	리	리펜트, 뉘우치다, 회개하다, 후회하다	동	repent [ripént]
30	수	우주비행사	명	astronaut [ǽstrənɔ̀ːt]
31	리	리저브, 남겨두다, 비축하다, 준비해 두다, 예약하다	동	reserve [rizə́ːrv]
32	도	도미트리, 기숙사, 큰 공동침실	명	dormitory [dɔ́ːrmətɔ̀ːri / -təri]
33	이	이-코사이드, 환경파괴, 생태계 파괴	명	ecocide [íːkousàid]
34	같	같잖다, 중요하지 않다, 하찮다		be of no account
35	이	이내, 곧, 즉시, 바로, 바로 가까이에	부	immediately [imíːdiitli]

36	얽	얽히게 하다, 함정에 빠뜨리다	동	entangle [entǽŋgl]
37	허	허를 굴려 말하다, 분명치 않게 말하다	동	slur [slə:r]
38	백	백앤뽀뜨, 앞뒤로 움직이는, 왔다 갔다 하는	형	back-and-forth [bǽkəndfɔ́:rə]
39	년	연기하다, 미루다 ; put off an appointment 약속을 연기하다		put off
40	까	까다, 껍질을 벗기다	동	pare [pɛər]
41	지	지략, 전략, 용병학, 작전	명	strategy [strǽtədʒi]
42	누	누추한, 불결한, 더러운	형	filthy [fíləi]
43	리	리나운스, 단념하다, 포기하다	동	renounce [rináuns]
44	리	리모스, 양심의 가책, 자책, 후회	명	remorse [rimɔ́:rs]
45	라	라이트, 의식, 제례	명	rite [rait]

53 청산리 벽계수야

1	청	청각의, 청각기관의	형	**auditory** [ɔ́:ditɔ̀:ri, -ditòuri]
2	산	산만한, 흐트러진, 뿔뿔이 된	형	**scattered** [skǽtə:rd]
3	리	리터리트, 읽고 쓸 줄 아는, 학식이 있는	형	**literate** [lítərit]
4	벽	벽, 칸막이, 분할, 분배, 구분	명	**partition** [pɑ:rtíʃən]
5	계	계몽하다, 계발하다, 가르치다	동	**enlighten** [enláitn]
6	수	수우더블, 합당한, 어울리는, 알맞은	형	**suitable** [sú:təbəl]
7	야	야단, 야단법석, 대소동, 소란, 소음, 무질서, 혼란	명	**uproar** [ʌ́prɔ̀:r]
8	수	수우더, 원고, 제소인	명	**suitor** [sú:tər]
9	이	이미그레이트, 이민 오다, 이주하다	동	**immigrate** [íməgrèit]
10	감	감격, 열정, 열심, 열광, 의욕	명	**enthusiasm** [enθú:ziæzəm]
11	을	얼래스, 얼라스, 아아, 슬프도다! 불쌍한지고!	감	**alas** [əlǽs, əlɑ́:s]

12	자	자극하다, 움직이다, 분발시키다, 각성시키다	동	stir [stəːr]
13	랑	낭떠러지, 절벽, 벼랑, 위기	명	precipice [présəpis]
14	마	마아크트, 두드러진, 현저한	형	marked [mɑːrkt]
15	라	라이픈, 익다, 원숙하다, 익게 하다	동	ripen [ráipən]
16	일	일루즌, 꿈, 환상, 환영, 환각, 망상, 잘못 생각함	명	illusion [ilúːʒən]
17	도	도모, 계획, 기획, 음모	명	scheme [skiːm]
18	창	창, 투창, 작살 ; 창으로 찌르다	명	spear [spiəːr]
19	해	해로우, 써레 ; 써레질하다	명	harrow [hǽrou]
20	하	하룻밤 사이에, 돌연히, 밤새도록, 밤새껏 ; 돌연한, 하룻밤 사이의	부	overnight [óuvərnàit]
21	면	면목, 명예, 존엄, 품위, 체면, 긍지	명	dignity [dígnəti]
22	돌	돌다, 빙빙 돌다, 회전하다, 선회하다, 돌리다, 회전시키다	동	whirl [hwəːrl]
23	아	아이들라이즈, 우상화하다, 심취하다, 경모하다	동	idolize [áidəlàiz]

24	오	오우브테익, 따라잡다, 추월하다, 만회하다	동	**overtake** [òuvərtéik]
25	기	기능불량, 기능부전	명	**malfunction** [mælfʌ́ŋkʃən]
26	어	어스트로우셔스, 만행적인, 흉악한, 잔학한	형	**atrocious** [ətróuʃəs]
27	려	여벌의, 예비의, 따로 치워둔, 예약의, 보류된	형	**reserved** [rizə́ːrvd]
28	우	우격다짐의, 강제적인, 의무적인, 필수의	형	**compulsory** [kəmpʌ́lsəri]
29	니	니들리스 투 세이, 말할 필요 없이, 물론		**needless to say**
30	명	명멸히는, 반짝이는, 지독한, 쉽한	형	**blinking** [blíŋkiŋ]
31	월	월들리, 이 세상의, 세속적인, 속세의, 속인의, 약삭빠른	형	**worldly** [wə́ːrldli]
32	이	이덕티브, 끌어내는, 추론하는, 연역적인	형	**eductive** [iːdʌ́ktiv]
33	만	만어크, 마너크, 국왕, 주권자, 제왕	명	**monarch** [mánərk]
34	공	공간의, 공간적인, 우주의	형	**spatial** [spéiʃəl]
35	산	산화방지제, 노화 방지제	명	**antioxidant** [æ̀ntiáksədənt]

36	하	하안트, 떠나지 않다, 늘 따라 다니다	동	haunt [hɔ:nt]
37	니	니고우셔블, 협상할 수 있는, 양도할 수 있는	형	negotiable [nigóuʃíəbəl]
38	쉬	쉬어, 얇은, 비치는, 순수한, 순전한	형	sheer [ʃiə:r]
39	어	어퀴트, 무죄로 하다, 석방하다	동	acquit [əkwít]
40	간	간결한, 간명한, 간단한	형	concise [kənsáis]
41	들	들것, 발판	명	stretcher [strétʃə:r]
42	어	어쿠우스틱, 음향의, 청각의	형	acoustic [əkú:stik]
43	떠	떠멀, 온천의, 열의, 뜨거운	형	thermal [θə́:rməl]
44	리	리타드, 속력을 늦추다, 지체시키다	동	retard [ritá:rd]

Part VI

노래가사 첫말잇기로 자동암기

국민 애창가요

순서

54 강남스타일

1	오	오쁘셋, 옵셋, 벌충하다, 상쇄하다, 차감을 계산하다	동	**offset** [ɔ̀:fsét]
2	빤	빤들리, 다정하게, 애정을 가지고	부	**fondly** [fándli / fɔ́n-]
3	강	강사, 강연자, 훈계자	명	**lecturer** [léktʃərə:r]
4	남	남루한, 살이 드러나 보이는, 오래 입은	형	**threadbare** [θrédbèə:r]
5	스	스니어, 냉소, 경멸, 비웃음	명	**sneer** [sniə:r]
6	타	타-터, 터덜터덜 걷다	동	**totter** [tátə:r]
7	일	일루-드, 교묘히 피하다, 회피하다, 면하다	동	**elude** [ilú:d]
8	강	강사, 강연자, 훈계자	명	**lecturer** [léktʃərə:r]
9	남	남루한, 살이 드러나 보이는, 오래 입은	형	**threadbare** [θrédbèə:r]
10	스	스니어, 냉소, 경멸, 비웃음	명	**sneer** [sniə:r]
11	타	타-터, 터덜터덜 걷다, 비틀비틀 걷다	동	**totter** [tátə:r]

12	일	일루-드, 교묘히 피하다, 회피하다, 면하다	동	elude [ilúːd]
13	낮	낮위드스땐딩, 그럼에도 불구하고	부	notwithstanding [nàtwiðstǽndiŋ]
14	에	에코-쁘렌들리, 환경 친화적인	형	eco-friendly [ékoufrèndli]
15	는	언서패스트, 능가할 자 없는, 탁월한	형	unsurpassed [ʌ̀nsərpǽst, -páːst]
16	따	따끔따끔하게 하다, 찌르다, 얼얼하게 하다, 따갑게 하다, 쏘다	동	sting [stiŋ]
17	사	사망률, 사망자 수		mortality rate
10	로	로우, 노를 젓다 ; 열, 줄 ; in a row 일렬로	동	row [rou]
19	운	운반하다, 운송하다, 수송하다, 추방하다, 유형에 처하다	동	transport [trænspɔ́ːrt]
20	인	인베스티게이트, 엄밀히 조사하다, 연구하다, 심사하다	동	investigate [invéstəgèit]
21	간	간과하다, 빠뜨리다, 눈감아주다	동	overlook [òuvərlúk]
22	적	적은, 하찮은, 중요치 않은, 하잘 것 없는	형	inconsiderable [ìnkənsídərəbəl]
23	인	인스끄라이브, 새기다, 파다, 적다	동	inscribe [inskráib]

24	여	여하튼, 어쨌든		at any rate
25	자	자각적인, 의식적인, 알고 있는	형	conscious [kάnʃəs]
26	커	커밋, 저지르다, 위임하다, 위탁하다, 회부하다	동	commit [kəmít]
27	피	피데스트리언, 도보의, 보행하는 ; 보행자	형	pedestrian [pidéstriən]
28	한	한정된, 명확한, 뚜렷한, 일정한	형	definite [défənit]
29	잔	잔잔한, 고요한, 조용한, 소리 없는, 정지한	형	still [stil]
30	여	여윈, 빈약한, 불충분한	형	meager [mí:gə:r]
31	유	유-뽀니어스, 음조가 좋은, 듣기 좋은	형	euphonious [ju:fóuniəs]
32	를	얼터밋, 최후의, 마지막의, 궁극의	형	ultimate [ʌ́ltəmit]
33	아	아이덴티컬, 동일한, 같은, 일치하는	형	identical [aidéntikəl]
34	는	언더커런트, (해류 따위의) 저류, 내면적 의향, 저의	명	undercurrent [ʌ́ndərkə̀:rənt]
35	품	품귀, 고갈, 부족, 결핍, 결함	명	shortage [ʃɔ́:rtidʒ]

36	격	격노한, 성난, 화가 치민, 광포한, 무서운, 사납게 몰아치는	형	furious [fjú-əriəs]
37	있	있(이)센셜, 근본적인, 필수의, 가장 중요한	형	essential [isénʃəl]
38	는	언덜라인, ~의 밑에 선을 긋다, 강조하다, 뒷받침하다	동	underline [ʌndərláin]
39	여	여린, 가냘픈, 섬세한, 미묘한	형	delicate [délikət]
40	자	자객, 암살자, 암살단	명	assassin [əsǽsin]
41	밤	밤어. 폭격기, 폭파범	명	bomber [bámər]
42	이	이미넌트, 절박한, 급박한, 긴급한	형	imminent [ímənənt]
43	오	오우버토운, 함축, 부대적 의미	명	overtone [óuvərtòun]
44	면	(책임·의무의) 면제, 면역(성), 면역질, 소추의 면제	명	immunity [imjú:nəti]
45	심	심쀠니, 교향곡, 합창곡	명	symphony [símfəni]
46	장	장려하다, 촉진하다, 증진하다	동	promote [prəmóut]
47	이	이븐, 고른, 균등한, 짝수의	형	even [í:vən]

48	뜨	뜨로운, 왕위, 권좌, 옥좌, 왕권	명	**throne** [θroun]
49	거	거버니스, 여성가정교사	명	**governess** [ɡʌ́vərnis]
50	워	워리어, 전사, 군인	명	**warrior** [wɔ́(:)riə:r]
51	지	지략이 풍부한, 꾀바른, 기략이 풍부한, 책략이 있는	형	**resourceful** [riːsɔ́:rsfəl]
52	는	언바인드, 풀다, 끄르다, 해방하다, 석방하다	동	**unbind** [ʌnbáind]
53	여	여성후원자	명	**patroness** [péitrənis]
54	자	자극, 충동, 충격, 추진력	명	**impulse** [ímpʌls]
55	그	그레이브, 무덤, 분묘, 묘비	명	**grave** [greiv]
56	런	런 인투, 우연히 마주치다 ; A truck ran into a bus. 트럭이 버스와 충돌했다.		**run into**
57	반	반증하다, 오류를 입증하다	동	**disprove** [disprú:v]
58	전	(지식 · 비밀 따위를) 전하다, 전수하다, 알리다, 나누어 주다	동	**impart** [impá:rt]
59	있	있(이)스때블리시먼트, 설립, 창립, 설치, 시설	명	**establishment** [istæbliʃmənt]

60	는	언디시브, (잘못을) 깨닫게 하다	동	undeceive [ʌndisíːv]
61	여	여린 마음의, 허약한, 망가지기 쉬운	형	fragile-hearted [frǽdʒəl-háːrtid]
62	자	자부하는, 젠체하는, 우쭐대는, 뽐내는, 허세부리는	형	pretentious [priténʃəs]
63	나	나머네이션, 노미네이션, 지명(권), 추천	명	nomination [nàmənéiʃ-ən / nɔ̀m-]
64	는	언컴뽀머디, 불일치, 부적합, 부정합	명	unconformity [ʌnkənfɔ́ːrməti]
65	사	사리사욕, 이익, 이자	명	self-interest [selfíntərist]
00	니	나미널, 이름의, 이름뿐인, 유명무실한	형	nominal [námənl / nɔ́m-]
67	이	이머징, 신흥의, 새로이 생겨나는	형	emerging [imə́ːrdʒiŋ]
68	낮	낮추어보다, 경멸하다, 멸시하다, 얕보다, 싫어하다, 혐오하다	동	despise [dispáiz]
69	에	에이시메트릭, 불균형의, 비대칭의	형	asymmetric [èisimétrik]
70	는	언체인, 속박을 풀다, 해방하다	동	unchain [ʌntʃéin]
71	너	너그러운, 관대한, 인정 많은, 자비로운, (법률·벌 따위가) 가벼운	형	lenient [líːniənt, -njənt]

72	만	만족스럽지 않은, 모자라는, 불충분한, 불완전한	형	deficient [difíʃənt]
73	름	컴팩트, 빽빽하게 찬, 밀집한, 아담한, 소형의	형	compact [kəmpækt / kámpækt]
74	따	따르다, 동의하다, 승낙하다, 좇다 ; ~ with a rule 규칙을 좇다	동	comply [kəmplái]
75	사	사망한, 작고한, 고(故)		the late
76	로	로드, 막대기, 장대, 낚싯대	명	rod [rɑd / rɔd]
77	운	운영하다, 작동하다, 움직이다, 수술하다	동	operate [ápərèit]
78	사	사기(沙器), 사기제품, 자기, 자기제품	명	porcelain [pɔ́:rsəlin]
79	나	나이얼리즘, 니얼리즘, 허무주의, 니힐리즘	명	nihilism [náiəlìz-əm, níː-ə-]
80	이	이그젬션, 면제, 면되는 사람, 공제	명	exemption [igzémpʃən]
81	커	커빗, 넘보다, 탐내다, 갈망하다	동	covet [kʌ́vit]
82	피	피(삐)블, 나약한, 연약한, 힘없는	형	feeble [fíːbəl]
83	식	식(시)퀀스, 연달아 일어남, 연속, 결과	명	sequence [síːkwəns]

84	기	기브 오쁘, 발산하다, 방출하다 ; Cheap oil gives off bad odor. 싼 기름은 악취를 발한다.		give off
85	도	도미니컬, 주의, 예수의, 주일의	형	dominical [dəmínikəl]
86	전	전주곡, 서곡, 서문, 서막	명	prelude [prélju:d]
87	에	에클로그, 전원시, 목가	명	eclogue [éklɔ:g]
88	원	원팅, 빠져 있는, ～이 없는, 부족한	형	wanting [wɔ́(:)ntiŋ, wɑ́nt-]
89	샷	샷, 발포, 발사, 탄환, 겨냥, 시도, 주사, 한 모금	명	shot [ʃɑt / ʃɔt]
90	째	때 이를, 주숙한 너무 이를 시기 상조의, 서두른	형	premature [prì:mətjúər]
91	리	리스또어, 되찾게 하다, 회복시키다	동	restore [ristɔ́:r]
92	는	언어컴퍼니드, 동행자가 없는, ～이 따르지 않는	형	unaccompanied [ʌ̀nəkʌ́mpənid]
93	사	사이멀테이니어슬리, 동시에, 일제히	부	simultaneously [sàim-əltéiniəsli]
94	나	나스티, 내스티, 불쾌한, 싫은, 더러운	형	nasty [nɑ́:sti, næs-]
95	이	이레버커블, 돌이킬 수 없는, 취소할 수 없는	형	irrevocable [irévəkəbəl]

96	밤	밤배스트, 과장된말, 허풍, 호언장담	명	**bombast** [bámbæst]
97	이	이레이즈, 삭제하다, 지우다, 말소하다	동	**erase** [iréis / iréiz]
98	오	오오, 두려움, 경외 ; a feeling of ~ 경외하는 마음	명	**awe** [ɔ:]
99	면	면밀한, 신중한, 엄밀한, 소심한	형	**meticulous** [mətíkjələs]
100	심	심텀, 징후, 조짐, 전조, 증상	명	**symptom** [símptəm]
101	장	장식, 꾸밈, 장식품 ; 꾸미다, 장식하다	명	**ornament** [ɔ́:rnəmənt]
102	이	이모럴, 임모럴, 죽지 않는, 불후의, 영원한	형	**immortal** [imɔ́:rtl]
103	터	터레스뜨리얼, 지구상의, 육지의	형	**terrestrial** [təréstriəl]
104	져	져스트빠이, 정당화하다, 옳다고 하다	동	**justify** [dʒʌ́stəfài]
105	버	버딕, 의견, 결정, 평결	명	**verdict** [vɔ́:rdikt]
106	리	리사이드, 거하다, 거주하다	동	**reside** [ri:sáid]
107	는	언어태치트, 떨어져 있는, 무소속의, 중립의	형	**unattached** [ʌnətǽtʃt]

노래가사로 자동암기 자동기억

108	사	사이트, 인용하다, 예증하다	동	cite [sait]
109	나	나레이터, 내레이터, 이야기하는 사람	명	narrator [næréitər]
110	이	이블, 나쁜, 불길한, 흉악한 ; 악	형	evil [íːvəl]
111	그	그라운딩, 기초 지식, 기초, 토대	명	grounding [gráundiŋ]
112	런	런어라운드, 발뺌, 핑계, 속임수	명	runaround [rʌ́nəràund]
113	사	사귀다, 친하게 지내다, ~와 아는 사이가 되다		make the acquaintance of
114	니	나레이션, 내레이션, 이야기, 서술, 화법	명	narration [næréiʃən, nə-]
115	이	이뻬머럴, 하루살이의, 단명의, 덧없는	형	ephemeral [ifémərəl]
116	아	아웃셋, 서두, 착수, 시작	명	outset [áutsèt]
117	름	음울한, 활기 없는, 무기력한, 무거운	형	leaden [lédn]
118	다	다이렉터리, 주소 성명록, 인명부, 전화번호부	명	directory [dairéktəri]
119	워	워어커샵, 연수회, 공동연구회	명	workshop [wə́ːrkʃàp]

120	사	사이카이어트리, 정신병학, 정신의학	몡	psychiatry [saikáiətri]
121	랑	앙심을 품은, 원한을 품은	혱	vindictive [vindíktiv]
122	스	스빠—스, 성긴, 드문드문한, 빈약한	혱	sparse [spɑːrs]
123	러	러스트, 강한 욕망, 열망	몡	lust [lʌst]
124	워	워어크먼십, 세공, 기술, 솜씨, 기량	몡	workmanship [wə́ːrkmənʃip]
125	그	그레이트뻘, 고마워하는, 감사하는	혱	grateful [gréitfəl]
126	래	래셔낼, 이유, 원리, 이론적 근거	몡	rationale [ræʃənǽl]
127	너	너저분한, 지저분한, 초라한	혱	shabby [ʃǽbi]
128	헤	헤즈테이트, 머뭇거리다, 주저하다, 망설이다	동	hesitate [hézətèit]
129	이	이배큐에이트, 피난시키다, 철수시키다	동	evacuate [ivǽkjuèit]

Part Ⅶ

속담 첫말잇기로 자동암기

속담모음

순서

1 The grass is always greener on the other side of the fence.
남의 떡이 커 보인다.

1	남	남독하는, 닥치는 대로의, 무엇이나 먹는, 잡식성의	형	**omnivorous** [ɑmnívərəs]
2	의	의혹, 불신 ; 의심하다, 믿지 않다, 신용하지 않다	명	**distrust** [distrʌ́st]
3	떡	떡밥, 미끼, 먹이	명	**bait** [beit]
4	이	이펙티브, 효과적인, 유효한, 실제의	형	**effective** [iféktiv]
5	커	커머셜, 상업의, 무역의, 통상의, 영리적인, 민간방송의	형	**commercial** [kəmə́:rʃəl]
6	보	보더, 국경, 경계, 태두리, 변경	명	**border** [bɔ́:rdə:r]
7	인	인보욱, 발동하다, 불러내다, 자극하다, 호소하다, 간원하다	동	**invoke** [invóuk]
8	다	다이어그노시스, 진단(법), 진단, 식별, 분석	명	**diagnosis** [dàiəgnóusis]

2 Bad news travels fast.
나쁜 소식 빨리 퍼진다.

1	나	나른한, 기운 없는, 느슨한	형	**slack** [slæk]
2	쁜	뻔늘, 깔때기, (깔때기 모양의) 통 풍통, 채광구멍, 기관차의 굴뚝	명	**funnel** [fʌnl]
3	소	소우전, 머무르다, 살다, 체재하다 ; 머무름, 체재, 거류	동	**sojourn** [sóudʒəːrn]
4	식	식클루즌, 격리, 은퇴, 은둔, 한거 ; a policy of seclusion 쇄국정책	명	**seclusion** [siklúːʒ-ən]
5	빨	빨로우잉, 다음의, 다음의 것의, 다음에 나오는	형	**following** [fálouiŋ]
0	리	리-즌, 군대, 군단, 보병군단, 다수, 많음, 무수	명	**legion** [líːdʒən]
7	퍼	퍼미션, 허가, 면허, 허용, 인가	명	**permission** [pəːrmíʃən]
8	진	진저, 생강, 정력, 원기, 기력	명	**ginger** [dʒíndʒər]
9	다	다툼, 논쟁, 논의, 논전, 말다툼	명	**controversy** [kántrəvəːrsi]

3 Good things come in small packages.
작은 고추가 맵다.

1	작	작은 조각, 조각, 끄트러기, 파편	명	**shred** [ʃred]
2	은	언어카머데이티드, 설비[편의시설]가 없는, 적응하지 않은,	형	**unaccommodated** [ʌnəkámədèitid]
3	고	고우 [애즈]소 빠 래즈 투 ~ ; ~하기까지 하다, ~할 정도까지 하다 ; He went so far as to say that ~. 그는 ~라고 말하기까지 했다.		**go so far as to ~**
4	추	추적하다, 뒤쫓다, 추격하다, 추구하다	동	**pursue** [pərsúː]
5	가	가혹함, 잔학함, 잔인함, 무자비함, 끔찍함	명	**cruelty** [krúːəlti]
6	맵	매녀뺙쳐, 제조하다, 생산하다, 만들다, 꾸며내다	동	**manufacture** [mænjəfǽktʃəːr]
7	다	다짐하다, 확인하다, 확신하다		**make sure**

4

After the feast comes the reckoning.
잔치 뒤에 계산서가 따른다.

1	잔	잔인한, 인정 없는, 사람이 아닌, 비인간적인	형	**inhuman** [inhjú:mən]
2	치	치어리, 기분이 좋은, 원기 있는, 명랑한, 유쾌한	형	**cheery** [tʃíəri]
3	뒤	뒤쫓다, 추적하다, 추격하다, 쫓아버리다, 몰아내다	동	**chase** [tʃeis]
4	에	에픽, 서사시, 사시(史詩), 영웅적인 이야기, 대작	명	**epic** [épik]
5	계	계몽, 문명, 교화, 개화	명	**enlightenment** [enláitnmənt]
6	산	산파하다, 흩뿌리다, 흩어지게 하다, 여기저기 뿌리다	동	**scatter** [skǽtəːr]
7	서	서브시스트, 생존하다, 살아가다, 생명을 보존하다	동	**subsist** [səbsíst]
8	가	가문, 씨족, 당파, 파벌	명	**clan** [klæn]
9	따	따다 쓰다, 따오다, 인용하다, 예시(例示)하다	동	**quote** [kwout]
10	른	언드뻬드, 영양 부족의	형	**underfed** [ʌndərféd]
11	다	다이멘셔늘, 다차원적인, 차원의, 치수의	형	**dimensional** [daiménʃənəl]

5 The bigger they are, the harder they fall.
클수록 요란하게 넘어진다.

1	클	클래러빠이, 밝히다, 해명하다, 분명히 하다	동	**clarify** [klǽrəfài]
2	수	수퍼시드, ~을 대신하다, ~의 지위를 빼앗다	동	**supersede** [sù:pərsí:d]
3	록	옥토의, 비옥한, 기름진, 다산의	형	**fertile** [fɔ́:rtl]
4	요	요정	명	**fairy** [fέəri]
5	란	난간, 흉벽, 외벽	명	**parapet** [pǽrəpit, -pèt]
6	하	하스티지, 인질, 볼모(의 처지), 저당물	명	**hostage** [hástidʒ]
7	게	게이지, 표준, 방법 ; 측정하다	명	**gauge** [geidʒ]
8	넘	넘어서다, 초과하다, 뛰어나다	동	**exceed** [iksí:d]
9	어	어카머데이트, 적응하다, 익숙해지다	동	**accommodate** [əkámədèit]
10	진	진공, 공허, 공백	명	**vacuum** [vǽkjuəm]
11	다	다툼, 말다툼, 시시한 언쟁 ; 싸우다	명	**squabble** [skwábəl]

6

Insight is better than foresight.
선견지명보다 때 늦은 지혜가 낫다.

1	선	선례, 관례 ; 앞서는, 선행의, 이전의	명	precedent [présədənt]
2	견	견디다, 인내하다, 참다, 지탱하다	동	endure [endjúər]
3	지	지각, 표면, 껍질, 딱딱한 외피	명	crust [krʌst]
4	명	명망 있는, 유명한, 고명한, 세상에 알려진	형	celebrated [séləbrèitid]
5	보	보밋, 바밋 게우다, 토하다, 분출하다, 뿜어내다	동	vomit [vámit / vɔ́mit]
6	다	다운라잇, 명백한, 솔직한, 노골적인, 완전한 ; a downright lie 새빨간 거짓말	형	downright [dáun-ràit]
7	때	때우다, 깁다, 꿰매다 ; 헝겊조각	동	patch [pætʃ]
8	늦	늦은, 발달이 늦은, (지능 등이) 뒤진 ; a retarded child 지진아	형	retarded [ritá:rdid]
9	은	언매치트, 균형이 잡히지 않는, 짝짝이의, 어울리지 않는	형	unmatched [ʌnmǽtʃt]
10	지	지어메트릭, 기하학적인, 도형의	형	geometric [dʒì:əmétrik]
11	혜	혜성, 살별	명	comet [kámit]

12	가	가혹한, 무자비한, 무정한, 냉혹한	형	merciless [mə́ːrsilis]
13	낫	(보다) 낫다, 능가하다, 보다 탁월하다, 뛰어나다, 출중하다	동	excel [iksél]
14	다	다그치다, 자극하다, 격려하다 ; 자극, 격려, 선동, 동기	동	spur [spəːr]

7 It never rains but it pours.
엎친 데 덮친 격

1	엎	엎드리다, 넘어뜨리다, 뒤엎다, 항복시키다, 굴복시키다	동	prostrate [prάstreit]
2	친	친구, 동료, 형제, 여보게, 자네	명	buddy [bʌ́di]
3	데	데스터니, 팔자, 운명, 숙명, 운	명	destiny [déstəni]
4	덮	덮다, 숨기다, 비밀로 하다	동	conceal [kənsíːl]
5	친	친근감, 친근성, 친화력, 인척, 동족관계	명	affinity [əfínəti]
6	격	격노, 격분, 격정, 열광 ; 맹렬한	형	fury [fjúːəri]

8

Lightening never strikes twices in the same place.
벼락은 같은 장소에 두 번 떨어지지 않는다.

1	벼	벼락공부하다, 억지로 채워 넣다, 밀어 넣다	동	**cram** [kræm]
2	락	악담, 저주(詛呪)(curse), 저주하는 말, 욕, 중상, 비방	명	**malediction** [mælədíkʃ-ən]
3	은	언컨셔스, 무의식의, 깨닫지 못하는, 모르는, 의식불명의	형	**unconscious** [ʌnkánʃəs]
4	같	~같은, 못지않은, 매 한가지인 ; It's as good as finished. 이제 끝난 거나 다름없다.		**as good as**
5	은	언스테디, 들뜬, 불안한, 동요하는	형	**unsteady** [ʌnstédi]
6	장	장치, 설비, 고안, 방책	명	**device** [diváis]
7	소	소우 롱 애즈, ~하는 한(은), ~이기만 하다면, ~하는 동안		**so long as**
8	에	에런드, 심부름, 용건, 볼일, 목적	명	**errand** [érənd]
9	두	두 위다웃, ~없이 지내다, ~없이 때우다		**do without ~**
10	번	번치, 무리, 다발, 송이, 일단	명	**bunch** [bʌntʃ]

11	떨	떨리다, 흔들리다, 떨다 ; quiver with fear 공포에 떨다	동	quiver [kwívər]
12	어	어버-스, 싫어하는, 반대하는, (잎이) 원줄기에서 반대쪽을 향한	형	averse [əvə́ːrs]
13	지	지-인, 진, 유전자, 유전인자	명	gene [dʒiːn]
14	지	지레, 레버, 수단, 방편	명	lever [lévəːr]
15	않	(~하지) 않을 수 없다, ~하는 것을 피할 수 없다 ; I could not help but laugh. 나는 웃지 않을 수 없었다.		cannot help but do =cannot help doing
16	는	언얼로이드, 합금이 아닌, 섞인 것이 없는, 순수한, 진실한	형	unalloyed [ʌnəlɔ́id]
17	다	다우디, 초라한, 단정치 못한, 촌스러운	형	dowdy [dáudi]

9

No news is good news.
무소식이 희소식

1	무	무른, 나약한, 부서지기 쉬운	형	**frail** [freil]
2	소	소우빠, 아직까지, 지금까지		**so far**
3	식	식인, 식인종, 서로 잡아먹는 동물 ; 서로 잡아 먹는	명	**cannibal** [kǽnəbəl]
4	이	이그저비튼트, 터무니없는, 과대한, 부당한	형	**exorbitant** [igzɔ́ːrbətənt]
5	희	희롱하다, 조롱하다, 놀리다, 도전하다 ; 희롱, 조롱	동	**banter** [bǽntər]
6	소	소오, 치솟다, 높이 날다, 날이오그디	동	**soar** [sɔ́ːr]
7	식	식(시)클, 낫, 작은 낫	명	**sickle** [sík-əl]

10 Nothing hurts like the truth.
진실만큼 괴로운 것은 없다.

1	진	진귀한, 기묘한, 이상한, 유일한, 단독의	형	**singular** [síŋgjələ:r]
2	실	실시간의, 동시의, 즉시의	형	**realtime** [ríːəltáim]
3	만	만여멘탈, 기념비의, 기념이 되는, 불후의, 불멸의	형	**monumental** [mànjəméntl]
4	큼	컴버스천, 연소, 산화, 흥분, 소동	명	**combustion** [kəmbʌ́stʃən]
5	괴	괴상함, 기이한 행동, 엉뚱함, 기발함	명	**eccentricity** [èksentrísəti]
6	로	로브, 강탈하다, 약탈하다, 빼앗다	동	**rob** [rɑb / rɔb]
7	운	운치 없는, 단조로운, 평범한, 활기 없는, 지루한, 산문의	형	**prosaic** [prouzéiik]
8	것	거래, 취급, 처리, 상거래	명	**transaction** [trænsǽkʃən]
9	은	언프린씨플드, 무원칙의, 절조가 없는, 야합의, 부도덕한, 방종한	형	**unprincipled** [ʌnprínsəpəld]
10	없	없(업)스테인, 금하다, 삼가다, 그만두다, 끊다	동	**abstain** [əbstéin], [æbstéin]
11	다	다머넌스, 우세, 우월, 지배, 우위	명	**dominance** [dámənəns]

11 Blood is thicker than water.
피는 물보다 진하다.

1	피	피벗, 선회축, 충심축, 추축, 중심점, 요점, 기준점	명	pivot [pívət]
2	는	언오뜨라이즈드, 월권의, 권한 외의, 독단의	형	unauthorized [ʌnɔ́ːθəràizd]
3	물	물려주다, 양도하다, 위임하다, 맡기다		turn over
4	보	보우거스, 엉터리의, 위조의, 가짜의	형	bogus [bóugəs]
5	다	다음의, 계속되는, 계속 일어나는	형	succeeding [səksíːdiŋ]
0	진	진멸하다, 근절하다, 전멸하다, 몰살하다	동	exterminate [ikstə́ːrmənèit]
7	하	하모니어스, 조화된, 균형 잡힌, 화목한	형	harmonious [hɑːrmóuniəs]
8	다	다이얼로그, 문답, 대화, 회화, 의논	명	dialogue [dáiəlɔ̀ːg]

12 Familiarity breeds contempt.
친할수록 더 예의를 지켜라.

1	친	친필, 자필, 육필, 자필원고	명	**autograph** [ɔ́:təgræf]
2	할	할당하다, 나누다, 배분하다, 배당하다 ; 분배, 할당	동	**apportion** [əpɔ́:rʃən]
3	수	수-드, 달래다, 위로하다, 진정시키다, 완화하다, 가라앉히다	동	**soothe** [su:ð]
4	록	록키, 불안전한, 흔들흔들하는	형	**rocky** [rɑ́ki]
5	더	더스크, 황혼, 땅거미, 어둑함, 박명	명	**dusk** [dʌsk]
6	예	예언하는, 예언적인, 예언자 같은, 예언의, 전조의, 경고의	형	**prophetic** [prəfétik]
7	의	의학의, 의술의, 의료의	형	**medical** [médikəl]
8	를	얼티어리얼리, 마음속으로, 저 멀리, 장차, 앞으로, 미래에	부	**ulteriorly** [ʌltíəriərli]
9	지	지니앨러디, 온화, 쾌적, 친절, 다정한 표정	명	**geniality** [ʤìːniǽləti, -njǽl-]
10	켜	커어스, 저주하다, 악담하다 ; 저주, 악담	동	**curse** [kəːrs]
11	라	라드, 돼지기름, 여분의 지방 ; 꾸미다, 윤색하다	명	**lard** [lɑːrd]

13 Birds of a feather, flock together.
유유상종

1	유	유내너머스, 만장일치의, 전원일치의, 이의 없는, 이구동성의	형	**unanimous** [juːnǽnəməs]
2	유	유내너머스, 만장일치의, 전원일치의, 이의 없는, 이구동성의	형	**unanimous** [juːnǽnəməs]
3	상	상관관계를 보여주다, 서로 관련하다	동	**correlate** [kɔ́ːrəlèit]
4	종	종신재직권	명	**tenure** [ténʃuəːr]

14 United we stand, divided we fall.
뭉치면 산다.

1	뭉	뭉치다, 협력하다, 협동하다, 서로 돕다	동	**cooperate** [kouápərèit / -ɔ́p-]
2	치	치어, 환호하다, 갈채를 보내다	동	**cheer** [tʃiər]
3	면	면밀히, 철저히, 충분히, 완전히, 세밀하게	부	**thoroughly** [θruːli]
4	산	산사태, 사태	명	**landslide** [lǽndslàid]
5	다	다짐하다, 약속하다, 언질을 주다		**give one's word**

15 It takes two to tango.
손바닥도 마주쳐야 소리가 난다.

1	손	손쉽게, 쉽사리, 이의 없이, 기꺼이	부	readily [rédəli]
2	바	바터, 바꾸다, 교역하다, 물물교환하다	동	barter [báːrtər]
3	닥	닥트린, 이념, 교리, 주의, 신조	명	doctrine [dáktrin / dók-]
4	도	도시의, 시의, 자치 도시의	형	municipal [mjuːnísəp-əl]
5	마	마지널, 한계의, 최저한의, 가장자리의	형	marginal [máːrdʒənəl]
6	주	주우, 유대인, 이스라엘 백성	명	Jew [dʒuː]
7	쳐	쳐다보다, 응시하다, 빤히 보다	동	stare [stɛəːr]
8	야	야박한, 인색한, 물건을 너무 아끼는	형	stingy [stíndʒi]
9	소	소픈, 누그러뜨리다, 부드럽게 하다	동	soften [sɔ́(ː)fən]
10	리	리플레니시, 보급하다, 보충하다	동	replenish [ripléniʃ]
11	가	가축 ; livestock farming 목축업, 축산	명	livestock [láivstàk]

12	난	난소우셜, 사회와 관계없는	형	nonsocial [nɑnsóuʃəl]
13	다	다운캐스트, 아래로 향한, 기가 꺾인, 풀죽은	형	downcast [dáun-kæst]

16 Leave well enough alone.
긁어 부스럼

1	긁	긁다, 할퀴다, 휘갈겨 쓰다	동	scratch [skrætʃ]
2	어	어캄퍼니, 동반하다, 동행하다	동	accompany [əkʌ́mpənɪ]
3	부	부르탤러티, 야만성, 잔인, 무자비	명	brutality [bruːtǽləti]
4	스	스삐시삑, 특유의, 독특한, 명확한,	형	specific [spisífik]
5	럼	럼, 럼주, 술	명	rum [rʌm]

17 A man is known by the company he keeps.
친구를 보면 그 사람을 안다.

1	친	친척, 친족, 인척 ; 상대적인, 비교적인	명	**relative** [rélətiv]
2	구	구체적인, 실제적인, 구상적인, 유형의	형	**concrete** [kánkri:t]
3	를	얼티어리어, (의향 따위가) 겉에 나타나지 않는, 이면의, 배후의, 마음속의	형	**ulterior** [ʌltíəriər]
4	보	보우케이셔널, 직업의, 직업상의	형	**vocational** [voukéiʃənəl]
5	면	면, 관점, 점, 존경, 경의	명	**respect** [rispékt]
6	그	그랜저, 웅대, 장엄, 장관, 화려	명	**grandeur** [grǽndʒər]
7	사	사이코어랠러시스, 정신분석학	명	**psychoanalysis** [sàikouənǽləsis]
8	람	남다른, 눈에 띄는, 현저한, 출중한, 유명한	형	**distinguished** [distíŋgwiʃt]
9	을	얼라이트, 내리다, 하차하다, 착륙하다	동	**alight** [əláit]
10	안	안달나게 하다, 애타게 하다, 짜증나게 하다, 괴롭히다	동	**vex** [veks]
11	다	다우틀리스, 의심할 바 없는, 확실한	형	**doubtless** [dáutlis]

18 Two heads are better than one.
백지장도 맞들면 낫다.

1	백	백방으로, 갖가지 방법으로 (=in every way), 여러 방향으로		by all means
2	지	지오떠멀, 지열의, 지구 열학의	형	geothermal [dʒìːouθə́ːrməl]
3	장	장학금(제도), 학문, 학식, 박학	명	scholarship [skálə:rʃip]
4	도	도시의, 도회지에 있는, 도회풍의	형	urban [ə́:rbən]
5	맞	(의견·취미 따위가) 맞다, 동시에 일어나다, 조화하다, 일치하다	동	coincide [kòuinsáid]
6	들	들이 마시다, 빨아들이다, 흡입하다	동	inhale [inhéil]
7	면	면밀한, 빈틈없는, 꼼꼼한, 양심적인	형	scrupulous [skrú:pjələs]
8	낫	낫 투 세이, ~라고 해도 좋을 정 도로: He is frugal, not to say stingy. 그는 구두쇠라고 해도 좋을 만큼 절약가(節約家)다.		not to say ~
9	다	다우트뻘리, 의심스럽게, 수상쩍게	부	doubtfully [dáutfəli]

19 Two's company but three's crowd.
둘은 친구가 되지만 셋은 삼각관계가 된다.

1	둘	둘러대다, 변명하다		put up an excuse
2	은	언어텐디드, 내버려 둔, 보살핌을 받지 않는, 수행원이 없는	형	unattended [ʌnəténdid]
3	친	친분, 친밀함, 친교, 절친함	명	intimacy [íntəməsi]
4	구	구걸하다, 빌다, 구하다, 청하다	동	beg [beg]
5	가	가알릭, 마늘, 파	명	garlic [gáːrlik]
6	되	되게 하다, ~로 만들다	동	render [réndəːr]
7	지	지각(知覺)하다, 인지하다, 깨닫다, 눈치채다, 감지하다	동	perceive [pərsíːv]
8	만	만회하다, 따라잡다 ; He caught up with us. 그는 우릴 뒤쫓아 왔다.		catch up with
9	셋	셋 아웃, 착수하다, 시작하다		set out
10	은	언허어드, 아직 알려지지 않은, 들리지 않은, 생소한	형	unheard [ʌnhə́ːrd]
11	삼	삼가다, 그만두다, 참다, 억제하다	동	refrain [rifréin]

12	각	각광, 주시, 관심 ; 돋보이게 하다	몡	spotlight [spátlàit]
13	관	관(棺), 널	몡	coffin [kɔ́:fin]
14	계	계보, 당파, 파벌, 도당	몡	faction [fǽkʃən]
15	가	가득 실은, 적재한, 고민하는, 괴로워하는	혱	laden [léidn]
16	된	되살리다, ～를 제정신 들게 하다		bring person to himself
17	다	다이, 주사위 ; The die is cast [thrown]. 주사위는 이미 던져졌다.	몡	die [dai]

20   Don't judge a man until you've walked in his boots.
역지사지

1	역	역병, 전염병, 재앙, 천재, 천벌	명	**plague** [pleig]
2	지	지아그러뻐, 지리학자	명	**geographer** [ʤiːágrəfər / ʤióg-]
3	사	샤(사)일리, 수줍어하여, 부끄러워하여, 겁을 먹고	부	**shyly, shily** [ʃaili]
4	지	지네틱, 유전적인, 발생학적인	형	**genetic** [ʤinétik]

21   An apple a day keeps the doctor away.
하루에 사과 하나면 병원을 멀리할 수 있다.

1	하	하이파떠사이즈, 가설을 세우다	동	**hypothesize** [haipáθəsàiz]
2	루	루테넌트, 소위(계급), 중위, 대위	명	**lieutenant** [luːténənt]
3	에	에일먼트, 우환, 병, 불안정	명	**ailment** [éilmənt]
4	사	사뻐모어, 2년생, 2년차인 사람, 미숙한	명	**sophomore** [sáf-əmòːr]
5	과	과감한, 격렬한, 과격한, 맹렬한, 강렬한, 철저한	형	**drastic** [drǽstik]

6	하	하이드로일렉트릭, 수력전기의	형	hydroelectric [hàidrouiléktrik]
7	나	나돌다, 떠돌다		get around = float around
8	면	면식이 있는, 만난 적이 있는, 아는 사이인, ~을 아는, 정통한		acquainted [əkwéintid]
9	병	병실, 병동, 보호, 감독, 억류	명	ward [wɔ:rd]
10	원	원튼, 워-언튼, 터무니없는, 무리한, 이유 없는	형	wanton [wɔ́(:)nt-ən]
11	을	얼로이, 앨로이, 합금, 혼합물, 순도	명	alloy [ǽlɔi, əlɔ́i]
12	멀	멀티버클, 다의적인, 뜻이 애매한	형	multivocal [mʌltívəkəl]
13	리	리그, 동맹, 연맹, 경기 연맹	명	league [li:g]
14	할	할례를 행하다, 정결케 하다	동	circumcise [sə́:rkəmsàiz]
15	수	수퍼네처럴, 초자연의, 불가사의한, 이상한	형	supernatural [sù:pərnǽtʃərəl]
16	있	있(이)스뻬셜, 특별한, 각별한, 현저한	형	especial [ispéʃəl]
17	다	다시 오다, 부활하다, 소생하다	동	resurrect [rèzərékt]

22

If you can't beat them, join them.
상대를 이기지 못하면 차라리 한편이 되라.

1	상	상, 조상 ; Statue of Liberty 자유의 여신상	명	statue [stǽtʃuː]
2	대	대단원, 종국, 최후의 막, 대미	명	finale [fináːli]
3	를	얼서, 궤양, 종기, 병폐	명	ulcer [ʎlsər]
4	이	이젝트, 쫓아내다, 추방하다, 물리치다, 배척하다	동	eject [idʒékt]
5	기	기결수, 죄인, 죄수 ; 유죄를 입증하다	명	convict [kánvikt]
6	지	지오바트니, 식물 생태학, 지구 식물학	명	geobotany [dʒìːoubátəni / -bót-]
7	못	못토우, 모토우, 표어, 좌우명, 금언, 격언	명	motto [mátou / mótou]
8	하	하운드, 사냥개 ; 사냥하다	명	hound [haund]
9	면	면도칼, 전기면도기	명	razor [réizəːr]
10	차	차이드, 나무라다, 꾸짖다, 비난하다	동	chide [tʃaid]
11	라	라인, (의복 따위에) 안을 대다; (상자 따위의) 안을 바르다	동	line [lain]

12	리	리크, 새다, 새어나오다, 누설되다	동	leak [liːk]
13	한	한을 품다, 원망하다, 분개하다, 골내다	동	resent [rizént]
14	편	편두통	명	migraine [máigrein, míː-]
15	이	이그제켜트릭스, 여성유언집행자	명	executrix [igzékjətriks]
16	되	데머크래틱, 민주주의, 민주적인, 서민적인	형	democratic [dèməkrǽtik]
17	라	라이클리후드, 있음직한 일, 가능성	명	likelihood [láiklihùd]

23 If you can't stand the heat, get out of the kitchen.
절이 싫으면 중이 떠나야 한다.

1	절	절개, 쨈, 베기	명	incision [insíʒən]
2	이	이기다, ~을 극복하다 ; get the better of temptation 유혹을 이기다		get[have] the better of ~
3	싫	싫어하다, 몹시 혐오하다	동	detest [ditést]
4	으	어피이즈, 달래다, 진정시키다	동	appease [əpíːz]
5	면	면할 수 없는, 피할 수 없는, 부득이한, 필연의	형	inevitable [inévitəbəl]
6	중	중간의, 중급의 ; the intermediate examination 중간고사	형	intermediate [intərmíːdit]
7	이	이리지스터블, 불가항력의, 저항할 수 없는	형	irresistible [ìrizístəbəl]
8	떠	떠스트 애쁘터, ~을 갈망하다		thirst after
9	나	나서다, 간섭하다, 말참견하다, 방해하다, 훼방 놓다, 해치다	동	interfere [ìntərfíər]
10	야	야만, 미개, 흉포성, 잔인, 만행	명	savagery [sǽvidʒəri]
11	한	한이 있는, 한정된, 유한한, 제한된, 정해진	형	finite [fáinait]
12	다	다스리다, 통치하다 ; 지배, 통치	동	reign [rein]

24 Look before you leap.
돌다리도 두들겨 보고 건너라.

1	돌	돌이키다, 회고하다 회상하다	동	**retrospect** [rétrəspèkt]
2	다	다운스떼어즈, 아래층에, 계단을 내려가서	부	**downstairs** [dáun-stɛərz]
3	리	리사인, 그만두다, 사임하다	동	**resign** [ri:sáin]
4	도	도메스딕, 가정의, 가사의, 사육되어 길든	형	**domestic** [douméstik]
5	두	두 함, 가해하다, 해를 가하다, 해치다		**do harm**
6	둘	들것, 들것 모양의 것 ; 깔짚, 마굿간 두엄	명	**litter** [lítər]
7	겨	겨우, 간신히, 빠듯이	부	**narrowly** [nǽrouli]
8	보	보우스트, 자랑하다, 떠벌리다	동	**boast** [boust]
9	고	고저스, 야한, 호화로운, 멋진, 매력적인	형	**gorgeous** [gɔ́:rdʒəs]
10	건	건강에 좋은, 위생적인, 건전한, 유익한	형	**wholesome** [hóulsəm]
11	너	너클, 손가락 관절, 주먹	명	**knuckle** [nʌ́kəl]
12	라	아련한, (형체·소리 등이) 불분명한, 희미한	형	**indistinct** [ìndistíŋkt]

25 Make hay while the sun shines.
쇠뿔도 단김에 빼라.

1	쇠	쇠이디, 세이디, 그늘의, 그늘이 많은, 그늘진, 뒤가 구린	형	shady [ʃéidi]
2	뿔	뿔삘, 이행하다, 다하다, 완수하다, 성취하다, 이루다, 완료하다	동	fulfill [fulfíl]
3	도	도어스뗍, 현관의 계단 ; on one's doorstep 바로 가까이에, 근처에	명	doorstep [dɔ́:rstèp]
4	단	단열하다, 차단하다, 방음하다, 격리하다	동	insulate [ínsəlèit]
5	김	김이 무성한, 잡초 투성이의, 잡초 같은	형	weedy [wí:di]
6	에	에스떠메이션, 판단, 평가	명	estimation [èstəméiʃən]
7	빼	빼브릭, 직물, 천 편물, 구조, 조직	명	fabric [fǽbrik]
8	라	라운지, 빈둥거리다, 어슬렁거리다	동	lounge [laundʒ]

26

Strike while the iron is hot.
쇠도 달구어졌을 때 때려야 한다.

1	쇠	쇠쁘트, 쉐쁘트, 샤쁘트, 자루, 손잡이, 화살대, 굴대	명	**shaft** [ʃæft, ʃɑːft]
2	도	도발하다, 일으키다, 유발시키다	동	**provoke** [prəvóuk]
3	달	달래다, 부추기다, 감언으로 속이다	동	**cajole** [kədʒóul]
4	구	구성, 구조, 조직, 정체, 헌법	명	**constitution** [kànstətjúːʃən]
5	어	어밴든, 그만두다, 버리다, 단념하다	동	**abandon** [əbǽndən]
6	졌	졌(져)스터빠이어블, 정당화할 수 있는, 타당한	형	**justifiable** [dʒʌ́stəfàiəbəl]
7	을	얼마이티, 전능자, 하나님 ; 전능한, 굉장한	명	**almighty** [ɔːlmáiti]
8	때	때를 엄수하는, 시간을 엄수하는, 어김없는	형	**punctual** [pʌ́ŋktʃuəl]
9	때	때가 맞는, 시의 적절한, 형편이 좋은	형	**opportune** [àpərtjúːn]
10	려	여명, 새벽녘, 동틀녘	명	**daybreak** [déibrèik]
11	야	야비한, 비열한, 치사한, 인색한	형	**mean** [miːn]

12	한	한층 더, 더더욱 ; His delay made the situation all the worse. 그의 지각은 사태를 더욱 더 악화시켰다.		all the worse
13	다	다년생의, 여러 해 계속하는, 연중 끊이지 않는, 영원한	형	perennial [pəréniəl]

27 Don't judge a book by its cover.
뚝배기보다 장맛

1	뚝	뚝심, 인내심, 참을성, 버팀	명	perseverance [pə̀:rsəví:rəns]
2	배	배철러즈 디그리, 학사학위		bachelor's degree
3	기	기관, 단체, 제도, 시설, 제정	명	institution [instətʃú:ʃən]
4	보	보캐별러리, 어휘, 단어집	명	vocabulary [voukǽbjəlèri]
5	다	다가오다, 가까이 오다		draw close to
6	장	장인, 기술공, 숙련공	명	artisan [á:rtəzən]
7	맛	맛, 풍미, 향기, 흥미, 의욕	명	relish [réliʃ]

28 Do in Rome as the Romans do.
로마에 가면 로마법을 따르다.

1	로	로우, 열, 줄, 횡렬	몡 row [rou]
2	마	마디스트, 겸손한, 조심성 있는, 삼가는	뼹 modest [mádist / mɔ́d-]
3	에	에고우이스딕, 이고이스딕, 이기적인, 자기본위의	뼹 egoistic [ègo/ì:gouístik]
4	가	가르다, 절단하다, 끊다, 떼다, 이간시키다, 분리하다	동 sever [sévəːr]
5	면	면전에서, ～앞에서	in one's presence~ = in the presence of~
6	로	로오, 으르렁거리다, 포효하다, 고함치다	동 roar [rɔːr]
7	마	마운드, 둑, 제방, 흙무덤, 작은 언덕	몡 mound [maund]
8	법	법을 제정하다, 금지하다, 억제하다	동 legislate [lédʒislèit]
9	을	얼루쁘, 멀리 떨어진, 무관심한, 초연한	뼹 aloof [əlúːf]
10	따	따이, 넓적다리, 퇴절	몡 thigh [θai]
11	르	어나너머스, 익명의, 성명불명의, 작자 미상의	뼹 anonymous [ənánəməs]
12	라	라이트쁠, 올바른, 합법의, 정통의	뼹 rightful [ráitfəl]

자동암기 평생기억 (Auto-Memorizing Never Forgotten) **373**

29 Charity begins at home.
자선은 가정에서 시작된다.

1	자	자본주의, 자본의 집중	명	**capitalism** [kǽpitəlìzəm]
2	선	선세이드, 챙, 차양, 야산	명	**sunshade** [sʌ́nʃèid]
3	은	언트라든, 밟히지 않은, 전인미답의	형	**untrodden** [ʌntrάd(n)]
4	가	가시, 가시털, 극모, 고통	명	**thorn** [θɔːrn]
5	정	정복할 수 없는, 극복할 수 없는, 무적의	형	**invincible** [invínsəbəl]
6	에	에이크리지, 면적, 평수	명	**acreage** [éikəridʒ]
7	서	서터빠이드, 증명된, 보증된, 공인된	형	**certified** [sə́ːrtəfàid]
8	시	시블링, 형제(의), 자매(의) ; 씨족의 일원	형	**sibling** [síbliŋ]
9	작	작곡하다, 작문하다, 만들다	동	**compose** [kəmpóuz]
10	된	되는 대로의, 아무렇게나 하는, 우연한	형	**haphazard** [hǽphǽzərd]
11	다	다이버전트, 서로 다른, 규준에서 벗어난	형	**divergent** [daivə́ːrdʒənt]

30 Don't bite off more than you can chew.
분수에 맞는 일을 해라.

1	분	분명한, 독특한, 특이한, 구별이 분명한	형	distinctive [distíŋktiv]
2	수	수퍼스띠셔스, 미신적인, 미신에 사로잡힌	형	superstitious [sù:pərstíʃəs]
3	에	에센스, 본질, 핵심, 정수, 핵심, 요체	명	essence [ésəns]
4	맞	(손을) 맞잡다, 협력하다, 공동으로 일하다, 공동으로 하다	동	collaborate [kəlǽbərèit]
5	는	언어카머데이팅, 양보하지 않는, 순종하지 않는, 불친절한	형	unaccommodating [ʌ̀nəkámədèitiŋ]
6	일	일레저벌, 읽기 어려운, 분명류한	형	illegible [ilédʒəbəl]
7	을	얼라우언스, 용돈, 수당, 급여, 참작, 한도	명	allowance [əláuəns]
8	해	해브 완즈 세이, 하고 싶은 말을 하다		have one's say
9	라	라버, 애벌레, 유충, 변태 동물의 유생	명	larva [lá:rvə]

31 Don't cry over spilt milk.
엎질러진 물은 다시 담을 수 없다.

1	엎	엎드린, 납작해진, 수그린 ; lie prone 엎드리다	형	**prone** [proun]
2	질	질, 지일, 열중, 열의, 열심, 열성, 열정	명	**zeal** [zi:l]
3	러	러멘트, 슬퍼하다, 비탄하다, 애도하다	동	**lament** [ləmént]
4	진	진창길, 진구렁, 늪지대, 구렁텅이, 수렁, 늪, 습지	명	**slough** [slau]
5	물	물리적인, 육체의, 물질의	형	**physical** [fízikəl]
6	은	언시블라이즈드, 야만의, 미개한	형	**uncivilized** [ʌnsívəlàizd]
7	다	다이제스천, 소화, 소화력	명	**digestion** [daidʒéstʃən, di-]
8	시	시그너빠이, 의미하다, 뜻하다, 표시하다	동	**signify** [sígnəfài]
9	담	담그다, 절이다 ; 절인 것	동	**pickle** [píkəl]
10	을	얼러트, 방심 않는, 정신을 바짝 차린, 민첩한	형	**alert** [əlɔ́:rt]
11	수	수사이드, 자살하다 ; 자살, 자살행위	동	**suicide** [sú:əsàid]

12	없	없사이드 다운, 거꾸로, 뒤집혀		upside down
13	다	다이어크라닉, 통시적인(역사적 발달 순서대로 연구하는 방법)	형	diachronic [dàiəkránik]

32 The first step is always the hardest.
시작이 반이다.

1	시	시클루전, 은둔, 은퇴, 격리	명	seclusion [siklú:ʒ-ən]
2	작	작게 하다, 줄이다, 감하다, 작아지다, 줄다	동	lessen [lésn]
3	이	이매켤릿, 더럼 안 탄, 오점 없는, 청순한, 순결한, 흠 없는	형	immaculate [imækjəlit]
4	반	반대(관계), 적대관계, 대립, 반항, 반감, 적의	명	antagonism [æntǽgənìzəm]
5	이	이그재저레이트, 과장하다, 지나치게 강조하다	동	exaggerate [igzǽdʒərèit]
6	다	다이아블릭, 마귀의, 악마의, 악마적인	형	diabolic [dàiəbálik]

33

Don't look a gift horse in the mouth.
선물로 받은 말의 입속을 들여다보지 마라.

1	선	선대의, 조상의, 조상 대대로의, 선조의 ; ancestral estate 조상 전래의 재산	형	**ancestral** [ænséstrəl]
2	물	(손해 따위를) 물다, 보상하다, 변제하다, (부족분을) 보충하다		**make good**
3	로	로럴, 월계수, 월계관, 승리, 명예	명	**laurel** [lɔ́:rəl]
4	받	받들어 모시다, 존경하다, 공경하다	동	**venerate** [vénərèit]
5	은	언프레서덴티드, 이례적인, 전례 없는, 새로운, 미증유의	형	**unprecedented** [ʌnprésədèntid]
6	말	말대꾸하다, 응답하다, 대답하다	동	**respond** [rispánd]
7	의	의붓어머니, 계모, 서모	명	**stepmother** [stépmʌðə:r]
8	입	입(이)펙트, 결과, 효과, 영향	명	**effect** [ifékt]
9	속	속단하다, 지레 짐작하다		**jump to conclusion**
10	을	얼랏먼트, 분배, 할당, 배당, 몫	명	**allotment** [əlátmənt / əlɔ́t-]
11	들	들끓다, 붐비다 ; 떼, 무리	동	**swarm** [swɔ:rm]

12	여	여린, 부드러운, 씹기 쉬운	형 tender [téndə:r]
13	다	다우니, 솜털의, 배내털의, 솜털 같은	형 downy [dáuni]
14	보	보더섬, 귀찮은, 성가신, 사소한	형 bothersome [bɔ́:/áðə:rsəm]
15	지	지양하다, 부인하다, 부정하다	동 sublate [sʌ́bleit]
16	마	마즈, 화성	명 Mars [mɑ:rz]
17	라	라이언트, 미소 짓는, 명랑한, 쾌활한	형 riant [ráiənt]

34

Don't count your chickens before they're hatched.
김칫국부터 마시지 마라.

1	김	김으로, 증기의 힘으로		under steam
2	칫	칫(치)트, 치-잇, 기만하다, 속이다, 사취하다, 사기하다	동	cheat [tʃiːt]
3	국	국외의, 외부의, 바깥의, 외면의, 표면의, 외관의, 대외적인	형	external [ikstə́ːrnəl]
4	부	부점, 가슴, 흉부, 내심, 가슴속	명	bosom [búzəm]
5	터	터모일, 격변, 혼란, 소란, 소동	명	turmoil [tə́ːrmɔil]
6	마	마진, 가장자리, 변두리, 여백	명	margin [máːrdʒin]
7	시	시클루드, 은퇴시키다, 격리하다	동	seclude [siklúːd]
8	지	지알러지, 지질학	명	geology [dʒiːálədʒi]
9	마	마크틀리, 두드러지게, 명료하게, 저명하게	부	markedly [mɑːrktli]
10	라	라이거, 리거, 엄함, 엄격, 경직, 오한	명	rigor [rɑigəːr / rígəːr]

z

게으른 학습자 도 효과만점 수능용

35 Don't put all your eggs in one basket.
계란을 한 바구니에 담지마라.

1	계	계약, 약정, 계약서	명	**contract** [kántrækt]
2	란	난, 칼럼, 특별 기고란 ; 기둥, 지주	명	**column** [káləm]
3	을	얼루어, 꾀다, 유혹하다, 부추기다	동	**allure** [əlúər]
4	한	한탄할만한, 통탄할, 비참한, 애처로운, 당치도 않은, 괘씸한	형	**deplorable** [diplɔ́:rəbl]
5	바	바이 네이처, 본래부터, 선천적으로, 날 때부터		**by nature**
6	구	구경꾼, 관찰자, 목격자, 관객	명	**spectator** [spékteitəːr]
7	니	니거들리, 인색한, 쩨쩨하게 구는, 빈약한, 불충분한	형	**niggardly** [nígəːrdli]
8	에	에이미어빌러디, 애교, 상냥함	명	**amiability** [èimiəbíləti]
9	담	담당하다, 책임지다		**take charge of ~**
10	지	지혜로운, 총명한, 현명한, 기민한	형	**sagacious** [səgéiʃəs]
11	마	마잇 애즈 웰 ~, ~하는 편[것]이 낫다, ~하는 것이나 같다		**might as well ~**
12	라	라운더바웃, 에움길의, 완곡한, 포괄적인 ; 완곡한 말투	형	**roundabout** [ráundəbàut]

36

Don't put off till tomorrow what you can do today.
오늘 할 일을 내일로 미루지 마라.

1	오	오우뜨, 서약하다, 맹세하다	동	**oath** [ouθ]
2	늘	늘보, 게으름뱅이, 빈둥거리는 사람, 나태자	명	**sluggard** [slʌ́gəːrd]
3	할	할딱거리다, 헐떡거리다, 숨차다, 갈망하다	동	**pant** [pænt]
4	일	일리지터밋, 불법의, 위법의, 변칙적인	형	**illegitimate** [ìlidʒítəmit]
5	을	얼리터레이트, 두운을 맞추다, 두운을 써서 맞추다	동	**alliterate** [əlítərèit]
6	내	내포하다, (말이) 언외(言外)의 뜻을 갖다[품다], 의미하다	동	**connote** [kənóut]
7	일	일립시스, 생략, 생략부호	명	**ellipsis** [ilípsis]
8	로	로우커모티브, 기관차	명	**locomotive** [lòukəmóutiv]
9	미	미디오크러, 보통의, 평범한, 좋지도 나쁘지도 않은	형	**mediocre** [mìːdióukəːr]
10	루	루우틴, 일과, 판에 박힌 일, 기계적인 순서	명	**routine** [ruːtíːn]
11	지	지위, 상태, 자격, 신분	명	**status** [stéitəs]

12	마	마셜, 정렬시키다, 집합시키다 ; 육군 원수, 군 최고 사령관	동	marshal [máːrʃəl]
13	라	라이쁠, 소총 ; 소총을 쏘다	명	rifle [ráifəl]

37 A leopard cannot change his spots.
제 버릇 개 못 준다.

1	제	제너레이트, 만들어내다, 낳다, 산출하다	동	generate [dʒénərèit]
2	버	버든, 부담, 짐, 무거운 짐, 걱정	명	burden [báːrdn]
3	룻	엇나가다, 벗어나다, 빗나가다, 일탈하다	동	deviate [díːvièit]
4	개	개설하다, 설치하다, 비치하다, 가설하다, 장치하다	동	install [instɔ́ːl]
5	못	못토우, 마토우, 모토, 표어, 좌우명, 금언, 격언	명	motto [mɔ́tou / mátou]
6	준	준수, 지킴, (지켜야 할) 습관, 관례	명	observance [əbzɔ́ːrvəns]
7	다	다름 없는, ~와 같은 ; This watch is as good as a new one. 이 시계는 새 것이나 다름없다.		as good as ~

38 Don't put the cart before the horse.
마차를 말 앞에 대지 마라.

1	마	마찰, 알력, 불화	명	friction [fríkʃ-ən]
2	차	차일드프루쁘, 아이에게 안전한	형	childproof [tʃaildprùːf]
3	를	얼리 오어 레이트, 조만간		early or late
4	말	말대꾸하다, 반론하다, 반박하다, 반격하다, 보복하다	동	retort [ritɔ́ːrt]
5	앞	앞을 내다보는, 선견지명이 있는	형	prospective [prəspéktiv]
6	에	에피큐어, 미식가, 쾌락주의자	명	epicure [épikjùər]
7	대	대담한, 겁 없는, 용감한, 불굴의	형	dauntless [dɔ́ːntlis]
8	지	지각, 인식, 인지, 지각력	명	perception [pərsépʃən]
9	마	마이트, 힘, 세력, 권력, 실력 완력, 병력	명	might [mait]
10	라	라이트, 내리다, 내려앉다	동	light [lait]

39 Where there's smoke, there's fire.
아니 땐 굴뚝에 연기 나랴.

1	아	아이티느런트, 이동하는, 순회하는	형	itinerant [aitínərənt]
2	니	니들리스, 불필요한, 쓸데없는	형	needless [níːdlis]
3	땐	때리다, 비난하다, 혹평하다, 나무라다	동	censure [sénʃər]
4	굴	굴복하다, 압도되다, 굽히다, 지다	동	succumb [səkÁm]
5	뚝	뚝심, 인내심, 지구력, 내구력	명	endurance [indʒúərəns]
6	에	에이미어블, 사근사근한, 싱낭한	형	amiable [éimiəbəl]
7	연	연속적인, 잇따른, 계속되는, 상속의, 계승의	형	successive [səksésiv]
8	기	기필코, 확실히, 의심 없이, 자신을 가지고	부	assuredly [əʃúːəridli]
9	나	낫 댓, ~라고 해서 … 는 아니다 ; It is not that I dislike it. 그것이 마음에 안 든다는 것은 아니다.		not that ~
10	랴	야망, 열망, 포부, 향상심, 큰 뜻	명	aspiration [æspəréiʃən]

40 No pains, no gains.
고통 없이는 아무 것도 얻을 수 없다 .

1	고	고혹적인, 매혹적인, 황홀케 하는, 혼을 빼앗는	형	**enchanting** [entʃǽntiŋ]
2	통	통찰하다, 분별하다. 식별하다, 인식하다	동	**discern** [disə́:rn]
3	없	업리쁘트, 들어 올리다. 올리다	동	**uplift** [ʌplíft]
4	이	이그누런스, 무지, 모름, 무학 ; in ignorance of ~ ~을 알지 못하고	명	**ignorance** [ígnərəns]
5	는	언리시, 가죽 끈을 풀다, 포박을 풀다, 해방하다	동	**unleash** [ʌnlí:ʃ]
6	아	아먼트, 군대, 군사력, 장비, 무기	명	**armament** [ɑ́:rməmənt]
7	무	무례, 모욕, 모욕행위, 손상	명	**insult** [ínsʌlt]
8	것	거주자, 주민, 서식동물	명	**inhabitant** [inhǽbətənt]
9	도	도우즈, 졸다, 선잠자다, 꾸벅꾸벅 졸다	동	**doze** [douz]
10	얻	얻(어)튜운, 가락을 맞추다, 조율하다, 맞추다, 조화시키다	동	**attune** [ətjú:n]
11	을	얼버무리는, 둘러대는, 회피하는, 도피하는, 분명치 않은	형	**evasive** [ivéisiv]

12	수	수피리어, 보다 위의, 상급의	형	superior [səpíəriər , su-]
13	없	없서더티, 어색함, 터무니없음	명	absurdity [əb / æbsə́:rdəti]
14	다	다정다감한, 정에 약한, 감정적인, 감상적인	형	sentimental [sèntəméntl]

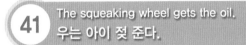

41 The squeaking wheel gets the oil.
우는 아이 젖 준다.

1	우	우선권, 선취권, 선호, 더 좋아함, 편애, 특혜, 더 좋아 하는 것[물건]	명	preference [préfərəns]
2	는	언바이어스트, 선입관이 없는, 편견 없는, 공평한	형	unbiassed [ʌnbáiəst]
3	아	아더삐셜, 인위적인, 인공의, 모조의, 부자연한	형	artificial [à:rtəfíʃəl]
4	이	이렐러번트, 부적절한, 무관계한, 당치 않은, 관련성이 없는	형	irrelevant [iréləvənt]
5	젖	젖게 하다, 흠뻑 적시다, 담그다	동	drench [drentʃ]
6	준	준엄한, 엄숙한, 엄격한	형	stern [stə:rn]
7	다	다이그레스, 옆길로 빗나가다, 본제를 벗어나다	동	digress [daigrés, di-]

Part VI 숙담

42 Nothing ventured, nothing gained.
호랑이굴에 가야 호랑이를 잡지.

1	호	호러빠이, 섬뜩하게 하다, 소름끼치게 하다	동	**horrify** [hɔ́ːrəfài]
2	랑	앙상한, 바싹 여윈, 인색한, 뼈가죽만 남은	형	**skinny** [skíni]
3	이	이그잼트, 면제하다, 면역성을 주다	동	**exempt** [igzémpt]
4	굴	굴대, 축(軸), 축선(軸線) ; the axis of the earth 지축	명	**axis** [æksis]
5	에	에필로그, 끝맺음말, 발문, 결어	명	**epilogue, epilog** [épilɔ̀ːg]
6	가	가능하게 하다, 쉽게 하다, 돕다	동	**facilitate** [fəsílətèit]
7	야	야심, 대망, 야망, 공명심, 큰 뜻	명	**ambition** [æmbíʃən]
8	호	호이스트, 게양하다, 내걸다, 올리다	동	**hoist** [hɔist]
9	랑	랑데뷰, 란디뷰, 만날 약속, 약속에 의한 회합 ; 만나다	명	**rendezvous** [rάndivùː]
10	이	이그지빗, 나타내다, 전람[전시]하다	동	**exhibit** [igzíbit]
11	를	얼터너티브, 대안, 양자택일 ; 양자택일의, (둘 중) 하나를 택해야 할,	명	**alternative** [ɔːltə́ːrnətiv, æl-]

| 12 | 잡 | 잡다한, 갖가지의, 잡동사니의 | ⑱ | miscellaneous
[mìsəléiniəs] |
| 13 | 지 | 지속, 계속, 내구, 존속 | ⑲ | duration
[djuəréiʃən] |

43 Beauty is in the eye of the beholder.
제 눈에 안경

1	제	(논거 · 화제 등을) 제기하다, 내놓다 , 기르다, 양육하다 : bring the matter up for discussion, 토론을 위해 문제를 제기하다.		bring up
2	눈	눈에 거슬리는, 강요하는, 주제넘게 참견하는	⑱	obtrusive [əbtrúːsɪv]
3	에	에퍽, 신기원, 시대, 새시대	⑲	epoch [épək / íːpɔk]
4	안	안정, 안정성, 착실성, 견실	⑲	stability [stəbíləti]
5	경	경건치 않은, 불경한, 불신앙의	⑱	impious [ímpiəs]

44 The pen is mightier than the sword.
펜은 칼보다 강하다.

1	펜	펜션, 연금, 양로연금, 부조금	명	**pension** [pénʃən]
2	은	언어의, 말의, 구두의, 구술의	형	**verbal** [və́:rbəl]
3	칼	칼러니, 식민지, 거류지, 집단, 군집	명	**colony** [kɑ́ləni / kɔ́l-]
4	보	보증하다, 책임을 맡다, 확실히 하다, 보험을 계약하다	동	**insure** [inʃúər]
5	다	다이너스디, 왕조, 명가, 명문	명	**dynasty** [dáinəsti]
6	강	강제하다, 억지로 시키다, ~하지 않을 수 없다	동	**compel** [kəmpél]
7	하	하미지, 아미지, 존경, 충성, 경의	명	**homage** [hámidʒ]
8	다	다독거리다, 다독이다, 어르다, 달래다, 애무하다	동	**caress** [kərés]

45 Practice makes perfect.
연습하면 완벽해진다.

1	연	연극의, 극장의, 배우의	형	**theatrical** [θiǽtrikəl]
2	습	습기, 습기 찬, 축축한, 의기소침한	형	**damp** [dæmp]
3	하	(부정문에서) 하물며 ~ 아니다, ~은 더더욱 아니다 ; He has no daily necessities, much less luxuries. 그에게는 필수품조차 없는데, 사치품은 말할 필요도 없다.		**much less**
4	면	면전에서, ~ 앞에서, ~에 직면하여		**in the presence of**
5	완	완 웨이 오어 언아더, 이러 저러 방식으로		**one way or another**
6	벽	벽의, 벽과 같은, 벽 위의 ; a mural painting 벽화	형	**mural** [mjú-ərəl]
7	해	해저드, 위험(요소), 모험, 위험요소	명	**hazard** [hǽzərd]
8	진	진화의, 발달의, 발전의, 전개의	형	**evolutionary** [èvəlú:ʃənèri]
9	다	다우리, (신부의 혼인) 지참금,	명	**dowry** [dáuəri]

46 Rome wasn't built in a day.
로마는 하루 아침에 이루어진 게 아니다.

1	로	로오, 날것의, 생것의, 설익은	형	**raw** [rɔː]
2	마	마지못해, 불가피하게, 필연적으로, 부득이, 아무래도	부	**inevitably** [inévitəbli]
3	는	언디스가이즈드, 변장하지 않은, 가면을 쓰지 않은, 숨김없는	형	**undisguised** [ʌndisgáizd]
4	하	하울, 짖다, 멀리서 짖다, 울부짖다	동	**howl** [haul]
5	루	루즈 완즈 템퍼 (=get out of temper) 화를 내다, 울화통을 터뜨리다.		**lose one's temper**
6	아	아이덴트빠이어블, 인식할 수 있는, 동일함을 증명할 수 있는	형	**identifiable** [aidéntəfàiəbəl]
7	침	침입, 침략, 급습, 습격, 침략군 ; 침입하다, 급습하다	명	**raid** [reid]
8	에	에이즌시, 대리권, 대리, 특약점, 기능	명	**agency** [éidʒənsi]
9	이	이래디케이트, 근절하다, 뿌리째 뽑다, 박멸하다	동	**eradicate** [irǽdəkèit]
10	루	루시드, 명료한, 알기 쉬운	형	**lucid** [lúːsid]
11	어	어시밀레이트, 동화시키다, 받아들이다, 흡수하다	동	**assimilate** [əsíməlèit]

12	진	진정한, 고유의, 본래의, 타고난	형	inherent [inhíərənt]
13	게	게일, 질풍, 강풍, 폭풍	명	gale [geil]
14	아	아일, 통로, 복도	명	aisle [ail]
15	니	니디, 몹시 가난한, 생활이 딱한	형	needy [níːdi]
16	다	다가오는, 이번의, 곧 나려고 하는, 나타나려고 하는	형	forthcoming [fɔ̀ːrəkʌ́miŋ]

---

47 Forewarned Is forearmed.
유비무환

1	유	유매너티, 휴매너티, 인류, 인간성	명	humanity [hjuːmǽnəti]
2	비	비 로스트 인 ~ = lose oneself in ~ , ~에 몰두하다, 전념하다 ; be lost in a book 책에 몰두하다.		be lost in ~
3	무	무익한, 쓸데없는, 하찮은, 변변찮은	형	futile [fjúːtl]
4	환	환상, 공상, 기상(奇想) ; 변덕, 야릇함	명	fantasy [fǽntəsi, -zi]

자동암기 평생기억 (Auto-Memorizing Never Forgotten) | 393

48 You're never too old to learn.
배움에는 나이가 없다.

1	배	배니쉬, 없어지다, 사라지다	동 **vanish** [vǽniʃ]
2	움	움, 우움, 아기집, 자궁	명 **womb** [wuːm]
3	에	에그, 선동하다, 충동질하다, 부추기다	동 **egg** [eg]
4	는	언컨벤셔늘, 관습에 의하지 않은, 인습에 얽매이지 않은	형 **unconventional** [ʌ̀nkənvénʃənəl]
5	나	나트, 노트, 제로, 영, 무, 무가치	명 **naught** [nɑ/ɔːt]
6	이	이맨서페이트, 해방하다, 해방시키다	동 **emancipate** [imǽnsəpèit]
7	가	가난하게 하다, 곤궁하게 하다, 불모로 만들다	동 **impoverish** [impávəriʃ]
8	없	없스큐어, 몽롱한, 어두운, 어스레한	형 **obscure** [əbskjúər]
9	다	다그치다, 격려하다, 자극하다, 박차를 가하다, 질주하게 하다	동 **spur** [spəːr]

49 Beggars can't be choosers.
배고픈 사람이 찬밥 더운밥 가리랴.

1	배	배너티, 허영심, 덧없음, 무상함	명	vanity [vǽnəti]
2	고	고사하고, 말할 것도 없이 ; He can't read, let alone, write. 그는 쓰기는커녕 읽지도 못한다.		let alone
3	픈	펀즌트, 매운, 얼얼한, 자극성의, 날카로운, 신랄한	형	pungent [pʌ́ndʒənt]
4	사	사나운, 잔인한, 모진, 지독한 ; a ferocious appetite 굉장한 식욕	형	ferocious [fəróuʃəs]
5	람	암살하다, (명예 등을) 손상시키다	동	assassinate [əsǽsənèit]
6	이	이너슨스, 무구, 청정, 무죄, 결백,	면	innocence [ínəsns]
7	찬	찬장, 벽장, 작은 방	명	cupboard [kʌ́bərd]
8	밥	밥, 희생(자), 피해자, 조난자, 만만한 사람, 희생	명	victim [víktim]
9	더	더군다나, 더구나, 하물며 ; She is diligent, still more, beautiful.		still more
10	운	운동의, 체육의, 경기의	형	athletic [æθlétik]
11	밥	바버리즘, 야만, 미개, 무지	명	barbarism [bɑ́ːrbərìzəm]

12	가	가까이 하다, 친하게 지내다, 교제하다 ; He keeps company with foreigners. 그는 외국인들과 친하게 지낸다.		keep company
13	리	리퓨트, 평하다, 여기다, 평판하다	동	repute [ripjúːt]
14	랴	야무진, 솜씨 좋은, 능란한	형	dexterous [dékstərəs]

50 A miss is as good as a mile.
오십 보 백 보

1	오	오우버뜨로우, 타도하다, 전복시키다, 뒤집어엎다	동	overthrow [òuvərəróu]
2	십	십상이다, ~하기 쉽다, ~하는 경향이 있다 ; Children are apt to get into mischief. 어린이는 흔히 장난을 친다.		be apt to do
3	보	보딩, 하숙, 식사제공	명	boarding [bɔ́ːrdiŋ]
4	백	백시네이트, 예방접종을 하다	동	vaccinate [væksənèit]
5	보	보급하다, 널리 미치다, 고루 퍼지다	동	pervade [pərvéid]

51 Man does not live by bread alone.
사람은 빵으로만 살 수 없다.

1	사	사력을 다하여, 필사적으로, 혈안이 되어, 절망적으로, 자포자기하여	부	**desperately** [déspəritli]
2	람	암초, 장애, 모래톱	명	**reef** [ri:f]
3	은	언프라세스드, 날것의, 가공되지 않은	형	**unprocessed** [ənprásesd]
4	빵	빵, 롤빵, 둥그런 빵	명	**bun** [bʌn]
5	으	어트리뷰트, ~탓으로 돌리다	동	**attribute** [ətríbju:t]
6	로	로우드, 몹시 싫어하다, 넌더리나다	동	**loathe** [louð]
7	만	만들다, 성립시키다, 구성하다, 만들다	동	**constitute** [kánstətjù:t]
8	살	살럼, 엄숙한, 근엄한, 장엄한, 중대한	형	**solemn** [sáləm]
9	수	수퍼린텐드, 지휘[관리·감독]하다, 지배하다	동	**superintend** [sù:pərinténd]
10	없	없라이트, 올곧은, 착한, 정직한	형	**upright** [ʌ́práit]
11	다	다이베스트, 박탈하다, (지위·권리 등을) 빼앗다	동	**divest** [daivést]

52

You can lead a horse to water, but you can't make him drink.
말을 물로 끌고 갈 수는 있어도 물을 강제로 먹일 수는 없다.

1	말	말다툼 ; 논쟁하다, 논의하다	동	**dispute** [dispjúːt]
2	을	얼오버, 전면적인, 전면을 덮은, 완전한	형	**allover** [ɔ́ːlóuvər]
3	물	물다, 보상하다, 변상하다, 보충하다, 상쇄하다	동	**compensate** [kámpənsèit / kɔ́m-]
4	로	로우드섬, 지긋지긋한 ; 불쾌한, 싫은	형	**loathsome** [lóuðsəm]
5	끌	끌다, 매혹시키다, 활홀하게 하다	동	**fascinate** [fǽsənèit]
6	고	고무하다, 분발시키다, 원기를 북돋우다	동	**inspirit** [inspírit]
7	갈	갈라, 축제, 제례, 축하, 나들이 옷	명	**gala** [géilə / gǽlə / gáːlə]
8	수	수퍼삐셜, 피상적인, 표면상의, 외면의, 얕은	형	**superficial** [sùːpərfíʃəl]
9	는	언써든티, 반신반의, 불확정, 불확실, 부정, 불명	명	**uncertainty** [ʌnsə́ːrtnti]
10	있	있(이)터너티, 영원, 무궁, 불멸, 영원성	명	**eternity** [itə́ːrnəti]
11	어	어저–언, 연기하다, 휴회하다	동	**adjourn** [ədʒə́ːrn]

12	도	도머네이트, 다머네이트, 군림하다, 지배하다	동	dominate [dάmənèit]
13	물	물결, 큰 파도, 격동	명	surge [səːrdʒ]
14	을	얼라인먼트, 제휴, 정렬, 정돈	명	alignment [əláinmənt]
15	강	강조, 역설, 중요성, 역설, 중요시	명	emphasis [émfəsis]
16	제	제느럴라이제이션, 일반화	명	generalization [dʒènərəlizéiʃən]
17	로	로들리, 군주다운, 위엄 있는	형	lordly [lɔ́ːrdli]
18	먹	먹큐리, 머큐리, 수은, 수성	명	mercury [mə́ːrkjəri]
19	일	일리글, 불법의, 위법의, 비합법적인	형	illegal [illíːgəl]
20	수	수어리지, 하수구, 하수도, 오수	명	sewerage [sjúːərid ʒ]
21	는	언어베일링, 무익한, 무용의, 무효의, 엇된	형	unavailing [ʌ̀nəvéiliŋ]
22	없	없서−브, 흡수하다, 빨아들이다, 전념하게 하다	동	absorb [ə/æbsɔ́ːrb, -zɔ́ːrb]
23	다	다루다, 조종하다, 능숙하게 하다	동	manipulate [mənípjəlèit]

53 One swallow does not make summer.
제비 한 마리 왔다고 여름이 온 것은 아니다.

1	제	제너시스, 발생, 창생, 기원, 창세기	(명) **genesis** [dʒénəsis]
2	비	비트레이, (정체)를 나타내다, 배반하다	(동) **betray** [bitréi]
3	한	한가운데, 중앙에, ~의 사이에, 한창 ~ 중에	**in the midst of ~**
4	마	마인, 보고, 광산	(명) **mine** [main]
5	리	리스펙티브, 제각각의, 각자의	(형) **respective** [rispéktiv]
6	왔	왓 잇 이즈, 현재의 그것 ; what I am/was. 현재/과거의 나.	**what it is**
7	다	다름없이, 유사하게, 똑같이, 마찬가지로	(부) **likewise** [láikwàiz]
8	고	고집 센, 완고한, 버티는, 영속하는	(형) **persistent** [pə:rsístənt]
9	여	여태까지, 지금까지	(부) **up to date** [ʌptədéit]
10	름	음모가 있는, 불충한, 배반하는, 믿을 수 없는	(형) **treacherous** [trétʃ-ərəs]
11	이	이기다, 정복하다, (감정 등을) 극복하다	(동) **vanquish** [vǽŋkwiʃ, vǽn-]

12	온	온 더 칸트레리, 도리어, 반대로		on the contrary
13	것	거름, 퇴비, 비료, 화학비료	명	fertilizer [fə́:rtəlàizər]
14	은	언비커밍, 어울리지 않는, 부적당한	형	unbecoming [ʌ̀nbikʌ́miŋ]
15	아	아블리거토리, 의무적인, 필수의	형	obligatory [əblígətɔ̀:ri]
16	니	니더 컨펌 노어 디나이(엔씨엔디) 긍정도 부정도 않음		neither confirm nor deny
17	다	다가오다, 가까이 다가오다, 가까이에 있다, 절박하다		be close at hand

54

He who laughs last, laughs best.
최후의 승자가 진정한 승자다.

1	최	최면의, 최면성의, 최면술의, 최면술에 걸린	형	**hypnotic** [hipnάtik]
2	후	후대, 후세, 자손 ; hand down ~ to posterity ~을 자손에게 전하다	명	**posterity** [pɑstérəti / pɔs-]
3	의	의구심, 걱정, 불안, 염려	명	**misgiving** [misgíviŋ]
4	승	승인하다, 동의하다, 찬성하다	동	**consent** [kənsént]
5	자	자서전, 자서문학	명	**autobiography** [ɔ̀:təbaiάɡrəfi]
6	가	가장자리, 언저리, 물가	명	**brim** [brim]
7	진	진심으로, 진지하게, 열심히, 신중하게, 성실하게	부	**earnestly** [ə́:rnistli]
8	정	정확한, 정밀한, 엄밀한, 적확한	형	**precise** [prisáis]
9	한	한없는, 끝없는, 무한의, 광대한	형	**limitless** [límitlis]
10	승	승격된, 높여진, 높은, 숭고한, 고결한	형	**elevated** [éləvèitid]
11	자	자기성찰, 내성, 자기반성	명	**introspection** [intrəspékʃən]
12	다	다산의, (많은) 아이를 낳는, 열매를 맺는	형	**prolific** [proulífik]

55 Old habits die hard.
세 살 버릇 여든 간다.

1	세	세이크리드, 거룩한, 신성한	형	**sacred** [séikrid]
2	살	살리테리, 고독한, 외로운, 혼자의	형	**solitary** [sɑ́litèri / sɔ́lit-əri]
3	버	버스트, 터뜨리다, 파열하다, 폭발하다	동	**burst** [bəːrst]
4	룻	엇나가는, 심술궂은, 성미가 비꼬인, 외고집의	형	**perverse** [pərvə́ːrs]
5	여	여권론자	명	**feminist** [fèməníst]
6	든	든든한, 믿을만한, 신뢰할 수 있는	형	**dependable** [dipéndəbl]
7	간	간헐적인, 때때로 중단되는	형	**intermittent** [ìntərmítənt]
8	다	다이크, 둑, 제방, 도랑, 해자, 장벽, 장애물	명	**dike, dyke** [daik]

56   When the cat's away the mice will play.
호랑이 없는 굴에 토끼가 왕.

1	호	호라이즌, 시야, 수평선, 지평선	명	**horizon** [həráizən]
2	랑	앙심, 악의, 심술, 원한	명	**spite** [spait]
3	이	이디션, 판, 간행물	명	**edition** [idíʃən]
4	없	없트루우드, 나서기 좋아하다, 주제넘게 참견하다	동	**obtrude** [əbtrú:d]
5	는	언억셉터블, 받아들이기 어려운, 용납하기 어려운	형	**unacceptable** [ʌnəkséptəbəl]
6	굴	굴, 동굴, 동굴에 넣다	명	**cavern** [kǽvərn]
7	에	에더토리얼, 사설, 논설 ; 편집의	명	**editorial** [èdətɔ́:riəl]
8	토	토멘트, 괴롭히다, 고문하다 ; 고문, 고통	동	**torment** [tɔ́:rment]
9	끼	끼우다, 삽입하다, 끼워 넣다, 적어 넣다	동	**insert** [insə́:rt]
10	가	가닥, 한 가닥의 실	명	**strand** [strænd]
11	왕	왕권, 국왕 대권, 특권, 특전,	명	**prerogative** [prirágətiv / -rɔ́g-]

57

One man's gravy is another man's problem.
한 사람에게 약이 되는 일은 다른 사람에게 독이 되기도 한다.

1	한	한이 되게 하다, 굴욕감을 느끼게 하다, 억제하다, 극복하다	동	mortify [mɔ́:rtəfài]
2	사	사이칼러지, 심리학, 심리(상태)	명	psychology [saikálədʒi / -kɔ́l-]
3	람	낭패하게 하다, 당혹케 하다, 난감하게 하다	동	perplex [pərpléks]
4	에	에이전트, 대리인, 대행자, 취급인	명	agent [éidʒənt]
5	게	게이블, 박공, 박풍, 박공벽	명	gable [géibəl]
6	약	약간, 조금, 약하게, 홀쭉하게	부	slightly [sláitli]
7	이	이퀄라이즈, 같게 하다, 동등하게 하다	동	equalize [í:kwəlàiz]
8	되	되돌리다, 되부르다		bring back
9	는	언앱들리, ~하기 쉽게, 어울리지 않게, 부적당하게, 적절하지 못하게	부	unaptly [ʌnǽptli]
10	일	일렉트리클, 전기의, 전기에 관한	형	electrical [iléktrikəl]
11	은	언변, 웅변(술), 수사, 과장한 언어	명	oratory [ɔ́:rətɔ̀:ri]

Part VI 속담

12	다	다시 정의하다, 재규정하다	동	**redefine** [ridifáin]
13	른	언어보이들리, 하는 수 없이, 피할 수 없이	부	**unavoidably** [ʌnəvɔ́idəbəli]
14	사	사려 깊은, 세심한, 신중한, 분별 있는, 조심성 있는	형	**prudential** [pru:dénʃəl]
15	람	(지폐 · 주권을) 남발하다	동	**overissue** [óuvərìʃuː]
16	에	에뿨즈, 방출하다, (액체 · 빛 · 향기 등을) 발산시키다, 스며 나오다	동	**effuse** [efjúːz]
17	게	게으른, 나태한, 무활동의	형	**indolent** [índələnt]
18	독	독보적, 무적의, 무쌍의, 비길 데 없는, 단연 으뜸의	형	**matchless** [mǽtʃlis]
19	이	이라딕, 성애의, 애욕의, 색정적인	형	**erotic** [irátik]
20	되	되풀이하여 발생하는, 순환하는	형	**recurring** [rikə́ːriŋ]
21	기	기각, 면직, 해고, 해산, 추방	명	**dismissal** [dismísəl]
22	도	도리어, 오히려 ~ 때문에 ; I like her (all) the better for it. 그렇기 때문에 더 그녀를 좋아한다.		**all the better for ~**

23	한	한없는, 무한한, 한량없는, 막대한	형	infinite [ínfənit]
24	다	다일레머, 딜레마, 진퇴양난, 궁지	명	dilemma [da/ilémə]

58
He who hesitates is lost.
망설이는 자는 기회를 잃는다.

1	망	망라하다, 포함하다, 내포하다, 이해하다, 파악하다, 깨닫다	동	comprehend [kàmprihénd]
2	설	설런, 부루퉁한, 시무룩한, 무뚝뚝한, 음침한	형	sullen [sʌ́lən]
3	이	이상한, 보통과는 다른, 징싱이 아닌, 변칙의, 불규칙한	형	abnormal [æbnɔ́ːrməl]
4	는	언노떠닥스, 정통이 아닌, 이단의	형	unorthodox [ʌnɔ́ːrɵədàks]
5	자	자기충족감, 자기만족	명	self-fulfillment [self-fulfílmənt]
6	는	언이븐, 평탄하지 않은, 울퉁불퉁한, 걸맞지 않는	형	uneven [ʌní:vən]
7	기	기념품, 선물, 유물 ; a souvenir shop 선물가게, 기념품점	명	souvenir [sùːvəníəːr]
8	회	회고록, 자서전, 전기, 실록, 언행록	명	memoir [mémwɑːr]

9	를	얼루전, 암시, 빗댐, 언급	명	**allusion** [əlúːʒən]
10	잃	(생명·희망 등을) 잃게 하다, 빼앗다(of) ; The accident ~d her of her husband. 그 사고로 그녀는 남편을 잃었다.	동	**bereave** [biríːv]
11	는	언익셉셔널, 예외 없는, 보통의	형	**unexceptional** [ʌniksépʃənəl]
12	다	다의적인, (뜻이) 애매한, 확실하지 않은, 어정쩡한, 의심스러운	형	**equivocal** [ikwívəkəl]

59 Don't bite the hand that feeds you. 은혜 베푼 사람 배반하지 마라.

1	은	언베러블, 난감한, 견딜 수 없는, 참을 수 없는	형	**unbearable** [ʌnbéərəbəl]
2	혜	헤(헤)이트리드, 증오, 원한, 혐오	명	**hatred** [héitrid]
3	베	베큰, 신호하다, 손짓으로 부르다	동	**beckon** [békən]
4	푼	푼수의, 경솔한, 무분별한, 조심하지 않는	형	**imprudent** [imprúːdənt]
5	사	사이트, 위치, 장소, 용지, 집터, 유적	명	**site** [sait]

6	람	남이 시키는 대로 하는, 고분고분한	형	**compliant** [kəmpláiənt]
7	배	배리어, 장애물, 장벽, 방해, 울타리	명	**barrier** [bǽriər]
8	반	반디지, 굴레, 속박	명	**bondage** [bándidʒ]
9	하	하버, 은닉하다, 감추다, 숨기다 ; 항구, 피난처, 잠복처, 은신처	동	**harbor** [háːrbər]
10	지	지속하다, 계속하다, 유지하다, 지탱하다	동	**maintain** [meintéin]
11	마	놀라운, 불가사의의, 이상한, 훌륭한	형	**marvelous** [máːrvələs]
12	리	라이처스, 온바른, 익루우	형	**righteous** [ɾáitʃəs]

국립중앙도서관 출판예정도서목록(CIP)

첫말잇기 수능영단어 : 노래따라 단어암기 · 초단기 완성 /
저자: 박남규. -- 서울 : 유빅토리(Uvictory), 2016
        p. ;   cm

표제관련정보: 어제 왕초보 오늘은 암기달인 학습법
본문은 한국어, 영어가 혼합수록됨
ISBN 979-11-956951-2-6 03740 : ₩18500

744-KDC6
428-DDC23   CIP2015035372